青春期关键事件

30个家校共育策略

徐晓莉◎著

长江出版传媒 ｜ 长江文艺出版社

一本非常值得读的书

韩似萍

中国陶行知研究会青春期教育专业委员会

常务副理事长兼秘书长

这是一本每一个与青春期有交集的人——包括家长、教师、咨询工作者——都非常值得读的书。尤其是班主任要仔细地读与理解，因为你们有两重职责：直接处理孩子的青春期问题和指导家长处理孩子的青春期问题。

我对徐晓莉老师非常了解，她是一位思维敏捷、行动干练、"话"风亲切的老班主任。近三十年来，她一直与初中生的"故事"与"事故"打交道，练就了一套把"事故"变成"故事"的绝招。这本书中的每一个案例，都是晓莉老师亲身经历的真实事例，书中的表述也是晓莉老师经过实践、归因、总结等过程后的慎重表达，可以说，这本书是徐晓莉老师对"初中学生发生问题该如何处理"这个课题进行实证研究的成果。

一线老师总是以"实时有效"为第一出发点。书中的方法，已被徐晓莉老师多次验证确实"行之有效"，但是，当以学术观点与同行分享时，应该抱着"教无定法"的立场。我们非常期待有更多的同行能一起探索，使处于青春期的孩子能被更多的人读懂、关怀、支持。所以，我请教师与家长读这本书时，并不是把青春期孩子当作"继续教育"的对象，而是顺着晓莉老师的语言逻辑，站在一个新的视野"看见孩子""看见焦虑"，借此，"看见指导""看见成长"，读懂青春期这一阶段生命形态的变化过程和我们必须进行的生命教育。如果没有这些"看见"，与青春期孩子打交道，教育者们就会背负"三座大山"：中考压力、性安全压力、叛逆压力，就会放大青春期的负面因素而失去积极的建设性机遇。

我研究与实践青春期教育几十年，深深懂得青春期这个生命过程的丰富而艰难：惊奇、冲突、焦虑、无措等直觉体验一波接着一波，自然生命的属性在这个阶段集中爆发；社会生命的属性也在这个阶段给予了孩子更大的责任——学业、选择、未来、自律等理性思考接踵而来。"自我"在这个时间段觉醒了，成熟诉求与社会期待如何相容？内部能量与外部支持如何平衡？这些构成了少年们在青春期特有的生命拷问，也给予了成年人要应对的青春期特殊指导任务。

徐晓莉老师在书里用了特别具有哲理与画面感的五个专题"亲子关系和代际冲突""学习和学业管理""同伴关系和人际交往""情感和情绪管理""性发育和性教育"，分别针对青春期主体易发生的困惑，如亲子分离焦虑、同伴压力焦虑、性成熟焦虑、价值感焦虑等进行了行为背后动机的解读，告诉青春期教育实施者：要求孩子改变行为的前提是了解他们的"诉求"，与孩子能"同频对话"；让孩子愿意改变行为的关键是认同他们的"身份"，与孩子"平等协商"。如果家长和老师能主动站在青春期支持系统建设的前沿阵地，做好孩子青春期易发焦虑的前端干预，那么，青春期这个风险阶段就能实现平安落地、健康发展、储能待发！

青春期是孩子处理关系的关键期，书中选择的案例，浅层次看到的是人在事情中的角色问题，深层次讲到的是一个自我意识觉醒、性意识觉醒的孩子与父母的关系、与同伴的关系、与自己的关系该如何处理。这些关系学会处理了，一辈子就有了幸福、快乐的能力和持续发展的后劲；这些关系没有理顺，孩子在未来的时间里将要耗费巨大的代价去填补青春期留下的这个缺憾，甚至有些孩子，一辈子都卡在青春期造成的不良关系阴影里。

徐晓莉老师是中国陶行知研究会青春期教育专业委员会首批"工作室领衔人"，现在已经是德育正高级教师。她每次面向家长的家庭青春期教育培训课都异常火爆，家长听了她的课，都有豁然开朗的感觉，甚至觉得"前面几十年都白活了"；好些孩子悄悄地给她写信，向她求助，家长和孩子都亲切地称她为"晓莉姐"……

晓莉老师做班主任 27 年，多年的阅历与教育实践经验使她看问题很透彻，处理问题格局大。她有一个非常突出的优点——思想温暖而深刻，能够瞬间点化他人。有孩子问晓莉老师这样一个问题："为什么我总觉得您说什么都有道理？"晓莉这样回答："总觉得别人说得有道理，是因为我们读书少、认知窄；认知水平低了，就容易被洗脑；经常被洗脑，我们就没有存在感。为了我们有存在感，一起来读书吧！"大家说，这样孩子是不是秒懂读书的意义和价值？

这样通俗易懂、让人豁然开朗的原创理论，晓莉的书中俯拾皆是。阅读过程中，我总忍不住为她叫好。尤其是她在《优等生被孤立，怎么办？》一文中提出的让郁闷的孩子一秒释怀的三个原创理论，更是将这种开悟点化能力提到了最高峰值——

她用"爬山理论"告诉孩子：人生如爬山，朋友越来越少是因为我们在成长。你感到孤独，这也意味着你在"登高"，周围的人跟不上了。我们要学会"闷声不响发大财"，在孤独中变好、变强。

她用"泥巴理论"告诉孩子："别人朝我扔泥巴，我拿泥巴种荷花。"面对打压或是刁难，要清楚自己的目标是什么，不要被别人带偏了节奏，更要学会资源转化利用，把孤立和排挤，当成自己成长的契机。

她用"橘子理论"告诉孩子：橘子好看、很甜，可有人对橘子过敏，他们不喜欢橘子，这不是橘子的错。别人怎么看我们，那只是别人的"观点"，而非"事实"。我们做不到让所有人满意和喜欢，要学会释怀，"做好自己"就行。

一句话让人开悟，这就是教育的点化力，又叫渡人的能力。好些孩子出问题，是认知层面纵横混乱，一句话点透他，孩子就能迷途知返。

平时与晓莉聊天，听她说话，总感觉没有她搞不定的事情。读了这本书，我发现了她的又一个奥秘——一线老师能用这样专业的视角写书，她的"底气"来自哪里？这得益于她的三个专业好素养。

一是好的心态——顺应并接纳。和晓莉老师说话、安排工作，无论遇到什么问题，她都是一句话："只要您可以，我都可以的。"她有着一颗强大的内心，能够顺应并接纳所有的不如意。"一个人的内心强大，不是别人给的，是我们自己给的。当我们自己拥有强大的内心时，就能够接受和顺应所有的不愉快。"这是晓莉老师给家长的建议，也是她能够改变很多孩子的关键原因。毕竟最好的改变，不是我们要孩子改变，而是孩子觉察到自己正确的成长需求，自己"要"改变。

30 个关键事件，涉及的都是青春期孩子和家长普遍关注的问题，每一个都令家长头大。然而，在晓莉老师的引导下，顺应并接纳孩子，每个孩子都发生了翻天覆地的变化。好多家长说，她是孩子的福星，更是家长的福星。好些濒临崩溃的家庭，在她的帮助下实现了孩子和家长双赢的共成长。

二是好的理念——治愈并赋能。晓莉眼中没有问题孩子，所有矛盾都是成长中出现的问题，都是我们教育的契机，我们要能够治愈孩子和家长，并给他们赋能。这样类似的理念，在书中有很多，给人以醍醐灌顶的感觉。别的不多说，我仅仅以"问题孩子"这个让家长和老师颇为头疼的话题为例，提炼一些晓莉老师在书中反复强调的观点，看看能不能给大家以启迪？

　　虽然成长过程中会有很多困难，也有很多无奈，但还是要秉持没有

"问题孩子"、只是"孩子问题"这样的观念，积极对待，正确处理。

　　　　　　　　　　　——《学习力明显低于同龄人，该如何教育？》

　　很多时候，我们遇到了"孩子成长中的问题"，如果我们不重视"问题"，不帮助孩子去解决问题，孩子就容易成为"问题孩子"。

　　　　　　　　　　　——《男孩向女生伸来"咸猪手"，怎么办？》

　　异性交往过密，这就是孩子遇到了青春期的"问题"，我们不能以成年人的交往模式为标准，用异样的眼光看待他们。

　　　　　　　　　　　——《孩子的脖子上怎么会有"草莓印"？》

　　"性好奇"流行，这是青春期孩子遇到的一个"敏感行为"，我们如何抓住机会，帮助他们获得"知识"。

　　　　　　　　　　　——《他们手绘"性知识"画册传播，怎么办？》

　　理念决定思路，思路决定出路，不贴标签，把每个问题的出现都当成孩子成长的教育契机，有什么样的问题不能够妥善解决呢？

　　三是好的视角——理解并尊重。晓莉老师很认同著名心理学家阿德勒的观点："一切人际关系的矛盾，都起因于对别人的课题妄加干涉，或者自己的课题被别人妄加干涉。"青春期孩子的人际关系处于"重新建构"阶段。"主权意识"在与家长、老师的关系中反映特别明显。在冲突中看见每一个孩子，理解并尊重每一个人，是晓莉老师解决类似问题的核心武器，也是她习惯性的行动。孩子生气、孩子愤怒、孩子郁闷，她都能够看见。《为了一双潮鞋，孩子居然和爸爸干上了？》里，她告诉家长："每一种不良情绪背后，都有我们潜伏着的、最底层的逻辑需求。如愤怒是因为没有被尊重、被理解，悲伤是因为需要同情和帮助，焦虑是因为缺乏安全感、掌控感和稳定性，恐惧是需要支持、鼓励和认可，悲伤则需要同情、支持和帮助……"看见孩子的情绪，理解孩子特异行为背后的底层逻辑需求，尊重他们的权利和欲望，孩子就能够和我们好好对上话，我们就有了教育的机会与起点。

最后，我想讲讲这本书中的方法是具有可复制性的。同为青春期教育工作者，我非常认同晓莉老师的一个观点——我们要从一个问题里找到一类问题的解决方法，要形成工具，这样才具有可推广性。教育对象虽然千差万别，但是教育方法却有规律可循。晓莉把她最宝贵的青春期教育经验，梳理成了一个个可以复制的工具，让家长、老师们处理和应对青春期孩子的教育问题时有了参考。

这些工具和方法操作性很强，具有三个鲜明特征。

首先是体例层次清晰。书中每一节均由典型案例（关键事件）、家长需求（关键问题）、分类指导（关键支持）、过程见证（关键结果）、理论支持（关键理念）和做法提示（关键策略）等六部分组成。这六个部分其实是基于人的认知，由问题驱动，到方法提供，再到原理解读，简直就是心理咨询领域"助人自助"原则的鲜活体现。家长从"晓莉姐说"里感受智慧教育的魅力，老师从"学校可以这样做"中找到操作的方法……每个群体都能够找到自己最想要的东西。

其次是方法表述简明。这点体现在两个地方，第一个是核心环节——"关键支持·晓莉姐说"。这个部分是文章核心所在，也是晓莉历年工作经验精华的展示。每个案例，均从"家长可以这样做""学校可以这样做"两方联动，提供策略和技术支持。每个策略都非常干脆利落、简洁明白，容易上手，方便操作，切实可行。

第二个就是每一节最后，都有一个"关键提醒·策略要点·我们可以这样做"的提醒清单。她把该类问题最重要的解决步骤一一标注出来。这简直就是"懒人"的福利。如果我们不想知道更多，只想解决问题，那就按照这个表格，从家庭和学校两个方面分头行动，也能够获得成效。

这就是高手思维，紧扣要害，只说关键做法，思维简洁，条理分明。

最后是工具非常实用。什么叫工具？离开了具体开发者个别的特殊属性，产生了每个人都能够使用且效果一致的东西，就叫工具。工具的使用，解决了不少老师和家长的疑问：案例中的做法适合我们教育孩子吗？会不会有什么副作用？晓莉明白地告诉大家：您可以的，我们每个人都可以的。在这本书中，她给我们梳理了好多工具。

如在《优秀生玩手机成绩断崖式下滑，怎么办？》中，她教给我们一个正面和孩子说话、激发孩子学习动力的工具——和孩子好好聊天的四个步骤：

第一步，倾听孩子语言（关注孩子）；

第二步，重复关键信息（避免犯错）；

第三步，共情孩子感受（认同孩子）；

第四步，帮助解决问题（提供支持）。

比如说孩子考试回来，家长们好好说话的语言模式是这样的：

孩子：妈，数学出来了，106 分。

妈妈：106 分（重复关键信息，表示听到孩子语言）？你感觉怎样？

孩子：还行吧，全班 100 分以上的才 3 个人。

妈妈：哇喔，那你是不是很开心？（共情孩子感受）

孩子：当然开心啊，这次虽然分数低，但是题目难，106 是班上第二了。

妈妈：那你想不想把剩下的 14 分也追回来？

孩子：当然想。

妈妈：来，我们一起想办法，看看怎么追回来。（解决问题）

"快乐着孩子的快乐，高兴着孩子的高兴，难受着孩子的难受"，大家说，孩子是不是很高兴？

家长们都有一个卑微而质朴的愿望："让孩子好好生活，别受伤害。"那么，如何让孩子保护好自己呢？在《孩子的脖子上怎么会有"草莓印"？》中，晓莉针对孩子面子薄、不好意思说"不"的心理，教会孩子用工具学会拒绝。她知道："女生天性善良，有时拒绝到最后，变得没有力量，就软下来了。所以要学会拒绝，坚信自己这个拒绝行为是正确的，并且坚持它。"她在班级里训练孩子使用该工具，避免孩子们遇到问题感到茫然无措。

这样类似的工具，几乎每节都有。

总之，这是一本孩子可读的青春期指导用书，也是教师、家长必须要读的青春期教育指导用书，深入浅出，通俗易懂。我很荣幸推荐它，特为序。

2024 年 11 月

目　录

第四篇　情感和情绪管理

第五篇　性发育和性教育

第一篇
亲子关系和代际冲突

孩子的青春期是令家长头大的一个时期。

很多家长惊讶地发现，从前的关爱孩子不仅不要了，还非常反感，为了那一丁点所谓的隐私，女儿居然骂爸爸是疯子；孩子还变得不好说话了，三两句话就冲，甚至为了一双潮鞋，可以和爸爸干上；有些家庭开始战火纷飞，大宝甚至因为二胎弟弟以死相逼……

有人说，青春期是冲突高发时间段：代际观念冲突、爱与安全感冲突、控制和自由冲突、自尊和现实需求冲突、隐私和管教权冲突……放弃还是坚持？融入还是建立边界？管还是不管？沟通还是沉默？家长和孩子都很疲惫。一个屋檐下，本来应该相亲相爱的人，却变得像仇人似的。

青春期真的就是叛逆期吗？有些家长发现这个说法站不住脚。因为有些家庭的孩子，从小到大就没有叛逆过。那么，孩子不叛逆、亲子关系十分和谐的家庭，他们又有什么秘诀？

孩子家庭条件困难，却不接受帮助，怎么办？

孩子家庭条件困难，

学校有助学金可以申请，

可是她偏偏不报名；

班主任热心帮助报了名，

孩子还不领情，

坚决要求撤下名字！

拒领助学金的背后，

是两代人内心感受的代际冲突……

🐷 关键事件 · 背景链接 · 孩子拒领助学金

高二上学期，学校需要重新审核、上报助学金名单，我让学生根据家庭情况自主申报。在申报截止前一天下午，一位家长来找我，说是我班小妹的姑姑。"怎么会是姑姑，她父母呢？"

她姑姑猜到了我的疑惑，告诉我："我哥没有结过婚，小妹是我哥从孤儿院领养的。"她掏出了孤儿院的领养证明："近几年，我哥身体不太好，她就一直跟着我生活。但我家里也有孩子，负担比较重。"

　　我有些吃惊，小妹身上完全看不出家庭的异样！作为英语科代表，她总是积极配合老师的工作，也能与同学和睦相处，给我印象最深的是她的穿着，尤其是脚上的白鞋总是干干净净的。

　　我翻看学生的助学金申报名单，里面并没有小妹的名字。我疑惑地问："这种情况，完全符合助学金的申报条件，孩子为什么没有申报呢？"她姑姑苦涩地笑了笑，说道："这就是我今天来找您的原因。孩子说她不想申报，觉得很没面子。但家里的经济状况确实困难，老师，您就给她报上吧！"看着家长恳切的眼神，我毫不犹豫地在申报名单上加上了小妹的名字。

　　按助学金申报要求，申报名单需要在学校公示一周。名单公示后，小妹到我办公室来，一脸不快地说："老师，我并没有申请助学金，为什么名单上会有我的名字？"我给她解释："你姑姑来找过我，你的家庭情况完全符合申报要求，所以我就帮你申报了。你家里的状况，也非常需要这笔助学金呀，为什么不申报呢？"她的脸变得通红："我知道我的家庭情况，我觉得很没面子！"我耐心地开导她："只是申请助学金，具体的家庭情况不想同学知道，我会替你保密的。再说申请助学金的，不止你一个，班里还有这么多同学申请，也不是什么丢人的事啊！"

　　她摇了摇头，低着头嗫嚅着："名字贴在外面，我还是觉得很丢人……"我又继续开导她："只贴一周，之后就取下来了，没人会记得。别太放在心上，好吗？"她低着头，但态度很坚决地要求撤下了名字。

关键问题 · 家长需求 · 我们该怎么办

家里那么困难，合乎政策的钱为什么不要？

不偷不抢，孩子为什么还这么"犟"呢？

怎样在保护孩子面子的同时，

学会让孩子理解大人的苦衷？

什么才是给孩子的最好的教育？

关键支持 · 晓莉姐说 · 给孩子更多的理解和尊重

◆ 家庭角度：父母可以这样做——

1. 主动和孩子进行沟通。

小姝家庭确实需要这笔助学金。但是，小姝的心理障碍如何扫除，需要家长和孩子好好沟通。家长可以去引导小姝了解背景相同、家庭条件相似的孩子是怎么做的、他们又是怎么想的、最后是如何处理的。

这样的案例很多，在知乎上，关于贫困家庭的学生要不要接受捐赠或助学金的问题，很多人现身说法。他们的案例是具有参考意义的。"死要面子活受罪。学会坦然接受，也是一种智慧。""比起那些无奈的东借西借，合法正当地接受救济要好得多。""国家助学金是社会财富的调剂，也是一种福利，需要的人合理合法得到，能够增加社会认同感。"……

当心结打开，思想转弯，也就好接受了。这需要家长、老师和小妹诚恳而坦荡地沟通，聆听她的真实想法，绝对不能有半点勉强和包办。

2. 务必尊重孩子需求。

助学金的本质意义是帮助小妹成长，而不是让孩子背上思想的包袱。如果这笔钱领了之后，小妹不开心了、抑郁了、心灵受伤了，那就太得不偿失了。

从这个意义上说，我们没有必要瞒着学生擅自申报助学金，而是应该做好小妹养父母和小妹之间的情感沟通、认知沟通。如果小妹在明知家庭困难的情况下，也不能够坦然地接受助学金，家长和老师应该学会放弃。

事实上，当孩子有了上进心之后，所有物质上的困难都是暂时的。人能够战胜困难而成为更为优秀和强大的自己。这一点我们要相信，而且支持。

3. 保护孩子敏感的心。

小妹非常敏感，也很自卑，缺什么自卑什么，所以小妹觉得申报助学金"很没面子"。她最担心的就是同学们知道她家庭条件不好。她渴望像其他孩子一样正常地生活，我们要学会保护。在孩子心里，比钱更重要的是"自尊心"和"同学评价"。同学的议论，哪怕是同情的眼光，都有可能是压垮骆驼的最后一根稻草。

4. 帮助孩子建立自信。

个人能力决定认知高度，认知高度决定自信程度。当孩子自身强大，有足够自信的时候，他们就不会在乎别人的眼光了。因此，助学金问题的解决根本点在于从学习上、生活上、个人能力和才华上，培养小妹的优势项目。当她处处发现自己的优秀时，自信也就强大了。

◆ 学校角度：我们可以这样做——

1. 理性看待事件背后的矛盾和冲突。

老师有爱心，也非常热心和尽责。但是作为班主任，需要更理性地看到这件事情背后的矛盾和冲突，然后探寻更为科学、温暖、恰当的做法。

首先，是国家政策要求与具体实施之间的冲突。

"阳光、透明"是增强公信力的好办法，但是在青春期学生看来，把接受助学的个人信息公布，带来的却是个人隐私的泄露，因此，孩子本能地拒绝。学校、老师不把信息公开，行不行？就目前的政策来说，"公示"是一个基本流程，不公示或者没有按足够时间公示都不允许。这就涉及一个无法回避的问题——国家政策要求在具体实施的时候，如何保护孩子的隐私？

其次，是教师的善意和孩子感受之间的冲突。

在老师看来，"你家里的状况，也非常需要这笔助学金呀"，"再说，申请助学金的，不止你一个"，申报并无不妥。在孩子看来，这已经触及她的底线："我不想让同学知道我的家庭情况"，"名字贴在外面，我还是觉得很丢人……"

为什么好心经常办坏事？就是我们没有在善意行为和对象实际需求之间找到平衡点。孩子内心的敏感、脆弱和倔强的坚持，老师没能够真正理解和感受，冲突就升级了。明明很需要钱，小妹也依然"一脸坚决"地拒绝领助学金。

最后，是孩子的积极抗争和认知之间的冲突。

小妹遭遇的困境是什么？是她自己积极努力的抗争和不全面、不理性、不科学的自我评价之间的冲突，这是该案例中最本质的冲突。她平日"穿着尤其是脚上的白鞋总是干干净净的"，"作为英语课代表，她总是积极配合老师工作，也能与同学和睦相处"，这些都是孩子在积极地建设自我，是她面对家庭贫困所能做的积极抗争和努力。但是，由于青春期孩子的敏感、自尊和信息不对称——她并不知道生活中真实的同伴是怎么评价她自己的，她只是主观"觉得"丢人，不好。这是青春期孩子自我添加的负面评价。我们在乎什么，就会紧张和担心什么，与其说是同伴评价，还不如说是孩子自我消极的评价。这里面的冲突，才是这个事件的本质原因。

2. 更多尊重、理解和共情学生的需求。

本案例中，可能会有人觉得，比起经济的贫困，孩子更需要的是心理援助。我觉得还不够，比起援助，更重要的是尊重、理解和共情。

三十年前，我还是一个经济落后的县城里的高中学生。高一时，我偷偷喜欢上班级一位帅气、阳光、家境好的男同学。可是我妈从来不给我买好看的衣服，我的裤子甚至是后面有补丁的。为此，我不敢和喜欢的男同学说话，觉得自己配不上他，更别说表达自己的喜欢。我成绩不错，甚至相貌也还可以，却依然感到不自信。自身经历告诉我，小妹需要的不仅仅是心理援助，更多需求应该是被尊重、理解和他人发自内心的"共情"。

3. 教会孩子正确认识和评价自己。

为此，我们要做好下面四个方面的工作：

一是要充分理解和尊重孩子的内心需求。尊重是人性中最大的善意，如果我是小妹的班主任，我对小妹拒领助学金的行为会采取理解并尊重她的方式进行。孩子不乐意，我绝对不逆着孩子的心思去好心办坏事。

二是教会孩子正确认识和评价自己。我会尽量引导孩子客观地了解同伴对她的评价，让她放下"怕别人知道自己家庭不好"的思想包袱，无论如何都要保护好她的出身秘密。当孩子明白，她们自以为的一些消极评价其实并不存在的时候，心理压力也就小了。

三是积极给孩子赋能。通过面批作业、提高成绩、发展特长、鼓励她积极参加活动等，提高同伴价值感，收获更多的信任和安全。

最后，为小妹这样的贫困生创建更好的班级氛围。通过扮演别人的故事、参与公益活动、励志演讲等方式，营造一个正视贫困、坦荡而诚恳地自助和助人、面对物质生活保持淡薄心态的班级。这样，孩子的三观会更正，以后人生会更幸福。

🌸 关键结果·事件落幕·理解和接纳孩子的需求

我的教育生涯中，也曾遇到过好几个小妹这样的孩子。

有最终放弃的，我理解。"每次写贫困理由都要大哭一场，心情都很不好。"我对他们说得最多的是："听从内心的呼唤，要与不要，决定之后就不要内耗。"

有委托我代办的，我贴心做好。有孩子年年都需要申请助学金，一到开学就要到处复印、盖章交材料，费很多工夫。孩子授权给我，我全部办好。

有孩子心态坦然的，我欣赏。"助学金能改善一些生活条件，让自己更安心学习。以后变强大了，我可以更好地、积极地回报社会。"这三观杠杠的。

有正确理解的，我高兴。"补助是给有需要的人，合情合法不羞耻。""只有不需要却造假，那才是羞耻到社死。"

有自强奋起成功的，我欣慰。有言谈举止和穿着都看不出贫困的孩子，他们内心强大，放弃助学金，而且发展得很好。

……

🌿 关键理念·晓莉梳理·给爱更要给尊严

如何改进我们的助学行动，让受助者有尊严、有面子、有价值地获得自己所需要的社会支持呢？我觉得下面的一些做法可以参考。

1. 重视学生隐私的保护。

公示是助学金发放的一个基本流程，如何在政策公示的需求和保护学生隐私上巧妙结合呢？我觉得可以采用"马赛克式"公示——"马赛克"是一个比喻，指图片上隐藏部分信息。如只公示和政策相关的、最核心的家庭条件等关键信息，至于这家庭是谁的、具体是班上哪一个学生、名字叫什么，可以尝试用符号代替，就像不少地方公示福彩、体彩获奖者信息，名字、电话号码等，均只显示其中的部分。实在有人质疑，可以针对性地、个别地验证并提出保密要求。这样，或许能够在国家政策要求和学生隐私保护上找到一些平衡。

2. 尊重孩子的申请权利。

小妹之所以抗拒助学金，一个重要原因是她本人没有申请，老师好心代为申请，并按照流程公示，侵犯了她的申请权和知情权。有句俗语是"好事不要做毛糙了"，意思是不能够因为做好事，而删改了一些基本程序。在助学金发放上，孩子愿意申请，我们支持；孩子不愿意申请，我们尊重，务必不越俎代庖。

3. 让人体面地获得帮助。

"让人体面地获得帮助"应该成为做好事的一个基本原则。看过一篇小短文《墙上的咖啡》，大意是有家著名的咖啡厅，如果有人点了一杯咖啡付了两杯咖啡的钱，服务生会把剩下的一杯贴墙上，上面写着"一杯咖啡"。如果有一天，有人来喝咖啡，他钱不够，或者没有钱，他只要坐下来，看着墙上说"一杯咖啡"，服务生会秒懂，并以惯有的姿态恭敬地给他端上咖啡。客人喝完咖啡不用结账，服务生收工时从墙上揭下一张"一杯咖啡"的纸就行了，旁人也不知道客人有没有付钱。我觉得这个方法很好，非常温暖。

4. 积极改进资助方式。

从社会学角度来看，贫困不单指经济上的绝对贫困，还包括资源的相对贫困，即个人所拥有的社会资源和社会关系的欠缺，以及个人求助系统的欠缺等。因此，助学应该从"贫困性资助"过渡到"发展性资助"。从这一点说，小妹们积极向上、努力生活的模样应该受到点赞。

助学金要改变那种直接给钱了事的做法，可以创设一些勤工助学岗位，如实验室的管理员、图书馆的管理助手，采用付出劳动获得报酬的方式，鼓励学生自力更生，体面地获得资源。学生就不会觉得是施舍的，别人会看不起。这样，既增加了学生的收入补贴，又让学生学到了更多技能，培养了他们的交往能力和生存能力。

资助名称可以改进。"助学金"叫法本来是中性的，但由于特定的使用对象和语境，一说"助学金"学生马上就和家庭贫困划等号了。有些国家叫"专有奖学金"，差几个字，传递的意思却明显不同；有些地方和学校叫"专项发展资金"，感觉还不错。

此外，助学形式可以更多元：奖、助、贷、补、免，多形式助学相结合。如可以提高奖学金数目奖励优秀学子，鼓励贫困生努力学习，争取奖学金。或者把助学金发放统筹到奖学金里，专门为那些家庭贫困、个人积极上进的孩子设立一个奖项，以奖励的方式把助学金发放给他们。还可因为贫困生的某一个优点奖励他免掉一些费用——这都是可以尝试的更为体贴的做法。

关键提醒·策略要点·我们可以这样做

家庭　　　　　学校

第 **1** 步　　给爱，更要给孩子尊重

第 **2** 步　　理解青春期孩子的"痛"

第 **3** 步　　真正站在孩子角度看问题　　尊重孩子的隐私

第 **4** 步　　给孩子更多的尊重、理解和允许　　还权于学生，不去包办和控制

第 **5** 步　　用故事和案例的方式打开眼界　　教孩子正确评价自己

第 **6** 步　　做孩子坚强的后盾，一起面对困难　　发展孩子的能力，让孩子更自信

为了一双潮鞋，孩子居然和爸爸干上了？

老师，陈思诺他已经走火入魔了！

今天为了一双鞋子，

和他爸爸吵架，

还把家里茶几砸了……

陈妈的电话让我惊讶，

班上性格开朗、阳光帅气的男孩，

究竟怎么啦？

关键事件·背景链接·一双潮鞋的魔力

陈思诺是班里的"潮男"，永远走在时尚最前沿。对流行穿搭他十分有心得，尤其喜欢研究潮鞋，市面上最新和最受欢迎的款式，他如数家珍，家里也收藏了不少。

在校期间要求学生穿校服，留给他们自由穿搭的空间并不大。但这难不倒潮男思诺，每换一双球鞋，他都会搭配相应色系的衬衫和T恤，以求整体的和谐。如此精心又有品的穿搭，让他在班里颇受欢迎，还有一堆粉丝。

渐渐地，思诺对收藏潮鞋产生了执念，看见新款球鞋就会要求爸妈买给自己。爸妈觉得没有必要买这么多鞋，思诺根本穿不过来啊！他们尝试着反对，但思诺却油盐不进，根本听不进爸妈的劝说，坚持要买。否则，就拿不上学、不做作业来威胁爸妈。爱子心切，几番来回后思诺爸妈常常败下阵来，答应思诺的请求。闹了几次之后，爸妈都心力交瘁。

一天，思诺和爸爸一起坐在沙发上看电视，思诺有意提起自己最近看上一双新鞋，希望爸爸能"赞助"一下。爸爸随口说发工资再给他买，思诺一听自然喜不自胜。从这天开始，思诺每天度日如年，翘首以盼，终于盼到爸爸发工资这一天，思诺满心期待地找爸爸付款，却迎来了爸爸一顿数落："买这么多鞋？穿得过来吗？每天除了买鞋就是买鞋，能不能有个学生的样子？"

爸爸突如其来的拒绝令思诺十分不解："你都说好了要给我买的，为什么反悔？你说话不算话！"思诺的指责引起了爸爸的回忆，过往为了一双双球鞋争吵的画面出现在脑海中，爸爸瞬间怒火中烧："买买买，我们的钱是大风刮来的吗？！动不动就不上学了，有本事用考个第一名来威胁我们！"

冲突爆发，最终，思诺居然砸起了茶几，吓坏了一旁手足无措的妈妈。

关键问题 · 家长需求 · 我们该怎么办

> 这孩子怎么这样不讲道理？
> 有那么多鞋子了，怎么还要买？
> 为什么会对一双鞋子这么痴狂？
> 还常常以此要挟不读书，做家长的应该满足他吗？
> 除此以外怎么办？

关键支持·晓莉姐说·用爱给孩子导航

◆ 家庭角度：父母可以这样做——

1. 通过孩子的情绪，觉察背后的需求。

心理学家告诉我们，每一种不良情绪背后，都有我们潜伏着的、最底层的逻辑需求。如愤怒是因为没有被尊重、被理解，悲伤是因为需要同情和帮助，焦虑是因为缺乏安全感、掌控感和稳定性，恐惧是需要支持、鼓励和认可，悲伤则需要同情、支持和帮助……

思诺因为爸爸没有兑现购买潮鞋的承诺，感到自己的需求没有被尊重，因而愤怒，最终情绪爆发，砸了家里的茶几。为一双潮鞋砸茶几，这举动的确寒了父母的心。但是我们成年人比孩子情绪稳定，我们没有必要和他对着干啊！我们的目的是赢得孩子，而不是赢了孩子。我们要通过孩子爆发的不良情绪，看准孩子背后的需求，再对症下药。

2. 修正亲子关系，给孩子正确的爱。

孩子对物质的追求或许是对爱的渴望。例如，有孩子追债一样要求父母买 iPhone，每有新款，就第一时间要买，甚至不惜排长队，如果不买就不认父母。

这些孩子怎么了？心理学家这样解读：iPhone、iPad 都是过渡客体，在孩子们眼中是爱的象征，得不到就意味着丧失爱。如果母亲表达爱的方式是给孩子买东西，而不是陪伴和细腻的关爱，那么孩子就会执着于这些东西。先是很小的需求，一颗糖、一个抱抱熊、一个玩具，然后是手机、鞋子、电脑等，物质的索取很难发展到灵魂层面的爱。

这种关系如何修正呢？恐怕需要更多的耐心。父母要理解孩子物质需求背后的心理需求，用平和心态，稳控和安抚孩子的情绪。然后积极地（"积极"不仅仅代表主动，还代表方式、效果和发展趋势都好）和孩子沟通，用高质量的陪伴，比如一起外出游玩、陪孩子锻炼等，尊重和理解孩子，满足孩子爱的渴望。

3. 传递正确的金钱观，让孩子自食其力。

教育家默克尔说："金钱教育是人生的必修课，是儿童教育的重心，就如同金钱是家庭的重心一样。"

如果从小不对孩子进行金钱教育，孩子就会对钱没有概念，觉得挣钱很容易，就谈不上珍惜。长此以往，孩子只会对金钱越来越没有概念，遇见喜欢的东西就会开口要，大人不给就撒泼、打滚，上学之后就用父母在意的身体健康和学习来逼父母妥协，父母退让就进入恶性循环。

我们必须让孩子意识到，有虚荣心、有爱好、有消费欲望无可厚非，但要通过自己的劳动来获得。在日常生活中，家长可以每月给孩子一定数额的零花钱，让孩子自己支配，这是我们的爱。超出的部分，他得付出劳动来获得。长久坚持，孩子才会形成正确的消费观。《富爸爸·穷爸爸》书中写道：从小没有金钱意识的孩子，长大后会碰到节制消费、需求排序、投资、危机等四大意识的缺乏等问题。孩子珍惜金钱，吃穿有度，明白赚钱不容易，这些观念对孩子来说是受益无穷的，因为孩子总有一天要独立，要走向社会。

4. 培养正向的价值观，帮孩子找到认同感。

心理学家、哲学家威廉·杰姆士有句名言："人性最深层的需要，是渴望得到别人的欣赏和赞美。"青春期的孩子，自我意识觉醒之后，他们很需要自己在同伴眼中有价值。思诺就是利用潮鞋获取同伴价值感，认为自己只有穿得够潮才能被同学尊重。作为家长，我们要理解孩子对"价值感"的追求，同时也要让孩子认识到：靠物质堆砌的价值感不具有持久性，唯有依靠才华、能力和人品获得的价值感，才会长久。当孩子从内心产生自信，他就不再需要外界的物质加持。

思诺形象阳光，也喜欢运动，可以给他报篮球课，充分发挥他的运动天赋。当他在体育课上技压群雄，在学校比赛上赢得尖叫，球技得到了同学们的高度认可时，对于潮鞋的关注也就越来越少了。

我们经常说，孩子要"富"养，这个"富"不单指物质富有，更是指精神层面的富养。大家发现一个现象没有：那些富裕家庭的孩子，很多人很节俭、善良、吃苦耐劳；相反，那些家庭条件不好的人，倒在不断地用物质溺爱孩子。为什么？因为家长的阅历没有跟上来。富裕家庭的家长更懂得：知识学习、艺术技能、身体健康、思想高尚等等，这些因素所带来的成就感，是物质远远不能比拟的。

5. 守诺但别轻易承诺，做孩子的好榜样。

承诺有利于培养和孩子的亲密关系，但是，轻易许诺，没有兑现，对亲子关系的伤害却更大。从思诺和爸爸的冲突来看，是因为"爸爸随口说发工资再给他买"，他盼星星、盼月亮之后，却是拒绝，强大的落差激发了本来就潜藏的矛盾。

正确的做法是：信守诺言，但是不要轻易承诺，做好孩子的榜样。轻易许诺会让孩子产生理所当然的心理，认为可以通过索取承诺来获得自己想要的东西。孩子变得霸道，不懂感恩，步入社会后也会不懂得收敛，成为"巨婴"，这都是"随随便便"的承诺惹的祸。

有家长问："那怎么激励孩子学习？"记住我的一句话："孩子学习最大的内驱力，乃是他自己获得的价值感，或者说意义。"通过买潮鞋、手机等物质方式来激励，内驱力反而会下降。

◆ 学校角度：老师可以这样做——

1. 理解热爱，支持孩子正当爱好。

青春期的孩子总是充满着好奇心，有着许多在成年人看来甚至有些"荒唐"的热爱。如有些同学喜欢看动漫，在二次元有自己的偶像，喜欢收集相关的漫画、手办、周边玩具等；有些学生追逐潮流，喜欢收集潮鞋、潮衣；还有一部分同学有自己喜欢的歌手、演员，会收集明星的海报、小卡，也会想参加偶像的演唱会……这些兴趣和热爱，其实是孩子相互交往的一个"平台"，他们通过共同的热爱找到话题，建立同伴关系。

每个时代都有所谓的"潮流"，我们在青春期时也曾有过自己的热爱。我们成为大人之后，要理解和支持孩子们的热爱，甚至可以参与其中。这会让他们感觉到自己被在意和尊重，有利于建立好关系。

2. 引领热爱，培养孩子责任意识。

作为班主任，我十分理解同学们的热爱，也知道有些同学为了收集一些周边、潮鞋等经常向父母索要更多的零花钱，更有甚者以不写作业、不吃饭、不上学等方式来威胁父母，将父母对自己的关心和爱当作自己的筹码，来达到自己的目的。

在了解到这些情况后，我组织了系列班会，让同学们一起讨论"学习到底是为了谁？"，让他们明白学习的目的和意义是成为更好的自己。我们开设了零花钱管理课程，教学生学会管理金钱、控制自己的欲望。

系列活动让孩子们认识到：在能力范围内追求热爱可以获得理解和支持，但是不能利用父母对自己的爱威胁父母，不能把学习当作筹码去和父母博弈，更不能通过自残、吵闹等极端方式引起父母的担心害怕。通过系列班会课，每一个同学都理解了自己才是人生的主角，必须对自己负责。

3. 掌控热爱，锤炼孩子品质。

孩子正在成长过程中，还没有形成完整的价值观，他们盲目地跟风、攀比、买各种潮东西，一方面是因为喜欢，一方面是为了能获得别人更多的关注和认同。随着年龄的增长，自我意识和性意识逐步增强，这种趋势会更明显。

今天穿一件漂亮衣服、明天理个出众的发型，希望更多同伴谈论他们，收获更多羡慕的眼光，这成为不少缺乏自信、在学习或才艺方面可能没有优势、甚至有点自卑的孩子能做的事情。思诺对潮鞋的执着，只是其中的一个典型。

对于这种情况，我们要帮助孩子认识到自己的优点，让孩子发现和激发自身值得骄傲的地方。孩子对自身的认可和欣赏，远比"潮鞋"更有吸引力。当孩子具备了不以外在物质为转移的能力、信心和优秀品质时，他们对时髦的、消费性的攀比和追求就会自然降低。

关键结果 · 事件落幕 · 遇见最好的自己

思诺依然是班里的"潮男"，依旧注重外形穿搭，依旧阳光帅气。不同的是，如今这个阳光男孩已不再执着于所谓的"最新款"和"爆款"，而是会综合利用，把现有的服饰搭配到最舒适协调的样子。他时常和班上的男同学们一起参加各种运动，还竞聘上了体育委员。

他依旧被同学喜爱，全身散发着青春的活力和朝气。

我们班设立了各种"月度之星"评比，多元化的奖励和评比激活了大家的上进心，同学们从比穿着、比游戏、比消费，转移到比拼学习、比贡献、比才艺上。自律性强、考试进步大的学生常常能得到同学们的羡慕和老师的表扬；课后时间也能看到同学们主动做好事，相互帮助，一片融洽。

🌿 关键理念·晓莉梳理·读懂并接纳孩子

1. 学会转移，构建更多价值感。

要让孩子学会有意义的攀比，如比谁的学习更有行动力，谁的自律力更强、谁的内心世界最为强大、谁的兴趣特长最酷……

青春期是人生观、价值观形成的关键时期，我们可以通过观看电影、电视，阅读名人传记，浏览榜样人物等方式，引导孩子积极学习各种知识，努力充实内心，而不是用大好的青春与别人比吃、比穿。同时，可以鼓励他们在搞好学业的同时，培养一两项健康的爱好，如打球、唱歌、画画等。当他们有了自己真正专注和热爱的事情时，就不会整天想着怎样与人攀比一些外在的、无意义的东西了。

2. 放下执念，与自己进行"攀比"。

著名芭蕾舞蹈演员麦克海尔·迈瑞斯卡夫曾经说过："我不希望比别人跳得好，我只想着比我自己跳得更好。"这样的自我攀比和自我竞争，其实是在发展我们的内在动力，对于建立个人价值、激发热情是至关重要的。

放下执念很难，但是我们可以通过表扬、发现的方式，让孩子欣赏自己。孩子在某个方面取得成绩，我们不要习以为常，要热情积极地请教他们一个问题："请问你是怎么做到的？"这是激发孩子自信、从执念中转移出来的很好的办法。每个人都渴望被关注，尤其是他们成功的时候，更希望别人关注深层次的一些东西，比如说他们的经验和努力。

用请教的方式，而不是评价，每个孩子都会装上和自己比较的"发动机。"

3. 重构关系，建立积极的支持。

人们追求美，是热爱生活的表现。好看的衣服、发型，好看的身材、相貌，好看的鞋子等都会让孩子觉得自己更精神，更有自信。在能力允许的范围之内，我们应该支持孩子把自己打扮得得体、精神。认同、理解和支持，是重构亲子关系的重要一环。

但支持不是放纵，是坦诚沟通和耐心引导。我们要引导孩子认识到：外在之美，追求有限；内在之美，追求无穷。当孩子从其他方面慢慢变好，感受到内心的强大和自信，他们就不会纠结于是否穿一双"潮鞋"了。

关键提醒·策略要点·我们可以这样做

	家庭	学校
第 1 步	沟通理解，建构好的关系	
第 2 步	强调正确的价值取向	
第 步	设定底线，实行预算，理性消费	开设主题班会
第 4 步	树立榜样，强调内在品质	团队互助，挖掘每个人的优点和价值
第 5 步	学会转移，培养孩子其他兴趣	才艺展示，助学生体验成功
第 6 步	提供支持，帮助孩子成功一次	和家长紧密沟通，个别教育

孩子"以死相逼"居然是因为二胎弟弟？

"你选我还是选他！"

"你们都是骗子！"

因为二胎弟弟的到来，

孩子居然"以死相逼"……

多子女时代的到来，

也在考验着父母的教育智慧。

这个故事就是一个家庭里濒临崩溃的大孩发出的"呐喊"。

🧸 关键事件·背景链接·你要我还是要他

"要么你把他掐死，要么我从阳台上跳下去，你自己选！"当这句话从小赖的妈妈口中转述出来的时候，我都震惊了。万万没想到昨天对于大多数家庭来说平静的夜晚，小赖家则是血雨腥风。

晚自习结束，小赖回到家，发现自己心爱的玩具被弟弟弄坏了。他开始教育弟弟，但年仅4岁的弟弟似乎总不能让他满意。整个过程持续了将近一个小时。对一个初三的孩子来说，一个小时的说教，既浪费了他很多学习时间，又没有什么效果。妈妈像往常一样，劝他说弟弟还太小，让他包容一下，接着又开始批评他，没有珍惜时间，晚上又要很晚睡觉了……

刚开始小赖没有作声。后来听到妈妈批评他学习不抓紧、浪费时间，他再也控制不住自己，就像发疯的野兽一样，在家摔东西，并疯狂指责他妈妈，说她每次都只会指责他，根本不会管弟弟，也不懂教育。小赖边说边冲到了阳台上，于是就有了开头那句惊心动魄的话。

互相抱怨的开头，彼此咆哮的结尾，第一次家访的时候，我就见识过他们母子之间这不正常的对话模式。而随着年龄的增长，小赖对妈妈的态度更加恶劣。按他妈妈的说法，每当小赖跟母亲有冲突时，都会用世界上最恶毒的语言来辱骂她。而小赖这种发疯似的表现只针对他妈妈，在其他的亲戚朋友及老师同学看来，小赖是一个彬彬有礼的少年。

小赖妈妈再三跟我说：不要去找他，他是个要面子的人，自尊心也很强，内心还是渴望能在中考冲刺的这几十天里不留遗憾。如果这个事被老师知道，他会很没有面子的，免不了回家又是一场"暴动"。

关键问题·家长需求·我们该怎么办

孩子要跳楼自杀，怎么办？

为什么他对妈妈和对其他人不一样？

他真的无法和弟弟共生吗？

要不要让妈妈带弟弟离开，

让他在最后的50多天安心复习，取得一个好成绩？

经常在家吵架，会不会让老二害怕？

孩子会不会产生心理问题？

关键支持 · 晓莉姐说 · 理解孩子的需求

◆ **家庭角度：父母可以这样做——**

1. 抓住黄金 13 秒。

在孩子"要跳楼"这件事上，我们不能有任何侥幸心理。尤其是家长，务必重视并避免孩子产生自杀念头。孩子自杀诱因很多，如承受不了学习和生活的压力；生活陷入了虚无和绝望之中，找不到希望和出路；对他人和世界充满怨恨和不满；家庭发生重大变故；被诊断患上严重的抑郁症……父母要密切关注并设法帮助孩子度过危机。

太多的研究显示，冲动型自杀者的冲动持续时间是 13 秒，假如熬过了这 13 秒，他们中的大多数就会放弃自杀闪念。这时候父母一定要克制放狠话，口下留情，听孩子把话说完，理解他，或者安静地抱着他 13 秒，告诉他我们爱你。冲突降温，局面稳控，是冲突处理的第一要诀。

2. 看清孩子的需求。

孩子用跳楼逼迫妈妈做出选择，看似是哥哥与弟弟、老大和妈妈的矛盾冲突，实则是哥哥在妈妈那里缺少安全感和归属感。哥哥的行为都在向妈妈表达着自己的需要——被爱，被关注。

父母要看到孩子的需求。自己心爱的玩具被破坏，学习那么累，还要教育弟弟。小赖也是孩子，还不会控制情绪，父母要避免唠叨和指责，尤其不要去激化矛盾；多理解孩子的累和苦，多看到孩子的坚持和努力，看到他的疲惫、压力烦躁，看到他对爱的需求，给孩子更多的理解、宽容、支持和爱。孩子感觉好了，对世界、对家人的心态和情绪也会好。

3. 给足孩子安全感。

安全感是人的第一需要。孩子与父母建立链接，相互理解和支持，就会感觉有安全感，继而会产生力量感和掌控感。

和小赖妈妈深度沟通，我们发现，小赖的安全感严重缺失。五年级时，他爸爸出了状况，不能够给他陪伴；弟弟出生后有语言障碍，妈妈又得花费大量时间去训练，从而更没有时间陪他。以前妈妈给小赖写家信，小赖如获至宝，要偷偷地藏好。而昨天她给小赖写信，小赖直接扔垃圾桶说："你做得到吗？你根本做不到，你就是来糊弄我的！……"

安全感的建立和物质条件关联不大，而更多来自父母的包容和支持。具体如何做呢？首先，妈妈需要有积极乐观的生活态度，多想想自家有的，少想想没有的，用知足常乐的心态看待生活。孩子容易受大人的影响，大人乐观生活，孩子就会感觉安全。其次，多鼓励少批评，尤其是小事上不要过多控制和批评。否则孩子就会害怕出错，时间久了，就更加敏感自卑，害怕尝试。最后，给孩子适度的空间。不要总是盯着孩子不放，在不触犯底线的情况下，让孩子自主管理自己。

小赖未成年，需要妈妈在身边照顾生活起居。如果这个时候妈妈带着弟弟离开他，他会觉得自己真的被抛弃了。所以，我对小赖妈妈带老二出去、直到中考结束回来这个提议，表示了不赞成。

4. 家长主动做出改变。

解铃还须系铃人，小赖妈妈需要做出改变。只有这样，小赖跟妈妈的关系才能逐渐修复。而且这个改变要花很长的时间，妈妈要有足够的耐心。在帮助小赖的同时，我给小赖妈妈介绍了专业的心理咨询师，帮助她重建心理能量系统，更智慧地处理与小赖的亲子关系。小赖妈妈需要做出哪些改变呢？

首先，一碗水端平，甚至要准备"两碗水"。二胎家庭中，很多家长没有重视老大的需求，经常对老大是出和老二不一样的要求，如："你是大哥，你要让着弟弟！""你不要和弟弟计较！"长此以往，老大会感觉父母"偏爱"，甚至把委屈转化为怒气，继而发作到弟弟身上。

我自己深有体会。我父母养育了三个孩子，我是中间那个"夹心层"。我姐因为是第一个孩子，父母新鲜，自然多爱；弟弟是家中唯一的男孩，倍受宠爱；我呢，因为又是女孩，父亲甚至不想给我取名，也不想和亲戚们报喜。我很小就被教育"要让着弟弟，照顾弟弟"，甚至一个馒头、包子都要让弟弟先吃。小学三年级的时候我写了一篇作文来表达自己的委屈，作文题目叫作《偏爱》。现在回忆起来，都有点惊讶我的文学启蒙居然来自"痛苦体验"。

生病可以得到更多的温暖和关心。为了获得父母关注，我抓住家里来客人，需要我和父母挤在一张床上睡觉的机会，故意不盖被子，想被父母照顾一下。遗憾的是我一晚上睡在被子外面，父母居然没有看到，也没有给我盖被子，我居然也没有生病！现在想起来，我特别理解孩子被冷落的感受。

网上有一个视频，很值得二胎家庭学习。父母一起陪伴二宝睡觉；等二宝睡着了，再一起来书房，关爱正在学习的老大。妈妈亲了亲哥哥，然后拿出提前准备好的夜宵。爸爸像背弟弟一样背起哥哥来到客厅，一家三口喝着饮料，吃着宵夜，说说笑笑，温馨和谐的画面让人动容。因此有人说，二胎家庭里，父母要给老大更多的爱；老大感受到爱后，会帮着父母一起照顾二宝。

其次，给支持而不是给压力。中国式家长，很容易以"我为你好"的理由，来达成自己的目的，而不是孩子的目的，好像我们只要给孩子压力孩子就能轻松解决问题一样。

像这次，因为要教育弟弟，小赖时间耽搁了，妈妈开始批评他，传递压力，没有珍惜时间，晚上又要很晚睡觉了，影响第二天的学习。孩子用手机，妈妈也担心。"妈妈觉得我玩手机就变坏了，觉得我肯定考不上高中了！她就是怕我考不上好高中，给她添麻烦！"孩子这样吐槽妈妈。

孩子需要的是支持，而不仅仅是压力。总是给孩子压力，孩子会认为妈妈的爱是有条件的。孩子是很敏感的，他能准确分辨出你是真的爱我还是爱我的分数。我对小赖妈妈说："要把自己的需求放在孩子的需求背后，给到孩子足够的支持感。在意他，就要在意他的感受，只有在意他的感受，你们才能并肩作战，否则一切都没有可能。"

最后，学会示弱，给更多机会让孩子成长。家庭中，小赖妈妈其实非常不容易，一个女人抚养两个孩子，尤其还有个需要康复理疗的弟弟。

但家庭的苦难也是孩子成长的资源。妈妈可以多邀请老大帮助自己，然后真诚地表达感谢，对老大说："多亏有你，要不是你帮助我，妈妈都不知道该怎么办！""咱家一起齐心协力，困难是暂时的！"多次这样说和做，让孩子付出爱和承担责任，收获欣赏和肯定，孩子就会越来越自信，也会产生更多的责任感。

◆ 学校角度：我们可以这样做——

1. 开设生命教育班会课。

生命健康教育一直是我班的重点，即使初三，班会课也没有减少。孩子学业压力大、情绪波动的各个时间节点，我们都有班会课。

我用绘本《长大做个好爷爷》进行导入，告诉孩子们，生命就像一件珍贵的礼物，千万不能浪费。借助"怎样的一生是值得过的"这个话题进行小组讨论，特意挑了小赖来发言。小赖说他希望自己成为一个游戏设计师，能设计出最棒的游戏。我对他的发言表示了认可，并鼓励大家：成就理想的前提是爱惜生命，生命就像数字前面的"1"，而理想、爱情、事业等就像"1"后面的"0"；没有"1"，后面多少个"0"都没有意义。孩子们都很认同。留心到他神情坚定，眼睛亮晶晶的，我悬着的心放下了一半。

2. 指导父母和孩子学会理性沟通。

指导家长：做错事要勇敢道歉，获得孩子原谅；保持情绪稳定，不激化矛盾；看见孩子需求，多倾听孩子；不急于评价，询问孩子需要，给予更多的情感支持。

指导孩子：多发现生活中积极、快乐的事情，建立积极的情感体验；学会和父母主动沟通的技巧，合理表达需求和情绪；难以平复心情时，学会求助。

情景模拟是培训的最好办法，远比空洞的说教有用。我和孩子们搜集家里二胎和自己的矛盾瞬间、父母和他们的冲突瞬间，并用表演的方式展示，在全班寻求最佳解决办法。孩子们在哈哈哈大笑中，积累了很多应对策略。

3. 积极主动帮助孩子舒缓情绪。

我跟同学们讲，临近中考，大家的压力也挺大的，心里有什么不舒服的，尽可以找我聊聊哦。这是帮孩子舒缓情绪。此外，我用以下方式尽可能地给予孩子更多的关爱和支持，帮助孩子找到价值感和归属感。

一是给孩子找个学习"搭子"。小赖对自己的学业要求还是比较高的，他曾提出过边上的同学比较冷淡，想换一个带带他的同桌。我把班长换到了他的边上，每天跟他一起切磋题目。

二是请任课老师多多支持。我和任课老师私聊：小赖最近情绪有点起伏，大家多表扬鼓励。尤其是科学老师，小赖是他的课代表，安排让小赖多多为同学们服务，转移注意力，提升价值感。

三是请小赖帮忙，感受关注。我跟小赖讲："老师忙不过来，可否帮助老师辅导几个同学？"他爽快地同意了。下课后，他主动和同学讲题。遇到自己也纠结的难题，两个人一起结伴来办公室问我。

学校里开心的事情多了，家里的烦恼就不那么容易让孩子伤心，这对小赖保持健康的心理状态很有必要。

🌸 关键结果 · 事件落幕 · 遇见最好的自己

中考结束后，小赖如愿以偿地考上了他理想的高中。他寄来了学校的明信片，汇报了他的高中学习生活，字里行间很开心，也很自信。信的最后，他还云淡风轻地跟我讲了那个惊心动魄的夜晚，也讲了他妈妈的改变，以及同学在至暗时刻带给他的温暖和希望。

"老师，真心谢谢您！感谢您在我不懂事的时候，给我指点迷津！"这是他写在明信片上的最后一句话。

🪴 关键理念 · 晓莉梳理 · 读懂并接纳孩子

1. 不刻意强调冲动行为。

小赖的轻生，是原始脑在冲动的情况下做出的不理智选择。小赖事后说，如果那天真的跳下去，他肯定很后悔。只是他被妈妈忽视太久了，他想要的是妈妈的爱。因为爸爸的不在和弟弟的特殊，妈妈也疲于应付。小赖也懂妈妈的不容易，但一个初三的孩子，毕竟还是孩子，想要得到爱和归属感是每个孩子对父母的需求。我们不用刻意地强调这件事，默默观察，静静聆听就好。过度的关注反而会引起不必要的慌乱，适得其反。

2. 积极构建温馨的班风。

从初一开始，我们班的班风温馨又美好。让每个孩子有归属感和价值感是我的治班理念。人人有事做，事事有人做。在和谐与美好中创建优秀的班集体。每当周五下午放学的时候，班里的同学总是迟迟不愿意回家，问起来就是喜欢待在学校里，待在这个班里。每天来上学都很快乐，在家实在是太无聊了。小赖这事后，我又进一步调整和完善了班级管理模式，主打让孩子们感到开心和愉悦。每天开开心心的，比紧张兮兮的更能学得愉快，后续的测试和中考中，孩子们依然名列前茅。

3. 承认成年人的不容易。

妈妈说，小赖就像她肚子里的蛔虫，一下子就能猜出她的想法。我告诉她，这是好事，说明孩子一直在观察和研究父母。我们没有必要装强大，在孩子面前承认自己的不容易，承认自己做不到，诚恳真实的表达会更打动人。"穷人的孩子早当家"，孩子懂父母的苦，他会比我们想象得更强大。

关键提醒·策略要点·我们可以这样做

 家庭

 学校

	家庭	学校
第 **1** 步	冷静观察，理性分析	
第 **2** 步	建构关系，耐心引导	
第 **3** 步	站在孩子的角度厘清他的需求	建立并实施连续性的生命教育课程
第 **4** 步	给孩子更多的安全感	指导父母和孩子在学会沟通中解决问题
第 **5** 步	学会示弱，承认成年人的不容易	帮助孩子获得归属感和价值感
第 **6** 步	给孩子当家的机会	用表演复盘的方式探寻最佳解决策略

女儿骂爸爸是疯子，怎么办?

读初三的女儿做作业要关上房门，

爸爸不让，

女儿锁上了房门，

爸爸一气之下，

把女儿房门卸了!

女儿发朋友圈，控诉爸爸是疯子!

关键事件·背景链接·我的爸爸是疯子

晚上 10 点，睡前我准备刷会儿朋友圈，点开第一条，顿时令我彻底失去了睡意。

"我爸真是个疯子!"

短短 7 个字，写满了孩子对父亲的控诉，文字的左边赫然映着夏婷的头像! 我十分疑惑——乖乖女夏婷，怎么会如此控诉自己的爸爸呢?

带着疑惑，我找到了夏婷妈妈的微信，询问发生了什么事。夏婷妈妈发给我几段视频。点开视频的那一刻，我被突然发出的响声吓了一跳。视频里是夏婷爸爸手拿着榔头，"哐哐"地砸着夏婷卧室的房门。整个房门摇摇欲坠。夏婷爸爸一边砸，一边吼："你是翅膀硬了，跟我谈隐私？我把你门卸了，看你还有什么隐私！"沿着夏婷妈妈手机的画面看过去，夏婷坐在床边抽泣，房间里的物品凌乱地散落在各处。很明显，家里刚经历过一场不小的争执。

"这个看似开明却充满桎梏的家，我一天都待不下去了。"半夜12点，夏婷又一条朋友圈出现在我眼前，这一夜无人入眠。

我打电话给夏婷爸爸，希望他冷静处理和女儿的矛盾。电话那头，夏婷爸爸也是委屈得不行："学校开了家长会，要求我们关注孩子的学习状态，尤其是要控制手机使用。我回家要求女儿做作业时打开房门，便于随时检查；可是她偏偏不听，说我打搅她，侵犯她隐私，非得锁上门。您看，我生气了才拆门的！老师，我告诉您，孩子是一点儿也不自觉，她看起来很乖，那都是我们管出来的。如果我不看着，她在房间里玩什么都不知道！"

关键问题 · 家长需求 · 我们该怎么办

孩子以隐私保护为由，拒绝我们的检查，咋办？
我们希望她能多放点心思在学习上，有错吗？
没有我们的监督，靠孩子自己，能行吗？
我也想做个好爸爸，可孩子的学习状态不知道，
心里不踏实啊！
怎样才能够管理好孩子的学习呢？

关键支持·晓莉姐说·用爱给孩子导航

◆ 家庭角度：父母可以这样做——

1. 双方冷静，换位思考。

几番沟通，我知道了冲突始末。夏爸基于自己对孩子的了解，始终认为是自己事无巨细的管理才让夏婷有了如今的成绩。他对夏婷的个人能力非常担心，认为一旦夏婷脱离管控就会打回原形。

而夏婷呢？正处于青春期自我意识觉醒期，随着身体长高、年龄增加，她对爸爸的控制产生了抵触情绪，认为爸爸不相信自己，并且想控制自己的方方面面。进入初三后，学业压力增大，夏爸管得比从前更为严苛，常在夏婷做作业时走进房间"监督"，还对夏婷的私人物品毫无遗漏地查看，确保夏婷没有分心。这令夏婷非常反感、焦虑、疲于应对。长年累月下来，夏婷对爸爸积怨已久，那一次的争吵只是引发战争的导火索而已。

了解这些之后，我建议夏婷和爸爸平心静气地坐在一起，客观合理地表达自己的感受和担心，别控诉对方不足。经过前一天的爆发和第二天的冷战，两个人的情绪已经得到了缓解。晚上，夏爸主动找到夏婷聊天，为自己的过激行为道歉，并表达了自己对女儿的担心。夏婷也向爸爸表达了对空间的需求，父女俩都看到了对方对自己的在乎，几番沟通下来，两人的心结终于逐渐打开。

2. 尊重隐私，给足空间。

隐私代表的是安全、自由和人格的独立。现在的孩子越来越在乎"隐私权"，其实就是向大人呼吁自己的"控制权"。我们要理解和尊重孩子这种想法，这代表孩子在长大。我们要给予孩子他们自己的隐私发展空间，这对孩子的身心健康、自我发展和人格健全具有重要意义。

以下是一些在家庭教育中更好地保护青少年隐私的方法：

给予独立空间：为孩子提供属于他们自己的房间或特定区域，让他们有可以独处和存放个人物品的地方。

尊重个人物品：不随意翻看孩子的日记、信件、书包等私人东西，除非得到他们的同意。

避免过度窥探：克制自己，不要过度询问孩子的私人生活细节，如交友情况等。

沟通建立信任：通过良好的沟通，让孩子感受到信任，他们会更愿意主动分享，而不是通过侵犯隐私来了解。

尊重网络隐私：不随意查看孩子的社交账号、聊天记录等，同时教导他们保护好自己的网络隐私。

设定合理界限：明确哪些是需要公开的，哪些是属于隐私的，让孩子清楚规则。

以身作则：家长自己也要注意保护孩子的隐私，不在他人面前随意谈论孩子不愿公开的事情。

尊重选择：对于孩子的一些个人选择，只要不违背原则，尽量尊重他们的决定，而不是强行干涉。

强化隐私意识：日常教育中适当强化隐私的重要性，培养孩子的隐私保护意识。

提供安全感：让孩子知道在家里他们的隐私是被重视和保护的，有足够的安全感。

3. 彼此支持，建立互信。

得到了爸爸的道歉，夏婷也就自己的过激言行向爸爸表达了歉意。谈话的最后，夏婷向爸爸展示了自己考重点高中的决心——她的学习安排策略表。她表示自己能理解父母，能管理自己，自己能够用实际行动，让爸爸妈妈放心。一句话："虽然您暂时没有看到我优秀的结果，心里会不踏实，但是，我会用自己走向优秀的过程让您放心。过程扎实，结果一定不会太坏。"

夏爸也意识到控制和干预，只会破坏亲子关系。孩子大了，需要更多的尊重和理解，也需要隐私和自主权。他连夜联系工人重新安装好了夏婷的房门，并和夏婷一起将散落的物品恢复原位，承诺以后进门，一定先敲门，获得夏婷允许后才进房间。

家就是讲爱的地方，互相支持、谅解，关系就恢复了。

4. 少用权力，多用规则。

真正民主的家庭，一定是少用权力、多用规则的家庭。我对夏爸说："孩子渴望开明的家庭，我们就和孩子一起商量彼此都认同的规则吧。"

在享受几个星期的自由后，果然如爸爸所料，夏婷松懈了下来。以往2小时能完成的作业，如今需要花费3小时以上。夏爸知道，夏婷一定是开小差了。怎么办呢？他好几次在门外踌躇，既担心夏婷开小差，又怕自己贸然进入破坏彼此约定。怎么办？

这时候妈妈该出面了。夏妈对丈夫的改变感到欣慰，她完全能了解丈夫的担忧。几番思虑后，她决定叫上夏婷，三人来一个约法三章。

阳光学习约定

①夏婷做作业时把房门打开，让父母看得到自己在房间的举动，一方面避免父母担心，另一方面也给自己监督，不至于在做作业时太过分

心；

②家人各自的私人用品，互不随意翻看，给足给够每个人私人空间；

③如对对方言行有不适感，必须第一时间表达并主动讨论解决方案，保证沟通顺畅，不冷战，不猜测。

一段时间后，夏爸说：夏婷更自觉了。

◆ **学校角度：我们可以这样做——**

1. 换位思考，促进理解。

夏婷和爸爸的冲突，每个班都不少。孩子们学习压力大，父母对孩子陪伴不恰当，容易引发矛盾。鉴于此，我在班级开展如"懂你""手机管理"等主题班会，指导学生学会和父母沟通。

若都站在自己的角度想问题，一边觉得自己付出没有被理解，另一边觉得自己被父母管控，主观臆断下，两代人的矛盾会越积越深。我也是一名母亲，我对每一位父母的焦虑和紧张都能感同身受。在平时沟通聊天中，我经常给学生讲自己的育儿故事，在潜移默化中向学生表达身为父母的不容易，让他们换位思考，加深对父母的理解。

2. 呼吁信任，明确界限。

我们通过开设"智慧父母必修十课"来指导家长，修正青春期的亲子关系，帮助父母成为孩子的"神助攻"。

授课中，我会强调青春期自我意识觉醒的特征，让父母理解孩子在生理、心理上的变化和需求，学会给孩子足够的空间。相互理解，才能成功建立链接，减少矛盾。家长会上，我提醒家长们一定要克制自己过度控制的冲动，提醒自己尊重界限，鼓励孩子独立解决问题，培养其自主性和责任感。当孩子做出正确决定或取得成果时，及时给予肯定和鼓励，增强其自信和对父母信任的回应。如此一来，亲子关系处于健康正向的状态，就不会因为"越界"而引发矛盾了。

3. 父母沙龙，相互帮助。

望子成龙，望女成凤，是很多父母对孩子的期待。但是过度期待就会带来压力。

有不少父母喜欢把自己未实现的愿望寄托在孩子身上，试图通过孩子来实现。但他们对孩子的能力缺乏足够的信任，对未来充满担忧和不安全感，觉得只有严格控制孩子才能不出问题。这样容易产生控制欲，家庭教育中出现过度管理的现象，容易激发亲子矛盾。

有不少家长知道很多道理，就是不知道怎么操作，经常会无意识地和孩子发生矛盾。怎么办？

学生的父母相互沟通交流，用同伴的经验点亮彼此的智慧。我经常组织家长做育儿沙龙，以小区为单位，小组为单位，或以男生女生家长为单位，组织他们研究、分享。家长是务实的，当一些方法被同伴验证有效之后，他们学习和借鉴就快。当然，孩子的成长环境也就更好。

关键结果 · 事件落幕 · 遇见最好的自己

夏婷还是那个夏婷，开朗、阳光。但比起以前那个乖乖女，如今的她似乎更愿意主动沟通了。她会在课后和同学们嬉戏打闹，也会偶尔向老师家长吐露烦恼，青春的活力并没有被学业压力掩盖，反而愈发浓烈，令人称羡。

🌿 关键理念·晓莉梳理·读懂并接纳孩子

1. 给爱，更要给尊重。

父母对孩子过度干涉、严苛规定、频繁监督，都是控制欲过强的表现。孩子稍有不听话，就通过生气、焦虑等情绪迫使孩子听从于自己。这样很不利于孩子成长。父母要时刻提醒自己保持警觉，通过阅读教育书籍、参加讲座等，了解孩子的成长规律和合理的教育方式，更新观念。同时，父母需要认识到孩子是独立的个体，尊重他们的想法、选择和决定，哪怕与自己的期望不同。

孩子自我意识觉醒后，不会甘心被父母过多控制。我们要给孩子更多的信任、尊重和爱，放手让孩子去尝试、探索，在安全范围内允许他们犯错并从中学习。多倾听孩子的心声，试着从他们的角度理解问题，而不是急于否定和指挥。遇到问题时，和孩子平等协商，共同寻找解决方案，而不是强制要求。这样，孩子成长会更好。

父母要时刻保持觉察的灵敏度，感觉控制欲上来时，可以进行深呼吸或暂时离开现场等，让自己冷静下来。

2. 适应分离，学会分离。

世界上所有的爱都是为了相聚，只有一种爱是为了分离，那就是父母子女之爱。作为家长，我们要逐渐适应分离、学会分离，孩子最终要寻找到属于他自己的世界。过多的控制只会削弱他应对世界的能力。

要知道，其实"所谓父女母子一场，只不过意味着，你和他的缘分，就是今生今世不断目送他的背影渐行渐远。你站立在小路的这一端，看着他逐渐消失在小路转弯的地方，而且，他用背影默默告诉你：不必追"。知道了这些，做父母的就不要过于焦虑，咬住底线，放大空间，只要孩子不突破底线，就尽量不要再过多地对他做约束性的要求。

给孩子空间和时间，让孩子自己掌握自己的成长节奏，给孩子试错的机会，我们的孩子将越来越自信。

3. 不以爱的名义做让孩子"厌学"的事情。

爱的前提是尊重，而不是控制，我们不要以爱的名义做让孩子"厌学"的事情。

孩子的学习认知是受外部和内部动机影响的。教育的艺术，在于如何认识、控制和调节这些因素，使孩子们始终充满学习的动机。兴趣和情绪对学习的影响，超过了他们所认为的意义和价值。当孩子感觉到好，他们才想变得更好。父母要成为"情绪劳动者"，给孩子提供积极的学习情感。

爸爸暴力拆门，不仅"拆"掉了孩子的积极性，还"拆"掉了孩子的自主性，更是"拆去"了孩子的自尊和自信，彻底破坏了亲子之间的爱的"链接感"，也就是孩子的安全感。链接感是产生力量感和自控感的前提，如果没有，孩子就只想彻底"躺平"，厌学就发生了。

我们要给孩子在学习上更多的掌控感和安全感。比如说给他做主的权利和机会，让他感受自己做主带来的成绩进步，享受做主带来的成就感，学会对自己的学习结果做出预测并负责，发现成功和努力之间的联系……这些都是好的策略。

4. 家长不要过于焦虑，把学习的事情还给孩子。

学习到底是谁的事情？只有孩子自己承担结果和责任，孩子才会理解学习对他的意义。家长与其焦虑，不如把学习的权利还给孩子。学习这件事情，家长做得越多，孩子就操心越少；孩子操心越少，获得的能力就越低。靠管控、监管来提高学习成绩，短时间内或许有效，长时间后，孩子会丧失主观能动性，就失去了自我支持能力，甚至靠拖延、假努力来"蒙蔽"家长，最终是两败俱伤。

关键提醒·策略要点·我们可以这样做

家庭　　　　　　学校

	家庭	学校
第1步	给孩子多一些理解和允许	
第2步	学习上给孩子更多主动的权利	
第3步	给孩子空间，尊重孩子的隐私	搭建中间载体，促进亲子沟通
第4步	约定并训练彼此看得见的学习行动	开设沟通课程，培养沟通高手
第5步	父母自己做好成长的榜样	组织家长沙龙活动，提升家长能力
第6步	学会分离，让孩子承担学习结果	指导家长把学习的事情还给孩子

妈妈插手孩子工作导致同伴反感，怎么办？

班级前三、小组长、自律达人……

多重身份加持，

却在三好学生评选中

败给了成绩不如自己的竞争对手，

孩子回家哭了，说——

都怨妈妈"管得太宽"！

🎖 关键事件·背景链接·落选居然是因为妈妈

班级评优进入尾声，唱票结束，计票人开始计数并排名——"姜莉莉，9 票，第 19 名！"啊？成绩前三的姜莉莉居然落选了！成绩排在后面很多的学生居然评上了！

班级前三、自律达人、能干小组长，这么多光环，居然落选了？巨大的落差让莉莉无法接受，下课后蹲在走廊号啕大哭。同学们议论纷纷，我也十分意外：莉莉性格乖巧文静，又是小组长，从来不会和班上同学有正面冲突，成绩如此优秀，为何会得不到同学的支持？

我找莉莉小组的成员私下沟通，想知道究竟是什么原因，投票的人那么少。组员的话让我感到很意外："老师，我们其实不讨厌组长，她成绩优秀，自己各方面也很自律，给我们做了很好的榜样。可是她妈妈管得太宽了，太烦人！她妈妈总是批评我们拖了她后腿，还挑拨我妈妈批评我！所以，这次我们组员都没有投她的票！"

获知真相的莉莉回家就对妈妈崩溃大哭："都怨你！同学们都讨厌你，害得我评优，连小组的人都没有给我投票！"

关键问题 · 家长需求 · 我们该怎么办

我给孩子营造成长好环境，错在哪？

难道她的同伴不好，我不能够说吗？

同学这么小就抱团孤立人，

我们家孩子还要不要和他们交往？

为什么连我们家孩子都不体谅我？

怎样才能帮到我们家孩子？

关键支持 · 晓莉姐说 · 用爱给孩子导航

◆ **家庭角度：父母可以这样做——**

1. 家长需要反思：包办有用吗？

父母过多掺和，其实是给孩子添乱。莉莉今天的局面，有很大的原因是因为她妈妈。

莉妈工作清闲，主要精力用于陪伴女儿学习。她对莉莉的关注事无巨细，学习成绩抓得紧，"环境治理"也抓得紧：凡是可能对莉莉有帮助的人，她会"纠缠不放"，直到别人答应帮助她；凡是可能影响莉莉学习的，她一个也不容忍。她甚至会干预、替代莉莉在小组的工作。其他孩子家长碍于情面，暂且忍受，这让莉妈误以为别人没意见。

妈妈的强势能干，养成了莉莉"有事告诉妈妈""妈妈会替我解决"的思维习惯。组内发生了什么问题、遇到什么矛盾时，她第一反应便是向妈妈求救。妈妈呢，也很直接地和涉事孩子家长说。结果，在班上同学眼中，莉莉就成了爱"告状"的人。

有一次，莉妈甚至为小组卫生，和组员小杰起了冲突。小杰想先跑步，莉妈坚持先打扫卫生。小杰不乐意，两人在操场上还发生了拉扯。莉妈非常生气，拽小杰重了点，导致他手臂都被莉妈拽出了淤青。为这事儿，两位家长发生了争吵。

妈妈"插手"，包办处理，让莉妈苦了自己，也害了孩子。

2. 家长需要明白：锻炼需要量力而行。

莉妈非常关心莉莉成长的资源配置。她为在保送生考试中取得加分的机会，积极鼓励莉莉竞选学习委员、小组长等职务。莉莉竞选上小组长，是听话的结果。她们看上的是组长这个岗位带来的"好处"。

但是，莉妈忽略了孩子的性格培养和能力训练。莉莉习惯于安静和不争，她并不擅长人际关系处理和组织管理。组内成员劳动缺席，她只会独自承担，常常导致回家晚归。诸如此类的事情发生数次后，莉妈就会询问晚归的原因。莉莉正憋着一肚子苦水没地儿放，妈妈的关心让她卸下了"坚强"的伪装，向妈妈倾诉了自己对组员的无奈。

莉妈得知是组员的"逃跑"导致了莉莉额外的辛苦，她就直接到学校对

044

组员们进行教育和劝说，还指手画脚，这让所有组员都对莉妈"敬而远之"，和莉莉也产生了隔阂。

为未来中考加分，我们可以理解；想锻炼孩子，我们也可以理解。但是，我们要基于对孩子的科学认知，找准孩子适合的事情。下面推荐郑学志老师在其班主任专著《班主任高效常规管理课32讲：做好常规就出彩》（中国轻工业出版社2024年版）中对学生干部选拔的七个维度表，家长可以参考一下，科学规划孩子的未来，而不是使劲逼孩子去做她不擅长的事情。

序号	考察项目	考察内容	考察办法举例
1	兴趣	喜欢做什么	展示班级岗位职责和既往活动案例，看其兴趣
2	能力	擅长做什么	根据平时观察和交流，了解其擅长的工作领域
3	性格	适合做什么	根据部门性质分类，寻找其性格适合的岗位
4	价值观	应该做什么	和他交流座谈，寻找与他价值观相匹配的岗位
5	态度	愿意做什么	和他交流聊天，看看他愿意在组织中做什么
6	条件	可以做什么	根据个人能力和资源，看看允许做什么岗位
7	任务	需要做什么	开出要事清单，看看需要孩子做什么

3. 家长需要学习：赋能是一门技术活。

家长都知道要给孩子赋能，孩子才会优秀。但是，赋能不是"付出体能"，更不是莉妈亲自动手去解决孩子的问题。赋能的前提是"看见"，过程是"支持"，目标是"放手"。

如何给孩子赋能呢？下面以"孩子运动会摔倒"为例，融合叶丽霞老师提出来的"有效赋能的七个层级"讲一讲，供各位家长参考。孩子做任何事情面临挫折或者失败，都可以依据这七个层级应对。

层次	关键行为	关键话语
第一层次	看（关注）	呀，你摔倒了！（表示关注，我看见你受挫折了，不忽视不冷漠）
第二层次	问（共情）	痛吗？感觉怎样？伤了吗？（跑过去查看情况，共情对方感受）
第三层次	扶（赋能）	来，我扶你起来！我拉你起来！（别怕，有我，一起想办法）
第四层次	搀（助力）	扶着你走几步，看看怎样？（不放弃目标）
第五层次	推（压力）	挑战一下，朝前小跑，会有些痛但你能挺住。（无骨折情况下）
第六层次	等（方向）	放心，我还在，我在前面拐弯处等你。（提升格局，指明方向）
第七层次	赏（希望）	居然跑完了，这本身就太棒了！（成功不必在我，祝福，放手）

4. 家长需要恪守：孩子的事情不越位。

家长要明白，孩子需要在和同伴的交往中学会成长。父母要勇敢地把孩子推出去，不要给孩子太多依赖。父母承担了孩子本来应该承担的责任，孩子就失去了锻炼和试错的机会，一辈子都难以成长。

而且，父母替孩子出面、出手，很容易让孩子被同伴所孤立，"妈宝"就是孩子们对庇护过多的孩子的别称。

众多的案例告诉我们：打着爱的旗帜剥夺了孩子的成长机会，最后，孩子会怪罪和抱怨我们的。

◆ 学校角度：我们可以这样做——

1. 明确规矩，处理好关键矛盾。

无论从哪个角度说，莉妈都没有权限去处理小杰大扫除的事。更何况，还拉扯孩子引发了小杰妈妈的不满。这明显是护犊心切，超越了家长的权限。我们对家长明确两点基本要求：一是每个家长都管好自己的孩子，自己孩子的教育不推责；二是任何家长都不得亲自参与对别人孩子的教育，有问题按照向老师汇报、由学校出面教育的程序进行，别人的孩子不干涉，这叫边界。

同时，我们也注意到，莉妈事件中的关键矛盾，是莉莉能力不够、学校和家长指导不到位，因此莉妈干预，造成其他孩子反感。作为班主任，我首先坦然承认自己的失误：我没有做好管理和指导，导致了这一系列问题，我向孩子和家长道歉。但是，家长越位包办，是莉莉遭遇困境的关键。我和家长沟通约定：要么莉莉辞职，要么家长恪守不参与原则，让孩子自己回归同伴。二选一中，家长答应不干预。

2. 重建关系，让孩子回归主场。

我对莉妈劝解道："没有了'同伴'认可的青春期女孩，即使成绩再优秀，在同学眼中，也只是一个低情商、没能力的只会告状的人。届时，孩子能力没有提升、你们亲子关系出现障碍，多不合算。"她问："那怎样才能够重建孩子良好的同伴关系呢？"

我给她提了四点建议："第一，对于女儿的工作，我们可以给她处理思路的建议，但是要给她自己思考的时间；第二，接受孩子暂时的不能干，即使处理不好也没关系，那也是孩子在成长；第三，相信实践的力量，只有实打实的锻炼才能加速她的成长；第四，学会宽容和接纳同伴的不足，让孩子回归自己的生活主场，任何时候都不要指责孩子的同伴。"

莉妈终于意识到自己原来一直在做女儿成长路上的"绊脚石"，不仅没有做好助攻，反而成了"猪队友"，使得女儿在处理同学关系中举步维艰。

3. 明辨是非，客观公正看司伴。

莉莉成绩优秀，非常自律，组内和班级同学因为她妈妈而孤立她、不给她投"三好学生"的票，这种风气也不行。我们要学会客观公正地看待班级同学，要把妈妈的错误和本人的错误区分开，学会欣赏别人的优秀。

为此，我们用观看视频、讲故事的方式，研究春秋时期晋国大夫祁奚"举贤不避亲、惩恶不避仇"的事迹，组织学生讨论如何客观公正评价他人、怎样做一个格局大的孩子。在班级形成一种坦荡的君子文化，给每一个孩子营造良好的评价环境。

4. 提供支持，做好孩子和家长指导。

指导学生：

有一种美德叫作靠谱。靠谱需要有责任心，把自己的事情做好，不给别人添麻烦。小杰靠谱，需要做好卫生之后再运动、打球。莉莉靠谱，遇到问题和大家一起商量解决。同伴靠谱，每个人都做好自己，给别人最佳的支持。

想要被爱，先要会爱人。为投票而重建关系，那不是爱，爱是不计回报的付出和成全。要赢得同学支持，先理解同学的感受和需求。我们要主动付出，想要被爱，先学会爱人。

指导家长：

给孩子赋能。不要包办、代劳孩子自己的事情。我们代劳、指导得太多，就剥夺了他们通过自己的体验来发展出的"自我效能感"，孩子就没有自信和勇气。

陪伴是有边界的。轻易跨越边界，就会侵犯别人的安全感。家长忍不住想出手的时候，一定要学会"憋住"。

让孩子回归同伴。"学校是一个小社会"，孩子需要在学校习得她以后要面对的一切。没有谁能够照顾好孩子一辈子，现在把孩子交给同伴，即使失败，也是代价最低的教训。

关键结果 · 事件落幕 · 遇见最好的自己

"爱孩子，就要为孩子考虑长远。"对女儿的爱使莉妈决心改变。后来，莉妈真的再也没有插手过女儿的组长工作,"不主动,不拒绝"成了莉妈陪伴女儿的"六字真经"。有时候,她还会让莉莉带上小点心分享给组员。在和同伴亲密交往中,莉莉的组长之路也愈发顺畅,小组氛围也越来越融洽了。

第二年评优,莉莉顺利当选了三好学生,还被评为优秀团员。毕业时,她说,多亏了那次"投票风波",让她明白了很多道理……

🪴 关键理念 · 晓莉梳理 · 有效陪伴青春期孩子

1. 陪伴重质量而不是耗时间。

莉妈主要职责是陪伴孩子,但对陪伴的认识还有欠缺。什么是高质量陪伴呢?

一是要看见需求,链接关系,提供帮助。建议家长从小事做起,从生活点滴做起,每天留出六个"一分钟",给孩子足够的关爱、尊重和引导。即一分钟倾听、一分钟示爱、一分钟参与、一分钟赞美、一分钟鼓励、一分钟矫正。

二是要用"心",而不是月"力"。有的家长把"陪"理解成处处看管着孩子,包括写作业也要坐在边上。这是对陪伴过于片面、形式的理解。陪伴质量高低更侧重于观察我们有无给孩子输入积极的情绪价值。我们把孩子的事情放在心上、把他们的需求放在心上,孩子成长就积极、阳光。出力包办是最不可取的。

2. 有效陪伴不要"超限"。

坦率说,莉妈最初的陪伴过于密集、窒息,她不仅仅想管住莉莉的学习,还介入莉莉小组的日常管理中。我理解这种爱,是他们对孩子不信任、不放心,最后只好自己亲自动手、亲自参与。但是,这种密不透风的爱源于自私,家长放心了,孩子遭罪了。

家长务必要注意，有效陪伴一定不要越界、不要超限。越界、超限就会让孩子感到窒息，剥夺孩子的"自我效能感"，时间久了，孩子会有无力感，有时候甚至会以愤怒的方式抵抗。

家长要牢记：过度保护，孩子失能；过度关爱，孩子不会感恩；过度期望，就会压垮孩子。因此，我们要把握陪伴的"度"——爱孩子的最高境界，就是让孩子感觉舒服。

3. 有效陪伴要"刚刚好"。

家长在孩子的青春期，要提供"刚刚好"的陪伴，给孩子安全感，也给空间。"刚刚好的"有效陪伴有四个特征：基于理解、提供安全、资源导向、具有边界。

如何做到呢？建议父母做到"八不"：不做保姆型父母、不做甩手型父母、不做比较型父母、不做担忧型父母、不做唠叨型父母、不做挑剔型父母、不做控制型父母、不做自以为是型父母。

给孩子尊重、给孩子理解、给孩子信任、给孩子安全、给孩子边界、给孩子空间、给孩子选择、给孩子试错、给孩子矫正、给孩子自主、给孩子效能感。前四个"给"是心理需求，中间两个"给"是机会，后面四个"给"是权利，最后一个"给"是我们的终极目标——效能，这就是"刚刚好"陪伴的 11 个评价标准。

愿天底下每一对父母，都是孩子的贵人，而不是孩子抱怨的仇人。

关键提醒 · 策略要点 · 我们可以这样做

家庭　　　　　　学校

第 **1** 步　　给孩子成长的空间，允许孩子试错

第 **2** 步　　把问题当作教育资源，认真对待孩子遇到的问题

第 **3** 步　　恪守不插手孩子事情的底线　　　明确家校合作的规则

第 **4** 步　　学会放手，提供支持，允许孩子失败　　做好学生和家长社交技术指导

第 **5** 步　　学习和研究有效陪伴的具体方法　　帮助孩子和家长获得成功体验

第 **6** 步　　做好同龄人友善交往的榜样　　构建良好的班级文化氛围

优秀生玩手机成绩断崖式下滑，怎么办？

孩子沉溺于手机游戏，

白天玩，晚上玩，

手机稍微离开一会儿就脾气暴躁，

短短数月，

成绩从年级前十掉到了 250 多名，

家长急出了眼泪，跪着求他

他却无动于衷……

📱 关键事件 · 背景链接 · 把我的儿子还给我

"徐老师，您快帮帮我吧，我快要崩溃了！"电话那头传来一个女家长的哭诉。这是听过我课的一个家长，她那即将上初三的孩子，因为初二这一年沉溺于手机，已经变得非常陌生了。

寒翊本来是一个非常优秀的孩子，进入初一的时候，一直都是全校前十名，最好的一次，还考过年级第一。

但是，寒翊从初二开始迷恋上了手机游戏，现在每天晚上熬夜玩手机，白天起不来。上课的时候，老师提问，孩子站着都能够睡着。成绩一落千丈，从年级前十，现在掉到了 250 多名。

妈妈多次想和他沟通学习和手机的问题，孩子要么不开口，你说你的，他玩他的，要么就烦躁回应"烦死了"，甚至摔东西。孩子脾气也越来越暴躁，稍微影响他玩手机，就爆发。孩子爸爸是程序员，工作不顺利，已经患上了轻度抑郁。

"您都不知道，家里虽然有五个人，可是爷爷奶奶躺着睡觉，爸爸葛优躺在沙发上，儿子躺在床上打游戏，整个家里只有我在'直立行走'。"寒翊妈妈的描述让我打了个寒战。在这样的家庭下，孩子的成长怎么不让妈妈揪心呢？

"我甚至想钻进手机里去，把孩子拽出来。"寒翊妈妈说。

关键问题·家长需求·我们该怎么办

孩子现在一说话就炸，

我该怎样和他沟通呢？

不给手机就不吃不喝，甚至还以死相威胁，

我们该怎么控制他使用手机呢？

现在马上就初三了，

这样发展下去，孩子这一辈子就毁了！

好说又不听，放纵又烂了，

我们该怎么办才好啊？

关键支持·晓莉姐说·用爱给孩子导航

◆ 家庭角度：父母可以这样做——

1. 对孩子别要求完美。

成绩一贯优秀的孩子为什么会躺平？了解后我知道了寒翊性情大变的根源所在。

寒翊一家有五口人，爸爸是程序员，妈妈是财务工作者，爷爷奶奶因为身体不好需要人照顾也住在一起。三世同堂原本是非常幸福的，可问题就出在三代盯着一个孩子，孩子被压垮了。

寒翊原来是一个非常听话的孩子，小学成绩一直很好。进入初中后，爸爸事业不顺，常常感觉自己有失业危机，已有轻度抑郁，每次对寒翊说的就是："爸爸这样了，你要努力。"妈妈呢，是单位会计，凡事追求完美，寒翊写错一个字，都要纠正过来。爷爷奶奶身体不好，每天除了吃药看电视，就是躺在家愤世嫉俗，谁也看不惯。关键还喜欢唠叨，寒翊一点没有做好，他们要唠叨半天……

"焦虑会传染的，父母经常向孩子传递未来压力，孩子不能够正确认识这些压力的积极因素，他就会觉得未来很可怕。"我告诉寒翊妈妈，"我们不要因为自己不顺利，而处处要求孩子完美。过高要求会把孩子压垮的。"初一时，孩子研究"人活着究竟有什么意义"，其实是向我们传递求救信号，我们要引起注意。

2. 营造家庭正能量场。

我和孩子深度聊过。我问孩子最怀念什么时候，他告诉我是童年，做什么爸爸妈妈都说好。我又问孩子最难受的是什么，孩子脱口而出："什么都做不好。"以前成绩那么优秀的孩子，怎么会觉得自己什么都做不好？

深度沟通之后，我发现寒翊家长一个严重的坏习惯——爱做孩子人生的"差评师"，总感觉孩子什么都做不好，总看孩子不好的地方，这样下去，孩子看不到活着的意义和价值。厌学、烦躁、玩游戏、拒绝沟通只是表象，真正的"病因"是家庭负能量多，让孩子情绪烦躁；父母生活不积极不精彩，让孩子看不到学习的意义；孩子总是被挑剔，失去上进动力；孩子习得性无助，躺平最感安全。

怎么改进呢？我经常说："孩子感觉好，才想变得更好。给孩子形成一个正面评价的能量场，让他感受生活的希望和快乐，孩子觉得感觉好、活着有意思有意义才会努力。"

3. 好好说话给正面评价。

语言是有力量的，好的语言能成就人，坏的语言会伤害人。青春期的孩子对语言已经非常敏感，成人一句话不当，就容易引发代际冲突。遗憾的是，很多家长没有注意，不但犯错，还常常习惯性地组合式犯错，连续性犯错。

寒翊告诉我这样一件事情：初一期末考试数学考了106分，告诉妈妈的时候，妈妈第一句话就是："怎么才106？"第二句话就是："上次还120，你看，退步了吧？"然后爷爷奶奶也过来唠叨："孩子，要虚心啊，虚心使人进步，骄傲使人退步。""我说过多少遍了，数学要细心，不要粗心，尤其是初中，和小学不同，更要细心！"那一天，他感觉什么都不对劲，于是玩手机散散心，结果一下就喜欢上了。

我问："106分在班上怎样？""第二，因为题目比较难。"我顿时明白孩子为什么玩手机了，他是在用玩手机逃避父母的伤害。父母和孩子说话，容易犯的错误是忽略孩子感受（没问过人家考106分的感受就下结论）、喜欢对孩子做出评价（骄傲、退步了吧），还喜欢事后诸葛亮提建议（数学要细心），仿佛比孩子高人一等。长期这样，孩子怎么会有动力呢？

我教给寒翊妈妈一个正面说话的工具，即和孩子好好聊天的四个步骤：

第一步，倾听孩子语言（关注孩子）；

第二步，重复关键信息（避免犯错）；

第三步，共情孩子感受（认同孩子）；

第四步，帮助解决问题（提供支持）。

比如说孩子考试这回事，好好说话的语言模式是这样的：

孩子：妈，数学出来了，106 分。

妈妈：106 分（重复关键信息，表示听到）？你感觉怎样？

孩子：还行吧，全班 100 分以上的才 3 个人。

妈妈：哇喔，那你是不是很开心？（共情孩子感受）

孩子：当然开心啊，这次虽然分数低，但是题目难，106 是班上第二了。

妈妈：那你想不想把剩下的 14 分也追回来？

孩子：当然想。

妈妈：来，我们一起想办法，看看怎么追回来。（解决问题）

大家说，孩子是不是很高兴？"快乐着孩子的快乐，高兴着孩子的高兴，难受着孩子的难受"，共情孩子感受，孩子还一说话就炸吗？

4. 做积极生活的榜样。

在青春期家庭教育中，父亲通常起到重要角色，父亲的行为、态度和价值观会对青少年产生深远影响，成为他们模仿和学习的榜样。尤其是男孩，爸爸是孩子性别认同的重要力量。

不管生活有多艰难，寒翊爸爸都要做到一点：把工作的烦恼丢在家门之外，不把负能量带回家。父母积极阳光，就能够让孩子看到希望。从此以后，每天晚上，一家五口一起吃饭，妈妈会极力带动氛围，尽量聊一些轻松有趣的话题，时不时拿爸爸和寒翊逗趣；晚饭之后，妈妈就带着家人一起到小区楼下打羽毛球，运动完后的寒翊满身疲惫，能很早入睡；一到周末，安顿好爷爷奶奶后，一家三口会一起出门走走，偶尔会看一些演出，或者去科技馆，如此一来，不仅家庭氛围得到了调节，爸爸的焦虑也缓解了很多。

寒翊由开始的极不情愿，到后来慢慢地接受，使用手机的时间逐渐减少了。

5. 给孩子"无条件"的爱。

如果成绩好就给予肯定和关爱，成绩差就加以苛责，会让孩子感受到爱是与成绩挂钩的，是有条件的。这样会给孩子带来很大的心理压力，可能导致他们过度焦虑、恐惧失败，会为了迎合父母而采取一些不恰当的行为，比如作弊，或者借别的事逃避学习，比如玩手机和游戏等。这实际是孩子害怕失败。

真正健康的爱是无条件的。无论孩子的表现如何，父母都给予理解、支持、鼓励和尊重，都觉得自己孩子可爱。孩子知道自己是被父母全面接纳和爱着的，他就有安全感；有安全感才会滋生信心和力量。

寒翊沉迷游戏，是他一度以为父母对自己已经失望透顶，没有关爱了，于是开始自暴自弃，也是和父母赌气。后来，父母无条件的爱，让他感到，他始终是父母的孩子，始终被深爱。这样的深爱给了寒翊面对的勇气，他决定主动开始奋起直追，赶上进度。

◆ **学校角度：我们可以这样做——**

1. 加强关注，觉察孩子的变化。

接到寒翊家长求助之后，我对接了孩子的班主任，密切关注寒翊。老师发现寒翊对游戏中的团队合作很感兴趣。于是，在组织班级活动时，特意安排寒翊担任项目负责人，组织项目研发。寒翊开始还有些不自信，在老师的鼓励下，他逐渐投入其中。最终，他们的小组取得了出色的成果。同学们对寒翊纷纷称赞，寒翊感受到了前所未有的成就感和同伴的认可。他意识到，在现实生活中同样能找到在游戏里的那种价值感和满足感。

从那以后，寒翊逐渐减少了游戏时间，开始积极参与各种班级活动，重新找回了对学习和生活的热情。

2. 激发兴趣，发展健康的爱好。

像寒翊这样固执的小男生，我深知不能强行让他戒掉游戏，必须找到新的兴趣点来转移他的注意力，比如说乐高。

慢慢地，寒翊不仅在乐高上取得了进步，学习上也开始努力起来。他明白了生活中还有许多比游戏更有意义、更有趣的事情等着他去发现和探索。而这一切转变的开始，都源自老师的细心观察和引导，以及那个小小的乐高玩具。

3. 制订计划，弥补学科漏洞。

成绩是孩子躲避的根源，也是孩子重建自信的关键。把孩子从手机上拉出来，需要在他的成绩上重建自信。

经过老师、我、寒翊三方沟通之后，我们从他最薄弱的数学学科开始，做好定点帮扶计划。数学老师每天帮他规划好要复习的知识点和做的练习题数量，并安排班上数学成绩好的同学与寒翊组成学习小组，一起攻关难题。刚开始，寒翊有些不适应，偶尔还是会想去玩游戏，但学习小组的成员们总是及时出现，鼓励他坚持。渐渐地，寒翊在学习上投入的时间越来越多。

一个月后，寒翊迎来了一次小测验，他惊喜地发现自己的数学成绩有了明显的提高。这让他信心大增，更加努力地按照学习计划进行。随着时间的推移，其他学科的漏洞也在逐步弥补，寒翊整个人都变得积极向上起来。

🌸 关键结果 · 事件落幕 · 遇见最好的自己

寒翊紧赶慢追，终于在期末考试中考到了年级三十名。虽然还没有回到初一的巅峰，但在初二的内容难度下仍能保持进步，已经令人敬佩了。

当然，寒翊还是用手机。但是他已经逐渐走出玩游戏的层次了，他更多的是使用手机学习、做好时间管理。放长假的时候，他也偶尔和爸爸一起玩游戏，父子俩像哥们儿一样在游戏中叱咤风云。遗憾的是爸爸没有他灵活，会被寒翊嫌弃"拖后腿"……

寒翊妈妈跟我分享这些时，嘴角的笑容洋溢，比起当初那个一筹莫展的妈妈，简直换了一个人。

🌿 关键理念 · 晓莉梳理 · 读懂并接纳孩子

1. 读懂行为背后的深层原因。

"所有的改变源于关系的搭建，源于日常交往中的深刻懂得与看见。"手机成瘾的背后，其实隐藏着学生渴望被关注、渴望安全、渴望成功的心理需求。好些孩子沉迷网络，是因为他感觉被父母、学校"遗弃"了。他们的安全岛四分五裂，于是在网络上去建构新的、虚幻的安全岛。"爸爸太忙了，根本顾不上我！""妈妈太弱了，也帮不了我什么忙！""爷爷奶奶只会唉声叹气，问东问西！""我觉得好孤独，没有任何意义……"这是寒翘在沟通中的高频话语。

我们要读懂孩子迷恋一件事情背后的情绪需求，给孩子真正有价值感的东西，孩子才会改变。

2. 手机管理需要专业支持。

孩子使用手机会成瘾，为什么不完全禁止他们使用？这个说法也不科学。如果我们现在不教他们正确使用手机，他们迟早要面临这一课。一些孩子上大学之后被手机废了，只不过是手机问题延迟而已。

因此，绝缘不是最好的办法。既然用了，最好的办法是让孩子尽快跨越手机使用的各个阶段，成为手机的主人。一般来说，孩子使用手机会经历以下四个阶段：

> 第一是娱乐性需求阶段，好奇、好玩，打游戏、听音乐等；第二是社会性需求阶段，以人际沟通社交为主，如微信、QQ、社群。如果孩子一直停留在这两个阶段，孩子基本上就被手机废了。这时候一定要和孩子聊系列问题——手机究竟是用来干吗的？我们和手机的关系（要成为手机的主人，还是手机的奴隶）？尽快引导孩子上升到手机使用的第三个阶段——学习性需求，利用手机学习，实现手机的工具价值。然后鼓励孩子用手机影响世界——如做视频、微信号等，让孩子被世界看见。当孩子发现手机的工具属性，也就进入了第四个阶段，他们就不会迷恋游戏了。

这四个阶段的跨越，都需要我们和孩子平等沟通，尽量用让他们决策的方式，把我们想要的做法，让孩子自己说出来。

3. 转变不靠控制，靠爱和理解。

因为手机使用引发亲子冲突、酿成悲剧的也不少见。为避免家长们在孩子使用手机上少走弯路，我们给家长提出手机使用的十个建议，希望大家重视。

给家长管理孩子手机的十个建议

1. 处理手机等电子产品的态度：和善而坚定，民主而尊重；

2. 一定要和孩子一起商定手机的使用时间和频率；

3. 制定基本规则，如约定吃饭的时候不玩手机；

4. 家长自己带头控制好手机；

5. 不把玩手机、买手机作为学习的条件；

6. 平时多陪伴孩子，如一起爬山、骑车、打球、看电影，减少手机使用；

7. 达成安全共识：走路、开车不看手机；

8. 无论如何，家人的电话一定要接，不能够装没听到；

9. 教会孩子应对网络危机，如电信诈骗、色情危险；

10. 无论多好，不在手机上泄露个人隐私。

🔖 关键提醒·策略要点·我们可以这样做

家庭　　　　学校

	家庭	学校
第1步	理解孩子沉迷游戏的背后原因，帮孩子建构价值感	
第2步	让家和学校都成为孩子的"安全岛"，让孩子感受到被爱和安全	
第3步	给孩子正向评价，体验价值感	关注情绪，看见孩子
第4步	积极改变，成为孩子的榜样	积极帮扶，帮学生重拾信心
第5步	练习好好说话的工具，语言赋能	学会转移，发展健康的爱好
第6步	放下焦虑，给孩子"无分别"的爱	指导家长管理手机的方法

第二篇
学习和学业管理

家家有本难念的经——

成绩优秀的学生因为考前焦虑常常掉链子！

年级垫底的学渣要逆袭，到了初中还有机会吗？

智力超群的聪明孩子不管就退、放手就废，究竟要怎样管教？

天生学习力欠缺的孩子，他还会有春天吗？

小小年纪居然就不想努力了，想躺平，怎么教？

父母高学历，孩子学习却不行，妈妈都被逼要跳楼了，怎么办？

……

学业管理，管理的不仅仅是孩子的学习行为和考试成绩，更是孩子的人格健全和未来幸福。

孩子一到考试就焦虑，怎么办？

平时成绩还不错，

但是一到大考就掉链子！

紧张、焦虑、害怕……

家长越关注，孩子越害怕！

孩子越害怕，考试成绩越糟糕！

关键事件·背景链接·孩子一考试就焦虑

小学毕业时，全年级 500 多人，小贝考进前 50，也算"学霸"了。妈妈对小贝充满了期待，常念叨要考入重点高中。

但进入初中后，小贝成绩很不稳定。好则年级前 100 名，差就掉到 200 多名了。小贝的阿姨有个女儿，叫小琴，和小贝同龄，成绩非常优秀。妈妈说："努力学习，超过小琴。"爸爸说："我们争口气，考上重高！"弄得小贝很紧张。

初三第一次综合测试，数学考试中小贝遇到一道不会做的题，居然出现心慌、出汗、四肢发抖的情况，发挥自然不理想。成绩出来后，爸爸妈妈非常失望，训斥了小贝几句。小贝更焦虑了。

一模前几天，妈妈精心做好满桌饭菜，但小贝一点胃口也没有，晚饭也没吃，就扎在屋中复习。谁知越复习脑子越一片空白，什么都不会了，急得小贝撕书摔本、大发脾气。妈妈百般安慰，哄着小贝吃了半片安眠药，小贝才迷迷糊糊睡着。第二天懵懵懂懂中，小贝又考砸了。

这可把小贝妈妈急坏了，又是找老师补习，又是强化训练。孩子每天忙完学校作业再补习，经常零点以后才睡觉。疲劳、烦躁，小贝听到考试就紧张到手心冒汗。

妈妈拉着小贝来办公室找我："这孩子平时小考也没有什么大的问题呀，为什么一到大考就这么差？要是中考也掉链子，连优质高中都上不了，那可太丢人了！"

关键问题 · 家长需求 · 我们该怎么办

小考不错，大考就不行，

这究竟是什么问题？

为什么孩子一到大考就会掉链子？

这样下去，孩子中考还有希望吗？

孩子越考越差，

怎样才能够终止这个恶性循环？

关键支持 · 晓莉姐说 · 用爱给孩子导航

◆ 家庭角度：父母可以这样做——

1. 合理调整心理预期。

从贝妈的描述和孩子的表现看,小贝陷入了考试焦虑。考试焦虑是指孩子因担心考试失败或无法达到预期,产生担忧、紧张、恐惧等情绪。一般来说,适度焦虑并不可怕,还有利于提高注意力、提升学习效率。但过度焦虑,像小贝这种,已经严重影响学习、生活和考试了,需要积极干预。

交流中发现,小贝的焦虑源于:一是父母的高期待和高压力;二是目标设置过高,还要和阿姨的孩子攀比。孩子就非常紧张、害怕。

父母要合理调整心理预期,别给小贝太高的压力,尤其不要和阿姨的女儿相比较。攀比是痛苦之源,和任何一个人攀比都具有不可控性,风险很大。合理的心理预期是:小贝保持原状就很厉害了,一天一天扎实成长,就是进步,就要高兴接受。

我欣赏那些关注孩子行动而不看重结果的家长。"孩子努力了就行,结果无论怎样我们都很高兴。"对孩子全面接纳,反而容易培养出优秀人才。

2. 托底规划无惧未来。

焦虑的根源是害怕,如果孩子知道,哪怕再糟糕她都是安全的,孩子就不会焦虑。

因此,父母要提前做好升学规划,把重高的"独木桥"变为未来的"立交桥",给孩子更多的安全感,孩子就不那么恐惧。如争取走稳妥的"分配生",不行再参加中考选拔;或是先参加特长生考试,再准备中考等;这个学校考不进,还可以去其他学校,或者走国际班……

"再不济,我还能够……"当孩子成绩的每一个层级,都规划了相应理想的学校之后,孩子心里就有底气,就无惧考得好坏。

3. 赋能聊天激发动力。

家长聊成绩，经常是"抱怨、讽刺、批评"，孩子肯定焦虑。经常处于焦虑中的孩子会没有自信心，不但考不好，时间长了，还会产生厌学情绪。考试后和孩子聊天，怎样聊成绩呢？可以参考郑学志老师在《考试之后，如何和孩子们聊成绩》一文中提出的方法。

让孩子放下压力，我们可以这样说——

A. 我也曾经和你一样，有过这样没考好的经历……

B. 发现问题就有了提升空间，为什么不高兴呢？

C. 考试的功能就是查漏补缺，现在发现问题，中考就没有问题了。

D. 退一步能跳得更远，别着急！

E. 你一直是个省心的孩子，我相信你能做得更好！

F. 成绩提升会有一个过程的，不要太着急，时间会证明你是最好的！

让孩子看到希望，我们可以这样说——

A. 把目标分数落实到每个学科，你看看，只要提升 xx 分，你就能够实现梦想！

B. 你只要把 xx 做对就可以超越 xxx！

C. 你又进步了 xx 分，真好！

D. 哇塞，太让人惊喜了，这个题目你居然都攻克了！

E.（瞄准目标生）xxx 不就只比你多 xx 分吗？你提升上来，就超越他了！

帮孩子找到提升点，我们可以这样说——

A. 这试卷上，你有哪些丢分了但不服气的？

B. 看看还有哪道题，其实是可以做对的、把分数拿到手的？

C. 哪道题你稍微留心一下，就能够得分的？

D. 哪道题稍微努力一下，多看看书就能够解决的？

让孩子产生积极行动，我们可以这样说——

A. 你只要把这个概念背熟、理解了，分数就上去了！

B. 你把题目读三遍，圈画出题干主要信息，粗心就远离你了！

C. 我觉得这个计划一定能行，对你来说是小意思！

D. 我相信你能够挑战自己，因为你想做的事都可以做到！

如果聊天是赋能、是安慰、是获得行动支持，父母再怎么聊，孩子都不会怕。

4. 技术支持提升实力。

说到底，焦虑是能力和期待的结果不相匹配。当孩子有信心、有能力应对的时候，焦虑自然也就消退了。彻底赶走焦虑，需要在小贝实力上下功夫：

一是加强基础知识的深度理解与运用。平时是小测试，考查的知识简单；大型考试是综合分析和运用，难度不一样。要想小考好，大考也好，必须加强限时的综合题型训练，提升孩子的综合解题能力。

二是实施"1—2—4"纠错策略。小考测试的是当前知识记忆，孩子考得好，是因为短期记忆产生了效果。随着时间的推移，知识会逐渐遗忘。改进办法为：对易错题一周之后测试，两周之后再练，四周之后再测试，这样能形成长久记忆。

三是进行考试技能训练。大考题型复杂，需要一定的应试技巧。如先做容易的、有把握得分的题；遇到不会的跳过，会的做完，再做不会的；题目费时远超分值，说明该题暂时不在自己能力掌控范围内，可以放弃。适当放弃，是为了抓紧时间做能做对的题目。不要死抠，不懂变通和放弃，会丢失得分的机会。

以上策略，需要在考试中训练。

5. 避免制造和转移压力。

中国式家长喜欢给孩子制造压力，以为有压力孩子才会有动力。如"考不上重高就完了""一定要超越谁谁谁""不然就太丢脸了"……自己帮不了孩子，也不会帮，反而制造压力，孩子怎么不焦虑呢？

避免在家说"考试""名次""未来就业压力"，这些敏感的词语，会让孩子紧张的。最好的陪伴是什么？给孩子安全和快乐。带孩子去吃他们喜欢吃的东西，聊聊书本以外的快乐事情，孩子心情好了，抗压能力就强。当孩子注意力不再集中在"我不行""我担心""我害怕"时，焦虑也就逐渐远离。

我给小贝妈妈打了一个比喻：孩子学习如"握沙"，父母催得越紧，效果越差；适度才是最好的。小贝妈妈深有触动。

6. 进行放松技巧训练。

有一个很实用的放松技巧——中医"鸣天鼓"。家长可以尝试一下，再教会孩子。

做法很简单：闭上眼睛，深呼吸，想象清水从头顶浸入身体，向下流出去；然后双手搓热，掌心捂住耳孔，双手食指在脑后枕骨处对接；用食指轻轻敲击枕骨，耳朵里听到"咚咚咚"的声音就好；敲打十次之后，双手松开，深呼吸，体验一下周围环境突然安静、平和的感觉。

反复演练几次，可以释放焦虑。尤其是在考试中间焦虑时，做几次，效果非常好。

◆ 学校角度：我们可以这样做——

1. 给予科学的学法指导。

只有学好，才能考好。教会学生"高分五步法"，考出好成绩，即"懵—懂—会—熟—通—准"这五步。

懵—懂：从"懵"到"懂"，需要听老师讲课；

懂—会：从"懂"到"会"，需要模仿操练，是一种"习得"；

会—熟：从"会"到"熟"，需要大量习得以熟能生巧；

熟—通：从"熟"到"通"，需要深层次学习，主动思考每一步的变化，悟有所得，然后举一反三，触类旁通；

通—准：从"通"到"准"，答题步骤、思维习惯、书写精准，这是成绩优秀的关键。

2. 进行科学的考试指导。

我常教给学生"一秒止损"法，培训学生规范答题。进步看得见，他们自然就不会焦虑。我是科学老师，就以科学考试为例，具体做法是：

A. 格式规范：如计算题格式：公式—代入（或换算单位再代入）—结果—单位—检查（前后一致，符合题意）。实验设计三步法：控制哪些变量变，哪些变量不变，观察对象是什么。证明题注意：凸显科学知识，结合数学原理，步骤完整，作图辅助。

B. **书写完整**：尤其填空和探究题时注意语言表达科学准确，完整无歧义。

C. **谨慎作答**：选择题完整看完四个选项，做好排除＋验证，画出关键词，认真比对。

D. **把控时间**：三轮"刷题"，先做完，再求完美。

E. **注重反思**：看单位和物理量是否匹配，看所答和所问是否对应，看结果和事实是否相符，看填涂卡位置是否写错，做到"一秒止损"。

3. 组织应试的心理训练。

如果考试时紧张，尝试以下方法调整：

A. 呼吸调整法。 慢慢吸气，让空气充满腹部，然后再缓缓地呼气。重复几次，可放松身体，缓解紧张情绪。

B. 心理暗示法。 在心里对自己说一些积极的话语，如"我很冷静""我能行""我已经做好了充分的准备"等，增强信心。

C. 身体放松法。 轻轻地转动头部、伸展手臂、活动手指、扭动腰部等，放松身体肌肉，减轻紧张感，或有意识地放松面部肌肉，微笑一下，也可缓解紧张。

D. 注意力转移。 观察一下考场环境，看看窗外景色；或强制自己尽快看题，将注意力集中在试卷题目上，思考解题方法。有事情做了，紧张情绪往往就会转移。

E. 自找乐子法。 看到难题，就对自己说："哇，太好了，这样的题目，我都做不出，别人就更不行！"题目容易，则说："这题目我有把握，又比别人多挣了几分！"这样就会越考越开心。

记住规则，在考试期间，不要和同学们对答案，也不要自我否定。只找乐子，不说烦恼，我们会越考越好。

关键结果·事件落幕·遇见最好的自己

通过心理疏导、情绪调节、应考指导后，小贝放下了所有的包袱，她从容冷静地完成了接下来的模拟测试，成绩不错，内心就定下来了。中考前，乘胜追击，对小贝进行心理建设和方法指导，小贝最后考进了自己理想的高中。

家庭的改变带来孩子的改变，三年之后，当年曾经焦虑的小贝，以优异成绩考入了清华大学。

关键理念·晓莉梳理·做不焦虑的父母

1. 教会孩子明白考试的意义。

考满分，我们要高兴，说明我们掌握得不错，赶紧总结经验，把好的做法固定下来。没有考满分，我们要更加高兴，为什么？考试的意义就是查漏补缺，当前发现的知识漏洞越多，个人提升空间越大；现在暴露的问题越多，以后遇到的问题越少；最怕满分，对发现知识盲点没有作用，万一不会的没考呢？……这样，不管怎样，孩子们都会很高兴。

真正的"考神"，无非就是不管什么状态，都对自己保持强大的信心。无论是什么类型的考试，都只是一场"定时作业"而已。

2. 帮孩子建立积极学习情感。

积极的学习情感会让孩子对学习充满热情、兴趣、自信和愉悦感，孩子会越来越努力。可以从以下六个方面，建立积极的学习情感：

设定可达成目标：例如本周整理完理科的错题，或者背出英语课文的全部单词。每完成一个小目标都自我表扬。

发现学习的乐趣：尝试从学习内容中找到有趣的地方。如把历史故事当成精彩的小说来看，感受不同时代的风云变幻；学习科学时，通过有趣的实验体会知识的神奇。

积极的自我暗示：告诉自己"我可以学好""学习是一件有趣的事情""我能够解决"。

营造良好的环境：做作业前先整理好书桌，提前准备好全部学习资料等；也可以找个"学习搭子"，好朋友之间互相鼓励和促进会感觉动力十足。

合理地安排时间：如固定学习节奏，用运动代替休息，听听音乐，让大脑休息和恢复。一定要避免过度劳累，休息好才不焦虑。

及时奖励自己：每完成一项学习任务或取得进步时，给自己一个小奖励，如吃一块巧克力、看一部电影等。

3.家长务必放下焦虑和执念。

不要总唠叨成绩和排名，更不要去攀比和打击孩子。一个一直活在父母的否定、打击中的孩子，从没感受过父母的接纳、尊重和信任，很难构建起接纳自己、珍爱自己、尊重自己的能力，也很难成长为一个内心坚定、阳光自信、充满力量的人。

父母要把眼光放长远，多元评价孩子，充分接纳孩子，不以"考试成败论英雄"。当父母放下对分数的执念，不因成绩而过度地喜悦或失望，孩子的压力才会小。

如何看待"赢"？拆文解字可这样理解：

"亡"——具有危机意识，警惕父母的焦虑"传染"给孩子；

"口"——善于沟通交流，"靶向"激励，理清孩子成绩的"增长点"；

"月"——时间均等，系统进行"抗挫"训练；

"贝"——经历就是财富，发现和感受学习带来的快乐，不纠结分数高低；

"凡"——有一份平常心，做孩子的"树洞"，当孩子失败时，给他们一个拥抱。

人生不止一次大考，学会用积极心态正确面对考试，不管结果如何，都是"赢"！

关键提醒·策略要点·我们可以这样做

	家庭	学校
第 **1** 步	少想事的成败，多想人的成长，建设一个不怕考砸的环境	
第 **2** 步	正确认识考试的意义和价值，科学设定目标	
第 步	学会正确"聊考试成绩"的方法	掌握"高分五步法"
第 **4** 步	给孩子托底的生涯规划	做应试技巧指导
第 **5** 步	家长放下分数和成绩执念，绝不攀比	进行积极的自我心理暗示
第 **6** 步	情绪稳定不添乱	技术性训练缓解考场焦虑

"学渣"想逆袭，到了初中还来得及吗？

回回考试垫底，

门门科目倒数！

这样的"学渣"还有前途吗？

放弃，还是被学习所虐？

我们该如何帮助他呢？

关键事件·背景链接·这个"学渣"不一般

有一种叫作"沙漠玫瑰"的植物，拿在手里，是一蓬枯萎的干草。把它整个泡在水里，七八天就会完全复活。把水拿掉，它又会渐渐干枯；把它再藏个一两年，然后哪一天再泡在水里，它又会复活。这就是沙漠玫瑰！

这种神奇的植物让我不禁想起一位神奇的学生——杨培，那个总给自己贴"学渣"标签的孩子。他这样做也并不奇怪，毕竟小学升初一时，年级480个人，他排名448！从走进校园的那一刻开始，他就做好了深陷泥潭的准备。

他的学习自然是班里的"老大难"。进入初中后，回回测验都是倒数。有同学开玩笑说，想知道年级有多少学生，问下杨培的考试排名就可以了。听到这样的嘲讽，杨培也笑，似乎早已习惯了同学们的戏谑。

身为班主任,我常常收到来自各科老师对他的"控诉":分数少得可怜,答题语句不通、错别字连篇,作文经常来不及写,数学计算和小学三年级的水平差不多,英语单词几乎都不会……各科老师想尽办法给他"开小灶",常常连午休都放弃,最终都无功而返。

我们是省城名校,这样的杨培和周围同学格格不入,他的"不优秀"在同龄人的鲜衣怒马下显得尤其突出。不夸张地说,那时的他正像是一蓬毫无生命力的枯草。

杨培妈妈揪心地问我:"老师,我们家孩子(学习上)还有救吗?他还有希望逆袭吗?"

关键问题 · 家长需求 · 我们该怎么办

小学荒废了六年,初中还有机会逆袭吗?

孩子基础那么差,现在努力还来得及吗?

上课听不懂,他日子好过吗?

现在成绩那么差,以后该怎么办呢?

他还有希望升上高中吗?

家有"学渣",我们做父母的究竟该怎么办?

关键支持 · 晓莉姐说 · 用爱给孩子导航

◆ 家庭角度:父母可以这样做——

1. 唤醒内驱，不贴负标签。

杨培考倒数第一、对同伴的嘲笑没有反应，其实是一种习得性无助。长期的"学渣""差""笨"等负面评价，他自己都认为"我不行""我肯定不能学好"了。

伴随着这种心理暗示，所有的问题杨培都找到了原谅自己的借口——"我差啊！""这很正常。"久而久之自暴自弃，"反正我不行"。

电影《哪吒》那么火爆，一句"我命由我不由天""是魔是仙我自己说了才算"，唤起了众多不甘被别人定义的人的强烈共鸣。近三十年的教育经历告诉我，孩子要逆袭，首先得有不认命的想法。他不接受"学渣"的定性，才有可能改变。

因此，我们不能老说孩子不行。正面该怎么说呢？不管孩子多差，一句话："努力赶，还来得及！"让孩子看到希望。

有一个孩子，小学成绩垫底，第一次家长会，老师暗示家长，"孩子可能智力有问题"。但是，妈妈回家怎么说呢？"老师说了，只要宝贝把上课的重点记住了，超过班级一半同学没问题！"于是，在妈妈正面暗示下，孩子一直在进步，最后进了清华。

并不是每个人都能知耻而后勇，对大多数孩子来说，不是打击就会有动力，而是因为看到希望才有动力。掌握一个句型："只要……（正面做法），我们就能够……"孩子会有改变的动力。

2. 发现优势，让孩子自信。

人性最深处的需要，是渴望被认同。我近三十年的教育经历中，小学垫底、初中逆势上扬的学生也不少。他们都有一个共同特点：目标坚定，相信通过自己的努力能够逆袭。杨培没想法，是因为没有人看好他。

其实，杨培并非一无是处。他从小对地理、政治、历史等颇感兴趣，看了很多相关的课外书，每每谈到相关话题都如数家珍，还会根据不同地区的情况手绘地图。

这就是天赋啊！观察、分享、喜悦孩子所表现出来的优势，他就会自信。一个在"优势教养"理念下长大的孩子会更坚强、更自信、更笃定。逆境中淡定，顺境中泰然，这样的孩子，差不了。

遗憾的是杨培会的那些东西小学不考，家长觉得是"歪门邪道"，没有看到这里边体现出来的超强记忆力、卓越绘制力和优秀表达力。只聚焦孩子的不行，孩子就越来越卑微。

我告诉杨培家长：转变关注方式，从关注劣势转移到发现优点上来。无论哪方面特长，都是孩子的优势，都能让孩子自信。杨培政史地方面有着惊人的学习天赋，我把他称为"文综学霸"，鼓励他去学校参加文综比赛。获奖之后，他父母都很惊讶。

推和拉都不是好教育，最好的教育是给孩子自己装上"马达"。当杨培发现自己能行之后，整个人的状态都发生了变化。

3. 一起行动，做学力提升。

智慧的家长不仅是孩子情感上的陪伴者，还是孩子潜能的挖掘者。孩子做成一件事，家长学会请教"你是如何做到的？"，帮孩子形成积极的自我概念，提升问题解决能力。对渴望外部世界认同的青少年来说，这是一针兴奋剂，可引导孩子聚焦问题解决，帮他梳理成功经验，把好的做法固定下来。

学渣不是不能逆袭，而是逆袭需要强烈的动机和足够自律的实施能力。我和杨培妈妈讨论了一个问题："我们因何而自律？——不是因为要求，而是因为看得见的成效和利益。"杨培如果看见理综进步的成效，他会努力的。可以鼓励他用背诵的方式记住数学基本概念、发挥绘画天赋梳理知识点关系，我还和任课老师打招呼，必考内容让杨培先过关，他努力学过的知识恰好考到了，成绩恰好进步了，他就愿意为之努力。

如果有反复，我就和杨妈妈合作，我扮演"严师"，"逼"他完成当日任务，他妈妈在家里"吹捧"。当杨培满腹委屈地回家，刚想抱怨老师时，妈妈就以崇拜的语气夸赞他的坚韧，并询问他是如何做到的。杨培小小年纪根本无法抵御这样的"糖衣炮弹"，马上故作轻松地说"那很容易"。

一个唱红脸，一个唱白脸，在我和杨妈天衣无缝的配合中，杨培的学习能力迅速提高了，也更能坚持了。

◆ 学校角度：我们可以这样做——

1. 发挥特长，重塑"人设"，帮助找回自信。

我特意请求文综老师们课堂上多关注杨培，多喊他回答问题，让他显摆显摆自己丰富的文综知识。果不其然，每每杨培被提问，总能滔滔不绝、口若悬河，引得其他同学瞠目结舌：这就是成绩垫底的"学渣"？竟有如此表现！同学们也开始叫他"文综学霸"。

初二上学期，区文综知识竞赛，我力推杨培参赛，拿了区二等奖。我在全班同学面前对他赞不绝口，这让他很得意。

心理学上有一个"角色认定"规律：当我们把自己"设定"为某个角色，我们就会朝那个方向靠近。"文综学霸"的"人设"让杨培学习主动性大大提高，进步速度远远超我的想象，很快文综上升到班里数一数二的位置，坐实了"文综学霸"称号。

2. 找到症结，趁热打铁，获取阶段性胜利。

杨培尝到了学习的甜头，我趁热打铁，把他的学习能动性引到了我执教的科学上。我研究了他的卷子，解题思路大多是对的，但只写数字，从不写公式，解题习惯停留在小学阶段。有时结果对了，但由于步骤不全、习惯不好，遗漏了单位而丢分。于是，我先夸他思维清晰，再告诉他答题得分规范模型，交代一句"这是我的秘密武器，只告诉你"。他特别激动，再怎么难也坚持。几轮下来，他科学成绩从倒数升到了平均分以上。

随着文综和科学的稳步提升，初二下学期期末考试，他排到了年级285名，一举登上了进步生榜首，取得了阶段性的胜利。

3. 调整心态，树立目标，逐个攻破难关。

但是，学习势头正猛的杨培，很快遭遇了现实沉痛的一击。他想从事建筑设计工作，也喜欢绘画，但是没有经过专业培训，在美术高中的第一轮专业测试中就被刷下来了。

他很沮丧："老师，我真不知道该怎么办了。"我给他打气："只要你认定了方向，实现目标的方法有多种。"我告诉他一个曲线救国的办法：用文化课成绩考进美术高中，再找机会进美术班。这一线生机，让他重燃了希望。

客观说，美术考试是捷径，文化考试是杨培的短板。怎么办？功利一点吧，中考前提素养是不现实的，从提分性价比最高的学科开始立标。他政史地和科学已经基本定型，数学性价比太低，真能提分的，只有语文和英语了。

语文还不很难，毕竟他之前惜字如金，4分的简答题，他两三个字就敷衍完了，分数自然不高。我告诉他，要提高语文成绩，首先题目得回答完整，所有的空都必须写满，这是基本态度问题。其次是卷容卷貌，务必分条分款答题，突出关键词。再次，逼自己从材料中挖掘，找到材料和题目的关联点，尤其是逼自己多角度去思考，养成一个问题至少说三点的思维习惯。这样，思路一下就宽了。最后，我告诉他，作文一定得写，写了就有分。拿到试卷之后先看作文题目，这样整场考试都可以构思。

杨培照做了。期末，语文成绩从60多分提高到98分，历史性的突破让语文老师都惊讶。

英语怎么办？背单词。我和他分析：英语至少要拿95分，比原来多15分才行，突破口就在于词汇量。"只要你每天背50个单词，15分绝对不成问题。""真的吗？""肯定！"杨培开始奋发图强，每天坚持背50个英语单词，20个新单词、30个老单词，雷打不动地背诵。一个月后，杨培英语冲到了96分！

🌸 关键结果·事件落幕·遇见最好的自己

功夫不负有心人，进校成绩"吊车尾"的杨培，一路从年级448名冲到了一模176名。一模过后，杨培的学习状态越来越好。

中考揭晓，杨培兴奋地告诉我，他以超分数线30分的成绩，考入了理想高中的实验班。家长也很高兴，惊讶道："居然靠文化成绩，扬眉吐气地进了自己的理想高中！"

杨培到高中以后，状态越来越好，自信、阳光、有目标。选考中，他的政治、历史、地理均拿到了赋分99分的好成绩，文化课在学校排到年级前十。这个神奇的男生，一直在超越我的预期。高考后，他拿着中国美术学院的录取通知书来看我。摸着录取通知书，我的眼眶湿润了，这孩子，他一路跌跌撞撞地，从谷底爬上了山顶，无数次失败、无数次想要放弃，可他最后赢了！

他让我想起一句话："你当像鸟飞往你的山！"

🪴 关键理念·晓莉梳理·相信相信的力量

1. 坚定信念，让孩子重塑信心。

潜意识对我们的影响太大了，消极地接受，我们称其为命运；积极地使用，结果叫抗争。怎么对待，是成长和沦落的分水岭。

当一个人被贴上某种标签的时候，他自己就会做出"印象管理"，使自己的行为与标签内容相一致。如被贴上"坏孩子""差生""笨蛋"等标签时，孩子就觉得自己"傻""笨""我不可能成功"，自卑、胆怯。反之，当孩子被贴上"强大""厉害""自信"等标签时，他会觉得自己"无所不能""我很优秀""我能成功"，为人也阳光自信。

这就是标签效应，孩子表现得尤为明显。他们信任家长和老师，会把大人所说的话当成真理，从而陷入"自证预言"的心理模式。因此，不管是学霸，还是"学渣"，都要注意潜意识和标签对人的影响。家长对孩子有信心，孩子才越长越有自信；家长对孩子没信心，孩子就越长越有问题。

我们要坚定信念，培养孩子辨析标签的能力，别让孩子被评价所裹挟，顺时欣喜，逆时沮丧，稀里糊涂地在命运里漂流。一句话，"我命由我不由天"，相信相信的力量。

2. 建立目标，让孩子主动努力。

生活没有目标，就会失去方向；工作没有目标，就会失去激情；学习没有目标，就会失去动力。

许多孩子"自暴自弃"，是因为被定义为"学渣"，自信心被磨灭得所剩无几。树立目标相当于给孩子找到希望，自然也就点燃了求知的欲望。

要注意让"目标"和孩子产生"有意义的关联"。不然，这个目标是别人的，不是他的，他就不会主动。找对手、自我挑战、先制订一个小目标……都是意义关联的重要方式。

3. 由易到难，让孩子保持状态。

生活就像一张大桌子，摆满了美食，但我们不能全部装下。饭要一口一口吃，学习目标也要一步一步实现。我们要帮助孩子给目标排序，哪个是比较容易的，哪个是相对较难的，哪个可以暂时搁置。从易到难，将目标逐个分解，逐个击破，才能避免手忙脚乱，顾此失彼。

对"学渣"逆袭目标要有理性认识：

A.心理预期：逆袭是肯定可以的，成为顶尖学霸却很难，要求不要太高。

B.提供帮助：孩子需要我们帮助，需要搭脚手架，而不是评价、批评、建议或指责。

C.逆袭需要条件：强烈的内驱力、明确的目标、超级自律的行动、不怕失败的心态。

D.学会等待：在逆袭过程中，非常考验孩子的执行力，他是闭关修炼，我们要学会等待。

E.目标恰当：太遥远的目标没有必要，完不成会让人绝望，每阶段只追自己前面的5～10名。

F.全力以赴抢时间：告诉孩子，不要和正常的同学攀比休息，我们在追过去的时间，因此会更累；尽量避免浪费时间，如长时间蹲厕所、玩手机；竭尽所能地"抠"时间，如课间10分钟做一篇英语阅读、用从家到学校的时间背古文……

记住一句话：由易到难，保持状态才能更好地学习。

4. 成功体验，助孩子创造奇迹。

沙漠玫瑰实质是一种地衣，本身并没有什么神奇之处，神奇的是我们知道了它的"起点"在哪。如同杨培，就像是那朵"沙漠玫瑰"，最初是一把枯草，静静地等待着时机。在缺少阳光雨露的曾经，他静静地蜷缩着、衰弱着。一旦得到了滋养，便蓄势待发，花蕾满枝。

面对孩子的"枯水"期，我们要给予更多的等待和鼓励，帮助孩子抓住机会体验成功。不是从失败走向成功，是从成功走向成功。杨培就这样从文综到科学、数学，再到语文和英语，一步步走向了自己的成功。看到越来越自信的杨培，我相信他的未来一定会无比灿烂。

和每位"学渣"周围的家长和老师分享一句话：成功背后，是所有人的坚持，是所有人的相信；没有人会被定义，我们要相信相信的力量，我们一定可以越过山丘，逆风飞扬！

关键提醒·策略要点·我们可以这样做

	家庭	学校
第1步	接纳孩子，不贴"学渣"标签	
第2步	发现优势，用成功助力下一个成功	
第3步	给孩子正面评价和鼓励	重造人设，积极暗示，激发自信
第4步	遇到问题的时候及时求助老师	关注细节的落实，帮助其实现成功
第5步	观察、记录、分享孩子的优秀	逐步进阶，不断给予动力
第6步	坚持，绝不轻易放弃	温暖而坚定地帮助他

头脑聪明的孩子还需要管教吗？

年级前十的孩子，居然不会系鞋带？

书包里乱成一团，回回都找不到试卷，

文具常买常丢，课本资料全靠借！

聪明的他这样下去，学习会受影响吗？

关键事件·背景链接·"凌乱"的学霸

靖焱分到我们班，大家都说我"幸运"。因为他是我从教近三十年以来最聪明的学生，很多我想不到的答案，他很快就做出来了，而且比我简洁。年级数学竞赛，全是难题，别的同学两小时也做不出来，他40分钟就完成了，还是满分120，第二名才88分。

"太简单了！"这是靖焱的口头禅。继承了父亲医学博士优质基因的他，初一就斩获了包括信奥赛一等奖在内的各类奖项，各次大小考试，他经常不费吹灰之力就拿到年级第一。学科考试没有短板，所有难题对他来说都"so easy"，大家公认他是"学霸"。

谁也没想到，这位人见人夸的学霸，生活习惯却非常不好，自理能力几乎为零。

比如跑操，鞋带就是散的，几次都险些被绊倒。让他把鞋带系上，他冒出一句："我不会。"高高帅帅的男生的回答惊掉了我的下巴——"我从来都没有系过。"原来在家，这一切都是妈妈和奶奶做的。

除了生活自理能力差，靖焱还有一件事让我们抓狂——"乱"。他经常找不到笔，更别说用红笔订正了。写字要么老师送笔，要么找同桌借，借了也几乎还不回来——因为又丢了！试卷常揉成团放进书包，还说球体体积最小，省空间！发下去的试卷第二天就不见了，上课要用时只好临时再发一张给他，或者和同桌凑一起看。遇到较真的老师，非得要用试卷，怎么办？他就把包里的东西全倒地上，然后一点点地翻。

初一知识简单，这样似乎也没影响他的学习成绩。加之上课时他非常专注，成绩也很好，大家也都没有过多纠结他的"乱"。

但一年疫情，靖焱的变化让我大吃一惊。几个月不见，昔日挺拔的少年如今勾肩驼背，乌青的黑眼圈衬得两眼暗淡无光。上课精神不振、昏昏欲睡，招牌式的提问也消失了，听课效率大不如前……

我和他谈心，他坦率地说迷上了电脑游戏，起床第一件事便是玩游戏，要到后半夜才会恋恋不舍地停止。靖焱爸爸妈妈是医生，工作都很忙。尤其是爸爸，每天手术排得满满的，回家疲倦得就只想睡觉。初二上学期，妈妈生了二胎，更没有精力管他了，他愈加混乱了——每天就玩游戏，玩累了再随便写点作业。他刚开始还自责，后来发现没有人管，慢慢地也就习惯了。

因为游戏，他学习逐渐变得吃力。有时候作业没做，靖焱自己都分不清究竟是"不愿做"还是"不会做"。"学霸"传说已逐渐淡去，这让他怅然若失。

渐渐地，他身上出现了皮肤过敏，到处挠得红红的。他开始失眠，起初只是入睡时间变长，而后竟整夜整夜地睡不着。稍有睡意时，又到了起床时间。如此循环往复。妈妈带他去医院检查，医生告诉她：靖焱有了焦虑症倾向。

他开始频繁请假，早读也不上了……

关键问题·家长需求·我们该怎么办

> 聪明的孩子究竟要不要管教?
>
> 教育和管理孩子,有没有什么规律?
>
> 生活习惯会影响学习吗?
>
> 现在孩子都焦虑了,我们该怎样教育他?

关键支持·晓莉姐说·用爱给孩子导航

◆ **家庭角度:父母可以这样做——**

1. 理解良好习惯和学习的关联。

不少家长不注重孩子的生活习惯培养,只要成绩好就行。家长不知道,生活习惯差,丢三落四的毛病,真的会影响学习。

首先,"混乱"会降低学习效率。文具、资料经常丢三落四,折射的是做事不认真。这种态度延伸到学习上,就会导致做作业敷衍了事,学习不精益求精。知识量小,聪明可以弥补不足。知识量大,影响就大了。此外,丢失文具、试卷,寻找需要花时间,转移学习注意力,降低学习效率。

其次,"混乱"会让人感到挫败。秩序感是人的审美需要,清爽、整洁、干净的孩子会让人喜欢。习惯不好的孩子,难以在生活中建立这种秩序感。长久下去,他就会受到同龄孩子嘲笑或嫌弃,久而久之,他就会感到挫败和沮丧。

最后，"混乱"会让人感到焦虑。靖焱皮肤病发作和失眠，既是身体健康出现问题，也是心理上产生了很多的焦虑感导致的。所以，聪明的孩子，我们也要管。管的目的不是让他听话，而是给他建立支持系统，让他远离焦虑和麻烦。

2. 建立明确规则不纵容。

靖焱玩游戏影响身体和生活了，不能不管。妈妈把电脑收进了储藏室，断掉了家里所有的网络，希望以此戒掉靖焱的"网瘾"。谁知没有了电脑的靖焱，竟变成了一头"野兽"，在家里疯了似的摔东西，甚至不惜伤害自己。

妈妈无奈拿出了电脑，重接了网线。看着疯了似的打开电脑的靖焱，她强忍着泪水，陪靖焱打完游戏，直到他入睡。时间一长，家长孩子都疲惫不堪。靖焱妈妈忧心忡忡找到我："该怎么办呢？"

规则在前，管教在后。先建立明确规则，约定每天玩游戏的时间，且必须完成作业才行。起初，靖焱不乐意，但妈妈不再纵容，无论他怎样闹都不心软。靖焱慢慢明白大吵大闹无法得到想要的，于是逐渐学会先做作业，再在固定时间内打游戏，逐渐锻炼自己的自控能力。

3. 及时反馈鼓励不打压。

靖焱努力地按照规则去执行，无数次与自己的欲望做斗争，终于能正常地重回学校。他发现，只要自己认真听课，凭借聪明的头脑，学习知识的速度非常快。

老师也注意到了靖焱的转变，纷纷对他加以夸奖，这些夸赞经由老师传到了妈妈那里。每次靖焱回家，妈妈都会轻轻地抚摸着靖焱的头，欣喜地说："老师又表扬你呢！妈妈真为你骄傲。""你看你多厉害呀，只要坚持下去，一定会越来越优秀的。"

妈妈诚挚的笑容，能融化一切困难。慢慢地，靖焱找到了信心，他相信自己有能力克服游戏的欲望，也可以追回学习上的不足。

4. 做好自律榜样不放纵。

教育孩子，仅靠规则是不够的。爱在前，教育在后，父母需要给孩子营造一个良好的家庭氛围。于是，靖焱父母达成一致意见：做好孩子的榜样。

以前靖焱爸爸下班，总喜欢在沙发上躺一会儿，放松一下。为了影响靖焱，他下班后第一件事就是洗手，再在书桌前，静静地阅读一些专业书籍或是文学作品，吃饭时和家人分享。妈妈呢，则把刷视频的时间用来学习烹饪，或研究一些养生知识，为一家人的健康努力。靖焱学习时，妈妈要么在厨房忙，要么管好弟弟，不让他影响靖焱学习。

周末时，一家人要么一同出门去公园散步，感受大自然的美好；要么安静地待在家里，爸爸看书，妈妈教弟弟。在这样积极向上的家庭环境持续影响下，靖焱明显发生了改变。他不再一心只想着游戏，开始主动完成学习任务。他觉得应该要像爸爸妈妈一样，寻找更有意义的事情打发时间。

◆ 学校角度：我们可以这样做——

1. 了解家庭，改善不良习惯。

我实在难以置信，初中男生居然不会系鞋带？

了解情况之后才知道，靖焱父母都是医生，基本每天有手术，回家时间少，靖焱和弟弟的饮食起居都由爷爷奶奶照顾。老人家宠孙子，从小到大事事包办，靖焱和弟弟成了"衣来伸手，饭来张口"的少爷。妈妈知道这样教育不好，但真没有时间去管。

理解了靖焱妈妈的苦衷后，我接下了管教任务。放学后，我把靖焱叫到办公室，教他系鞋带。告诉他，以后见他一次，我都会让他重新系一遍鞋带。在我百般"逼迫"下，靖焱把自己打理得越来越精神。

我还常常使唤他给班级做一些卫生整理工作，以锻炼他的生活能力。靖焱倒也不拒绝，慢慢地，他越来越能干。

2. 融入团队，创造良好环境。

靖焱退步那段时间，为了不影响他的自尊心，我告诉各科老师，靖焱没准备好的时候，尽量不在课堂上提问他，避免回答不出来，让有"学霸"头衔的他产生压力。还拜托他同桌，尽量带靖焱运动，利用运动消耗他的体力，以此帮助他晚上尽早入睡。

一段时间后，靖焱的上课效率又回来了。只要在学校，只要不接触网络游戏，他的专注力就可以保持高度集中。我顺势提出请求：靖焱尽量多待在学校，帮助我解决科学课教学问题。他不是很情愿，但是也答应了。

3. 保持耐心，实行弹性管理。

针对失眠问题，我和靖焱妈妈商定：对他实行弹性管理。每天多给他一个小时的时间睡觉，如果起不来，可允许他不参加早自习。如果能够起来，我每天给他一句温暖的赞美。

靖焱妈妈千恩万谢。后来的日子里，我每天早上 8：00 准时在教室门口等靖焱。他出现时，我高兴地打招呼："早上好，帅帅的靖焱！"靖焱常常不好意思地回应我。

"弹性管理"引导他慢慢地"王者归来"。他反复，我就微笑地看着他，"宽容"和"接纳"他所有的不足。他进步，他改变，我则虚心请教他是怎么做到的，尽量让他找回成就感。我知道，我是和孩子一起与欲望挑战，我们在和"困兽"拔河，唯有"坚持"方能够帮助孩子和欲望"博弈"。

慢慢地，我在靖焱眼睛里看到了光。

🌺 关键结果·事件落幕·遇见最好的自己

中考时，靖焱成功考入了省重点高中。

那个暑假，靖焱妈妈说，她终于开始享老大的"福"了："靖焱每天整理房间、带弟弟玩，偶尔还会帮奶奶做几个菜！"

——学霸居然会做菜了？我很惊讶。靖焱妈妈告诉我："孩子说了，会做菜，以后恋爱时可加分。"

进入高中，靖焱开始了他的住校生活。暑假里家务劳动锻炼了他的生活能力，离开了家以后的他，依然过得如鱼得水。他感受到自理、自律带来的快乐，皮肤病和焦虑症，竟然无药而愈。

听着靖焱妈妈的电话，我由衷地感慨："成长"于靖焱而言，虽然"晚了点"，但终究还是"来了"！

🪴 关键理念·晓莉梳理·读懂并接纳孩子

1. 责任是孩子成长的基石。

孩子从小就应该学会照料自己，从小就应该给家里做家务。这不是我们忙不忙、有没有能力让孩子享受的问题，而是关系到孩子健康健全的人格形成。过多的保护和溺爱，什么事都给他做了，等于剥夺了他成长、锻炼的机会。别人什么都能干、他什么都不会时，他就会自卑、懦弱。

更重要的是，爱有一个基本原理："越付出才越爱。"从小就做事的孩子，长大之后更有责任心。

我有一个同事，出游坐乄她是最后一个，开会也是经常迟到，丢三落四忘东忘西，用我们的话说，就是"太不靠谱了！"可是这么一个不靠谱的妈妈，却培养了极其靠谱的儿子。他经常提醒妈妈"别迟到""不要忘记拿车钥匙""我有课，妈妈不要忘记送我"……单位旅游，他儿子早早上车告诉司机："叔叔，我妈还在房间，麻烦您再等两分钟！"从小到大，这个娃就一直操心妈妈，从不要人管，成绩优秀，考入浙大。

别人请教她教子经验，她说："责任是孩子成长的基石，从小懂责任的孩子，思维更周密，更能处理自己和周围环境的关系。"聪明的孩子要不要管，这是不是一个有益的参考？

2. 溺爱会破坏孩子的自我效能感。

自我效能感是人们对自身能否利用所拥有的技能完成某项任务的自信程度。高自我效能感的人充满自信，做事更有思路，无惧挑战和失败，认为自己一定能实现目标。高自我效能感的人，你能够感受到他们由内向外散发的人格魅力。

聪明不是孩子自信的依据，高自我效能感却能够让人自信。每完成一个任务，都会让孩子感到"我自己行"。这也就是那些"社牛"为什么是"社牛"的原因。

如果父母溺爱孩子，总是帮孩子完成这些事情，这就意味着破坏了孩子的探索过程，剥夺了孩子自我效能感形成的机会，最终在孩子脑中形成一个逻辑——我不行，我需要帮助。所以，家长要放手，这样更有利于孩子自我效能感的形成。

3. 教育是"慢"的艺术。

"成绩好"不是教育的全部，好习惯才是。做事靠谱、认真的孩子，哪怕学习能力弱一点，他也会坚持下去，久久为功，一样可以取得大成就。脑子聪明的孩子，看起来学习能力强，如果不注重细节，不坚持、不细致，一样会丧失"好运气"。

因为一个钉子，失去一个国家，这是波斯沃斯战役中，理查三世留给整个英国人的惨痛教训。故事或许有点夸张，但道理却很清楚："细节决定成败。"聪明的孩子如果不注重个人学习品质训练，不注重生活技能培养，他们就会错过很多机会。古有伤仲永，今有众多天才泯灭，原因都一样。

家长为什么包办？说白了是太急于要学习成绩。其实，教育是慢的艺术。我们不要被时代裹挟着拼命奔跑，为了让孩子跑得比别人"快"，使劲"推、帮、拽"，却忘了成长是一辈子的事情，不仅仅是当下考高分！

关键提醒 · 策略要点 · 我们可以这样做

	家庭	学校
第 **1** 步	教育要慢下来，允许孩子多体验	
第 **2** 步	责任心是孩子成长的基石，我们要重视孩子能力的培养	
第 **3** 步	理解好习惯和学习的关联	注重全面发展，避免分数唯上
第 **4** 步	分清责任边界，不帮办	家校合作，多方来锻炼
第 **5** 步	建立规则底线，不越界	融入团队，同伴来帮助
第 **6** 步	做好榜样示范，不放纵	宽容接纳，弹性来管理

学习力明显低于同龄人，该如何教育？

动作迟缓，眼神茫然无光，

对周围事物缺乏兴趣，

平时也不怎么喜欢说话，

上课内容基本听不懂，

甚至连老师的指令都不理解，

除了睡觉就是干坐着……

对这样学习力明显低于同龄人的孩子，

我们究竟应该怎样帮助他？

关键事件·背景链接·我的孩子还有春天吗？

又是一年新生季，校园里又来了一批小可爱。在一群好奇、活泼的孩子们中，小宇显得格外独特。我的眼睛看向他时，明显感觉到他和别的孩子不同。穿着没有同龄孩子清爽，两眼无神，对我热情的微笑没有回应。"这孩子，怎么有些萌呢？"

上课才几天，搭班的老师就向我投诉："那个叫小宇的孩子，是不是……""上课笔记也不做，是不是根本听不懂啊！""我感觉连老师的指令都看不明白。"我问孩子:"有什么需要老师帮你的吗?"他茫然地看着我,不肯定,也不否定。

我多留了个心眼。他极少与同学交流玩闹,基本上都是一个人安静地坐着,也不大说话。有一次,班上一个顽皮的孩子挑衅他,叫他"傻子",他突然暴躁起来,一拳挥过去。这是少有的一次情绪激动。

我去家访,小宇爸妈倒非常热情:"早就听说过徐老师的大名了,孩子分到您班上,真是我们家的运气。"

他们把我当救星一样地说:"孩子从小便与同龄人不同,医生说可能是神经系统发育迟缓,学习能力有些弱……"我听明白了,同时对小宇父母的敬意油然而生。他们没有把那个词语说出来,就是对孩子最好的保护。

家长表达了自己的真实愿望:"我们希望孩子读完初中后,还能够继续学习。"他妈妈诚恳地问我:"现在这状况,以后还会有学校要他吗?""我的孩子还有春天吗?"

关键问题 · 家长需求 · 我们该怎么办

父母都希望孩子平安健康,
按照这样下去,平安健康有保障吗?
小学初中是义务制教育,
初中毕业之后还有学校要他吗?
孩子学习力这样差,父母终将老去,
孩子以后凭什么养活自己呢?

关键支持 · 晓莉姐说 · 用爱给孩子导航

◆ **家庭角度：父母可以这样做——**

1. 尊重孩子，接纳孩子现有水平。

尊重说得轻巧，真做到确实不容易。我们对孩子的尊重，不仅仅是情感、人格上的尊重，更是对孩子过去、现在和将来的尊重。基于现状，基于基础，基于孩子常态的发展速度，这是尊重的开始。

我赞赏了小宇父母的理性，没有好高骛远地攀比和定目标。但是，我们也不能够轻言放弃。我深信"上帝在关闭一扇门的同时，一定还会给我们开一扇窗"。我们一起观察和寻找孩子的另外一扇窗在哪里。

我给家长提了五个建议：基于现有的基础，给孩子最好的教育。

一是目标定位——从简单到常用。孩子语言表达较弱，我们就从简单的词汇开始教起，先积累词汇，再过渡到短语、句子，在生活中多说、多练。

二是内容定位——重视生活能力。如让孩子参与简单的家务劳动，扫地、擦桌子、整理玩具和个人物品等。这不仅可以提高孩子的生活技能，还能培养他的责任感和自信心，让同伴不会歧视和攻击他。

三是方法定位——多感官刺激。例如使用视觉教具（图片、视频）、听觉教具（音乐、故事）、触觉教具（实物、模型）等，让孩子通过不同的感官渠道接收信息。

四是保持耐心——重复与强化。通过不断重复帮助孩子巩固记忆。例如每天安排一定时间复习之前学过的内容，不求多，求质量，反复强化。

五是开放交流——到同伴中去。同伴价值让孩子有安全感，我们要创造机会让孩子和同龄人互动，提高他们的社交能力。如邀请小伙伴到家里来玩，通过游戏、分享玩具，培养他的合作意识和沟通能力。更重要的是，培养孩子善待他人的品质，赢得更多同伴的认同。

2. 用爱陪伴，构建安全的港湾。

家长要给孩子最大的安全和爱，这是孩子快乐成长的"底气"，也是孩子战胜困难的"勇气"。对小宇这样的孩子，我们要这样爱：

爱要"无分别心"。不管孩子优秀还是普通，不管孩子听话还是调皮，不管孩子是健康还是残疾，我们都要用心去爱他，没有功利心，也没有"分别心"。当孩子感觉到父母的爱没有条件，他就知道父母爱的是他这个人，而不是外在的评价。家的温暖和安全，会产生链接感，继而会产生满满的内在力量。

爱要常常鼓励。电影《阿甘正传》中的阿甘，虽然智商不高，但他非常幸运，因为有爱他的妈妈和女友珍妮。"生活就像一盒巧克力，你永远不知道下一块是什么味道。"这是阿甘妈妈最经典的台词之一，鼓励阿甘接受生活中的各种挑战和变化。"你和你身边的人一样，你和他们并没有什么不同。"这句话告诉阿甘，每个人都有自己的价值和尊严，不应该因为自己的不同而感到自卑。"死亡只是生命的一部分，是我们注定要面对的。"阿甘妈妈临终前，用这句话告诉阿甘勇敢面对生命的终结，学会接受和顺应。"你若遇上麻烦，不要逞强，你就跑，远远跑开。"这是珍妮对阿甘说的，希望他能够逃离那些欺负和伤害他的人……阿甘在妈妈和女友的鼓励下活成了真正的英雄。我们在羡慕阿甘的同时，要修炼自己的爱心，家人相互扶持，彼此温暖，给孩子一个安全有爱的港湾。

3. 情绪稳定，对孩子永抱希望。

家长要保持自己的情绪稳定，父母的情绪稳定能够让孩子感觉安全。虽然孩子学习上的表现让我们无能为力，我们依然不要情绪冲动。在孩子多次学习也不会的时候，不要张口而出："怎么这都学不会，都教了多少遍了！""你怎么这么笨啊！"如果孩子时常得到的是这样的反馈，可能就会习得性无助，不知道怎么改变；久而久之便行为固化了，也不再愿意改变了。

弱小的小孩在外面很难得到肯定和表扬，在家里，家长一定要看见孩子，见机就表扬。哪怕再小的事情，也要给予正向肯定，激发孩子的内驱力。

其实，智力发育迟缓或者说目前低于同龄人，是儿童发育过程中一种常见的现象，基本上每一百个孩子里就有那么一两个。经济文化落后的地区略微要高一些，这说明什么？好的环境能帮助孩子更好地成长，缩短差异。只要家长重视，愿意付出，后天的努力是能够帮助孩子的。

我们对孩子要永抱希望，坚定地相信，只要我们循序渐进、耐心地对其进行教育、引导和科学治疗，他会一天比一天好。切不可急躁，采用打、骂等粗暴的手段，这样不但达不到恢复健康、正常发展的目的，还可能会给家庭带来麻烦。

4. 设计赛道，让孩子自己发光。

"让每一个孩子在自己的赛道上发光！"这是我的教育理念。每个孩子都是完全不同的个体，攀比、挤同一个赛道让孩子去比拼是不合适的。每个孩子都有自己的优势，在优势项目里发展，孩子将能够取得更大的成绩。

小宇只是学习力不够好、智力发育没有跟上同伴而已。但是，这不代表孩子全然无能。相反，很多特殊的天才会打扮成"智力障碍"来找我们。《最强大脑》里那个16位数14次开根号运算的周玮原是"中度脑残"患者，伟大的物理学家霍金患肌肉萎缩性侧索硬化症，全身能动的只有眼睛和三根手指头……和他们相比，小宇是不是幸运儿？

不要在常规赛道上和人家比，我们需要另起一行，写好小宇自己的人生。那么，父母就要早做规划，让小宇多兴趣、多范围尝试，早发现最适合他发展的赛道。不一定局限于文化学习，日常生活中的点点滴滴，只要是他有成就感的、合法的，都可以尝试。找准一项，说不定以后就是小宇独特的本领。

5. 降低期待，悦纳彼此小确幸。

没有完美的父母，当然也没有完美的小孩，我们始终抱着一颗平常心陪伴孩子成长。虽然成长过程中会有很多困难，也有很多无奈，但还是要秉持没有问题孩子，只是孩子出现了成长问题这样的观念，积极对待，正确处理。

千万不要"鸡娃"，不符实际的高要求，会让孩子失去信心，丧失动力。我们不妨适当降低期待，给孩子设立一个跳一跳就能碰得到的目标，在最近发展区里提升他。这样，在孩子成长的过程中，我们会不断收获很多的小确幸、看到很多的小惊喜。

说一句很彻底的话——放下焦虑，明白一点：终其一生，我们都将归于平凡。

◆ **学校角度：我们可以这样做——**

1. 真正做到关爱每一个孩子。

班级中，有成绩好的同学，也有成绩差的同学；有听话的，也有顽皮的；有聪明的孩子，也有"傻孩子"。我们要平等对待，真正做到关爱每一个孩子。

对学习力低于同伴的孩子，我们要不露痕迹地关爱他们。因为成绩差，他们承受了很多异样眼光，很少有同学会发自内心地亲近他们，这会让他们比同龄人更缺少关爱和尊重。我们发挥爱与责任心，主动了解、研究每一位同学的内心需求，不仅仅抓学习成绩和班级管理，更要抓校园里的人文关怀和温暖文化的建设。给这些同学更多的关注，在课堂上给他们互动的机会，评价上尽量让他们有成就感，时刻感受他们的存在，他们会发展得更好。

我常常和同事分享：这些特殊的孩子发展好了，会让我们名声远扬。

2. 挖掘兴趣激发其内在潜能。

不管孩子智商高不高，都会有自己感兴趣的事情——潜能就藏在他感兴趣的事情里。我们要利用孩子感兴趣的事情，激发其内在潜能。如果没有，那就创造爱好。

小宇总喜欢一个人坐着，偶尔也会站起来，在班级植物角边发呆。观察许久，我发现他看教室绿植时，心态是平和的。于是，我借题发挥，说小宇是最关心班级植物的同学，有着纯善的心地，我想拜托小宇担负起看管班级植物角的工作！

他并没有爽快答应，只是简单附和。渐渐地，我发现小宇开始上心了，浇水、驱虫、清洁，做得非常认真。或许这就是简约带来的力量！我大力表扬他的认真负责，并且非常有仪式感地聘其为绿植管理员。这一次小宇略显羞涩地欣然接受。

虽然我不迷信十万个小时成为某领域专家的说法，但我还是相信工多艺熟、熟能生巧。在长期养护绿植过程中，小宇照料花草的能力显著提升。

3. 创设机会让孩子融入同伴。

小宇的绿植管理能力得到了同学们的一致认可，价值感和归属感回来了，他在班级里也敢和同学们交流了。他是班级唯一一个真正花时间和心思与绿植泡的人，因此，他发现了好多其他同学没有发现过的东西。偶尔说起绿植来，竟也头头是道，同学们对此都非常惊讶。这更增强了小宇的成就感。我们给小宇颁发了"特需小助手"荣誉奖章，他十分惊喜。

我趁机给同学们普及小宇的好：他内心单纯，为人真实，他拿着赤诚之心与同学们相处，从不撒谎骗人，更没有弯弯绕绕，这就是美好品质！我们要发现他内心的善良和美好，帮助他学会人际交往，帮助他学会情绪控制，他会成为我们更好的同伴。慢慢地，小宇在初中生涯中收获到了他渴望的友情。

4. 开辟特区让孩子特别发展。

为让任课老师别担心小宇成绩考核拉分，我主动找学校领导沟通：学校考核班级时要区别对待，这个孩子跟不上不扣分，进步就加分；或是在各种大考中不计其成绩到班级，只偷偷告知家长。学校同意了，这样任课老师没有后顾之忧。

班内评价也一样，小宇只作为小组加分存在。因此，每次小组重组，他都会被同学抢着要。

小宇课听不懂、作业不会做，怎么办？特事特办。他愿意交，我们就矮子里面拔将军，尽量找理由夸夸他。答案不对，至少字写对了。字没有写对，至少人家态度好了。务必不要让他为难。常规作业写不了？没关系，我们布置特殊作业。比如，在书本上把当天讲的内容找到，圈画出来，也是大功一件。如果能够记住一两个知识点，那就大夸特夸。

在这种氛围下，小宇越来越多地感受到了在校学习的快乐。

关键结果 · 事件落幕 · 适合的就是最好的

三年转瞬即逝，小宇在鼓励的家庭氛围中生活，在友善的班级环境中成长。渐渐地，小宇会和更多的同学主动交流，也会与我分享绿植养护的心得。

初三寒假家访，我再到小宇家，他竟主动带我去观赏他的"后花园"——满眼的绿色闪亮，令人不自觉地微笑。他像是这片领域的主宰者一般，自豪而流畅地向我一一展示他的成果。我连连赞叹，赶紧拍照发班级群，他特别高兴。

中考前，我和家长一起，帮他考察了好几个中职学校。虽然小宇全科总分合起来仍旧不到 100 分，但蚊子腿再小也是肉啊，早签约，还是有职校要的。

家长定位也很明确：中职五年制专业！这样能在学堂里多读几年书、多学些知识技能，让小宇慢慢长大。经过多次研究和交流，小宇去了杭州第一技师学院，学园林种植养护专业。

现在，小宇已经成为一名园艺工人。在杭州这个大城市，有着相对稳定的工作，对于小宇和家人而言，是远超于预期的归宿，更是值得庆贺的大喜事！

适合的就是最好的！每每想起他，我都觉得自己做教育是最骄傲的事情。

关键理念 · 晓莉梳理 · 善待每一个孩子

1. 正向教育，善用标签效应。

从绿植管理员到优秀特需小助手，其实是给小宇贴正向标签。我们在全班下了"他很懂养护绿植"的结论，他就会想方设法成为认真负责的绿植管理员。就像商品被贴上了某种标签一样，印象管理会使我们的行为努力与所贴的标签内容一致。小宇正是这样朝着标签所喻示的方向发展，爱上了园林养护专业，实现了从"一无所知"到"一技之长"的蜕变。

2. 构建班风，创建温暖集体。

小宇找到有成就感的事情时，我们就积极宣扬小宇的作为，积极引导同学对其形成正面看法，教会同学学会全面看人、悦纳他人，构建和谐友爱的班风。

同时，我们在班级中积极宣传美的行为，倡导认真做事、用心待人、传递美好的人格修养的班风，避免了同学对小宇的无意孤立，加强班级的向心力和凝聚力。班级氛围温暖，同学们相处就会融洽、快乐。

3. 因材施教，善待每位孩子。

不用一把尺子去评价所有学生，做到方法有"别"。对于小宇这样的特殊孩子，需要老师更多的关爱与在意。小宇不善于表达，不代表他不知好歹。谁是真的尊重他，真的关心他，孩子是能够感受到的。对于小宇，老师的"偏爱"必不可少，但也要不失严格要求，在有前提的条件下温柔以待。善待每个孩子，细心地看到他们任何细微的进步，时常把孩子的优点放在嘴上，缺点放心上，孩子就会越来越好。我们要相信教育的力量。等待一朵花开尚且需要数月，何况是焐热一颗久未敞开的心？慢慢等待，终能改变。

在教育的"玫瑰园"里，我们应有能力感知花香的芬芳和色彩的鲜艳，而不是满丛荆棘。与君共勉！

关键提醒 · 策略要点 · 我们可以这样做

	家庭	学校
第 1 步	善待每一个孩子，尤其是能力弱的孩子	
第 2 步	每个孩子都在自己的"赛道"上发光	
第 3 步	给足安全感	正向鼓励，全力接纳
第 4 步	科学教养，循序渐进	放下功利，更多耐心
第 5 步	情绪稳定，知足常乐	创建班风，温暖孩子
第 6 步	挖掘"赛道"，培养技能	因材施教，让孩子有"价值感"

孩子说不想努力了，想躺平，怎么办？

明明可以考上重中的女生，

中考前突然决定放弃体育考试，

说不想努力了，想躺平，

选择读不费力气的职高，

家长居然也同意？！

这样放弃不可惜吗？

🌧 关键事件·背景链接·孩子中考前选择了"躺平"

"我已经失去了一个亲人，我不希望女儿再因为体育考试有什么意外。我们家再也经受不起折腾……"欣滢的妈妈抽泣着说，语气哀怜而无助。

欣滢是上一届的学生，因为焦虑问题，在家休学半年多，新学年插班到我班。入校以来，孩子气色看起来不错，状态也还可以，十分乖巧可人。在两次小测中，欣滢的英语和语文双双排到了班级第二。

这样的孩子放弃体育中考、去读职校，是不是太不合算了？但欣滢妈妈的话又让我犹豫。几天前，孩子爸爸因为癌症去世了，全家正在悲痛中。她们已经失去了一位亲人，这时候，我怎么好勉强她们？

从此，欣滢开始了频繁的请假，她身上的光逐渐变得暗淡。我们都知道，她又变回了一年前那个阴郁沉默的孩子。

"徐老师，欣滢今天身体不舒服，请假一天吧。"

"徐老师，欣滢可以明天再去学校吗？"

"徐老师，我现在拿欣滢一点办法也没有了。"

每次欣滢妈妈的微信消息弹出界面，我的心都若扎针一般。我一次次地劝说，而对面仅仅只回了一句"好的"，之后便再无音信。

欣滢要读职业高中，所有老师都感到意外和惋惜。以她的成绩，随随便便就可以上优质高中，哪怕保持现状，考上重点高中也没有问题。但，她就是决定要躺平。她说，我不想努力了，太累了……

关键问题 · 家长需求 · 我们该怎么办

听说焦虑的孩子很容易走极端，

压力太大，万一孩子想不开，怎么办？

普高、重高孩子的发展空间大很多，

问题是孩子适应不了，怎么办？

中考压力大，还要考体育，

孩子吃不消，怎么办？

关键支持 · 晓莉姐说 · 用爱给孩子导航

◆ 家庭角度：父母可以这样做——

1. 正确评估风险，给予孩子更多选择。

坦率说，欣滢放弃中考体育测试，我很遗憾。按班级训练情况来看，大部分同学都能冲刺满分 30 分。欣滢体质一般，按惯例，考 27 分问题不大。如果放弃考试，就只能拿到基本成绩 21 分。这样一来，就比别人差了八九分。

但是，欣滢妈妈的苦衷我也理解。孩子本来就焦虑，失去了爸爸之后，意志更加消沉。因此，她想放弃中考，不努力了。

妈妈也很难，万一逼紧了，孩子出了什么问题，她这一辈子就什么都没有了。在孩子教育上，我很认同一个观点——生命是教育的基础，首先得让孩子好好地活着，然后才有未来。

我给欣滢妈妈一个建议：科学精准地评估风险，确保安稳的情况下，给孩子更多选择。当前最重要的事情，就是冷静下来，接纳现实，做好自我疗愈和自我安慰。尽快整理好自己的内心，正确看待家庭的变故，和孩子逐渐回归正常的生活。

2. 努力自我疗愈，给予孩子更多安全。

漫画家蔡志忠曾对他女儿说："你可以犯 100 万个错误，可以考 100 万个零分，你都是我的女儿。哪怕你做错事、怀孕了，不想生下来，你也可以告诉我。我会陪伴你来解决。"这种无条件的爱，给足了他女儿安全感。家长越有能量，孩子就越有生命力。

当下，欣滢妈妈最重要的是努力自我疗愈；妈妈没能量，孩子就会越来越消沉。读什么学校并不重要，重要的是让生活重新开始。虽然爸爸离开了，但生活得继续。妈妈需要振作起来，和孩子一起面对一切。我说："很多丧偶、离异的家庭，孩子也会被养得很好，因为有一个内心强大的妈妈。妈妈给予的安全感，是这个世界上最好的疗愈孩子创伤的药。"

我经常打电话、发短信给欣滢妈妈，就想帮助她自我疗愈，给孩子更多的安全感。

3. 无悔当下选择，开心畅想孩子未来。

人不可能同时涉足两条不同的河流。决策前周密调研，一旦决策，就不要考虑另一条路中任何的好，免得让自己内耗。安心的办法是不断发掘和发展已选道路的好，利用已选择的道路丰盈自己的人生，这样才落子无悔。

职校有什么好处？跳出普高固化思维，我们会看到孩子在职校的优势：一是可以通过对口专业高考，获得文凭晋升之路；而且竞争压力比普高更小，考重本的机会很大啊！二是选择孩子感兴趣的专业，会让孩子开心、快乐。更为重要的是，凭欣滢现有成绩，任何一所职校都会把她当作宝，她可以尽情地调整自己的状态，无忧无虑地面对未来。

4. 规避未来风险，给予孩子更多支持。

当然，职校也有缺陷：同伴素质相对普高可能要差一点，孩子升学之后，可能要面临较为复杂的同伴关系。没有关系啊，我们可以提前规避：

第一，提高身体素质。注重体育锻炼，每晚带欣滢慢跑，周末带欣滢游泳，塑造健康体魄。身体好，以后做什么都不怕。

第二，增加陪伴时间。妈妈最好能和欣滢住到一起，照顾女儿的饮食起居，关键时刻给予支持和能量。

第三，保证充足的睡眠。充足睡眠是调理身体的良药，避免改变目标之后玩手机、沉溺电子游戏，那样会得不偿失。

第四，滋养一颗上进的心。不管在哪个赛道，有一点亘古不变——积极、健康、上进、独立、热爱生活的心，不被别人所左右，是我们获得好生活、赢得好未来的关键。

◆ 学校角度：老师可以这样做——

1. 密切关注孩子的变化。

我找到欣滢原来的班主任黄老师。黄老师说："欣滢初一成绩非常好，初二有理科开始掉队，做题速度慢，作业所花的时间比其他同学长很多。"我疑惑道："她晚上不就会睡得很晚吗？""是的，时间一长，睡眠质量变得很差，早起会头疼。慢慢地就这样开始请假，到后面学习也跟不上，越来越焦虑，索性就休学了。"

一般来说，孩子的语言思维和数理思维发展不一定是同步的，语文、英语成绩好，可能就会在数学、物理等学科上弱一点点。越是上进的孩子，越在乎每个学科的成绩。欣滢跟不上，就开始焦虑。"晚上睡不着，早上醒不了"正是焦虑的征兆，要密切引起重视。

适当请假可以，但任由她随意请假，落下的进度会更多，陷入恶性循环，孩子会更没信心。我得帮助她，至少不能让她重蹈覆辙。

2. 反复拉扯回归常态生活。

我开始对欣滢提一些小"要求"："我这里有躺椅，以后困了就来徐老师办公室休息吧。这样省去了回家的时间，你也更方便，好吗？"欣滢没有拒绝的理由，只好答应。

我又对所有任课老师说，对欣滢只鼓励、奖励，不批评、不建议，以防她焦虑。我还找到欣滢的好朋友思彤，让她每天和欣滢一起回家，一路多说笑。班里有集体活动时，思彤都会拉上欣滢，一起慢跑、打排球、跳绳……

在宽容、鼓励、温暖的环境中，欣滢慢慢适应了学校的生活，请假次数明显减少。接下来的考试中，英语还考到了班级第一，成为年级"进步之星"。持续一学期"极限拉扯"，欣滢对我也充满了感恩之心。教师节那天，她送我一张小卡片："谢谢徐老师对我的宽容和不放弃。"

我觉得，我好像要成功了……

但是，百日誓师那一天，欣滢妈妈发来信息："今天欣滢不过来了。"这样一个非常有仪式感的活动，我很希望欣滢能参加。我说："老师和同学们很想念她呢，仪式下午 2 点开始，我们再见哦！"她妈妈没有任何回应，估计是孩子还在纠结。

那就等等呗。中午时分，欣滢仍未到校，我找来了思彤，请她发一段语音给欣滢："欣滢，很久没有看到你了，我很想你哦！听说今天下午的仪式很有趣，还有礼物，你一定要来哦！"终于，欣滢出现在了操场上。看见她出现的时候，我立马冲过去，抱住她："你来了，我很高兴！"班级合影时，她拿着刚发的福袋，露出了久违的笑容。

3. 用拥抱传递温暖和信念。

欣滢请假次数慢慢减少。每天早上，我都会在教室门口给她一个拥抱。放学的时候，也会拍拍欣滢的肩膀，拥抱她，悄悄告诉她："你今天很棒，老师喜欢你！"

孩子选择任何一条道路，我们都支持。我不能让孩子感觉到自己躺平了，老师就不要她了。职校和普高的孩子没有什么差异，老师都爱你们。我给欣滢妈妈发信息："未来的路还很长，我们要坚强，加油！"

初夏的太阳日渐炽热，中考也越来越近，我们除了一心迎战中考，还在用行动告诉欣滢：即使我们步履缓慢一点，我们也在前进，中考并不可怕。而我，每日两个拥抱，成为必不可少的大事。

4. 健康成长比业绩更重要。

欣滢最终选报职校，也许别人看来，我反复拉扯这个孩子是"白忙一场"。

但我不这样认为。我真心觉得，就当下孩子的心理承受力和妈妈现状来看，读职高也挺好的；她们觉得好就行。我不追求我们班一定要上多少重高，我更追求孩子未来快不快乐，能不能更好发展。在我看来，孩子的健康成长比升学业绩更重要。

为什么非要在超出孩子承受能力的赛道上"卷"？职校有孩子想学的专业，园林绿化可以给生活以慰藉，也有利于她抑郁的体质恢复健康。天天做着不喜欢的题目，压迫自己努力，时间久了还可能崩溃。

她和我告别的时候，我给了她大大的拥抱，并请她在校外吃了她最爱的甜品。

那一天，阳光正好，微风不燥。我们约定：好好享受每一天，选择喜欢的事情，过自己想过的生活！

🌸 关键结果 · 事件落幕 · 遇见最好的自己

最终，欣滢去了她喜欢的职业高中，读着自己喜欢的园林设计专业，我真心祝福她！是啊，只要是过自己想过的生活，读什么学校，又有什么关系呢？

她给我发信息：在职高过得很开心，学习上没有压力，功课很好，老师和同学都很重视她；也没有出现以前的头疼、腰疼了；她有了很多好朋友，妈妈也没有以前消沉了……

她和我视频，说，以后想开个花店，和妈妈一起，过平静清闲的生活！说这话的时候，她的脸平和秀美，嘴角微翘，眼神恬静。

——这也是青春的一种美好的样子！

关键理念 · 晓莉梳理 · 给孩子更多的允许

1. 每个人都有各自的"难"。

年轻时做老师，意气风发，觉得自己可以帮助很多人，可以对别人产生很大影响；年龄大了，碰壁多了，慢慢发现，其实，我们老师可做的也很有限，甚至有时根本做不了什么，也改变不了什么。孩子的改变，更多是因为家长的改变。家长不变，孩子很难改变。

每个家庭都很不一样，每个人都有各自的"难"。我们不要用自己以为正确的想法，让别人无所适从。我们能做的，就是心底留存一份善良，给他们陪伴、给他们祝福、给他们温暖。让他们在今后的人生中，步履更加坚定，更加有力。

2. 给青春期孩子更多的允许。

心理学家的研究证明，拥有选择权、控制感和胜任感，可以让人变得更积极乐观、有责任感，更有助于身心健康。到了青春期之后，孩子的自我意识觉醒，他们需要更多的选择权，也需要更多自我掌控的感觉，教育者需要适时降低一些来自自我主观的焦虑，以平和的心态，理性接纳孩子的各种变化，享受孩子的成长。

允许孩子做选择，允许孩子慢一点，允许孩子成为她自己，允许她按照自己的节奏生长……让孩子有更好的发展，就要给孩子更多的"允许"。

3. 教育的终极目标是幸福。

教育的目的到底是什么？是考上重点大学，有一个好工作吗？我见过很多孩子考上了名牌大学后，还是抑郁了，也见过很多重点大学的学生成为"空心人"。

教育的终极目标是培养能获得幸福的人。那么，幸福是什么？歌曲《小美满》所唱："没什么大愿望，没有什么事要赶……什么烦恼不能忘？既然是路一定有转弯，哪个风景都漂亮……"

稳定而自适，让自己的心性安稳下来，这才是可持续的好生活。我们要明白，有些人，躺平是可以保命的！幸福从来都没有固定的、唯一的标准答案。

 **关键提醒·策略要点·我们可以这样做**

家庭　　　　学校

第1步	复学后的孩子如同"大病初愈"，需要更多的允许和帮助	
第2步	构建让孩子和家长都有安全感的预期	
第3步	先疗愈自己，再帮助孩子	给予孩子更多的关爱
第4步	父母给予孩子无差别的爱	差异对待，给予孩子更多的包容
第5步	放下对分数的执念	给孩子更多的同伴价值感
第6步	允许孩子做选择	理解教育的本质，放下功利心

父母高学历，孩子成绩不好，
妈妈极度焦虑，怎么办？

"徐老师，我在女儿身上看不到一点希望，我真想跳楼算了。"

🎓 关键事件·背景链接·大学老师的女儿居然成绩不好

郑妈是一位备受尊敬的大学老师，学术上颇有造诣，对知识的重视深入骨髓。但女儿郑妮的学习却让她倍感焦虑，全没有父母优秀基因的影子，与妈妈的期望相差甚远。为给郑妮创造更好的学习条件，妈妈在校外租房，每月房租高达 7000 多元。即便如此，郑妮的成绩依然没有起色。

妈妈焦急万分，甚至想把郑妮寄养在老师家里。然而，没有老师接受。老师认为孩子更需要家庭的关爱和正确的引导。

郑妮是一个很乖的女孩，为了妈妈的期待，她很配合地上各种补习班，晚上也学习到很晚，即便面如菜色，也没有怨言。每次考试前，她都紧张得睡不着觉，可成绩出来时，总是不尽如人意。

郑妈的焦虑日益加剧。一名大学老师，女儿成绩不佳，她觉得在同事和朋友面前丢尽了脸。身为教育工作者，却无法帮女儿提高成绩，郑妈内心充满了挫败感。她好几次绝望地说："徐老师，我想从 19 楼跳下去算了……"

👩‍🦰 ✚ **关键问题 · 家长需求 · 我们该怎么办**

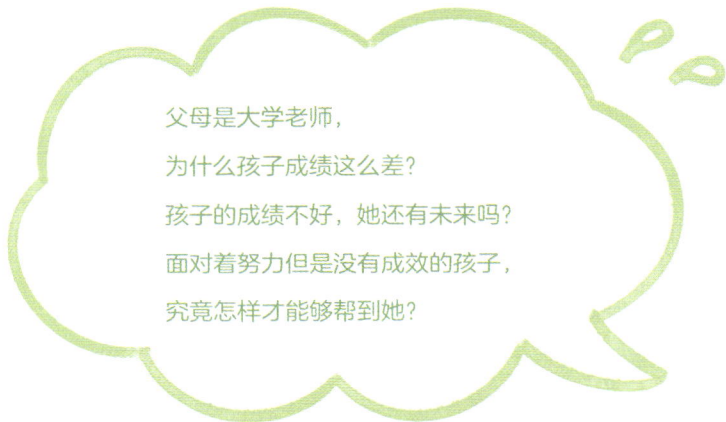

> 父母是大学老师，
>
> 为什么孩子成绩这么差？
>
> 孩子的成绩不好，她还有未来吗？
>
> 面对着努力但是没有成效的孩子，
>
> 究竟怎样才能够帮到她？

👩 **关键支持 · 晓莉姐说 · 用爱给孩子导航**

◆ 家庭角度：父母可以这样做——

1. 调整心态，放下一代强过一代的执念。

知乎上问：您能够接受孩子的大学不如您吗？有一个高赞的回答特别暖心。答主妈妈是上海医科大学临床专业（即现在的复旦大学医学院）毕业生，六年大学拿了四年班级第一的奖学金。女儿和妈妈却完全不在同一水平线上，小学开始成绩就一直在中下游徘徊，初高中考过班里的倒数，高考连一本线都没过……但妈妈从来没有埋怨过女儿。相反，每次提到女儿都一脸骄傲：跑步得了班级第一、雅思考了7分、自己做攻略和朋友去国外旅游等等。妈妈无条件的爱，给了答主自信一生的底气，也是她受用不尽的精神财富。

答主说：每个孩子都是一朵独特的花，有的是蔷薇，有的是丁香，有的是茉莉。用种茉莉的方法浇灌蔷薇，最终的结果只会是枯萎。

2021 年，北京大学副教授、博导丁延庆一段吐槽学渣女儿的视频非常火爆："我教孩子逆天改命，她却教我学会认命。"李白的儿子不如李白，爱因斯坦的儿子一个也比不上老子，这是事实。如果我们不能够认识到这一点，对孩子过度逼迫，最后可能会毁掉孩子。

郑妈要放下一代比一代强的执念，郑妮才能在一个宽松、温暖的环境中找到适合自己的学习方法，实现真正的成长。

2. 回归规律，成长比成绩更能激励孩子。

郑妈因为孩子成绩不佳在别人面前抬不起头，这是典型的知识分子阶层焦虑。为赶走这种焦虑，只好疯狂地投入：每年补课费高达八九万，租房每月七千。可以说，她把劲全压在女儿身上了。

高期待、高压力下女儿怎能轻装上阵呢？郑妮每天愁容满面，妈妈就像是"债主"，她只有努力学习考高分来"还债"。这样，学习失去了乐趣，只剩下压力和恐惧。

同是教师，我和郑妈聊了一个话题——目标设置。心理学上有两个目标理论，一个是成绩目标（Performance Goal），常常表现为和别人比较，关注分数与排名，并以此评价自身表现，只有战胜别人才算成功。瞄准成绩目标的人，受竞争对手的影响较大，学习时容易分心。一旦失败，就会焦虑、羞愧、沮丧，认为自己能力不如他人，爱内耗。

与之相对应的是掌握目标（Mastery Goal），这类人以知识的掌握程度和能力上的精进为标准，认为掌握了新知识、提升了能力就是成功。设立掌握目标的人，关心自己学习的进展和个人的能力提升，能有效地运用深层加工策略，学习更专注。他们会寻求挑战，面对失败也能保持积极探索的情绪状态，并坚持不懈。

我问郑妈："您觉得哪个目标更能够激励孩子呢？"她脱口而出："当然是掌握目标！""教别人的孩子清楚，教自己的孩子就当局者迷了。"我笑。郑妈恍然大悟。

坦率说，郑妮已经很听话了，成绩上不去，是压力太大，欲速则不达。孩子学习，我们要的不是分数好看，而是孩子对知识的实际掌握，这才是根本。孩子和自己纵向比，上次这个问题没有解决，这次解决了，就是进步、就是成功。这样评价，孩子才越学越有积极性，越学越好。

3. 课题分离，实现父母和孩子各自成长。

心理学家阿德勒有句名言："一切人际关系的矛盾，都起因于对别人的课题妄加干涉，或者自己的课题被别人妄加干涉。"郑妈因为孩子成绩焦虑，就是她干涉了孩子的课题，把"我为你好"变成了"我为你活"。

父母干涉孩子的课题有很多不可控性。孩子的能动性、投入程度、过程与结果都不可控，自己无法替代，心情又随着孩子的成绩而波动。孩子达不到理想结果她就痛苦，孩子按照她的期待去做，孩子也痛苦。课题没有分离，我们把好端端的亲子关系变成了仇人和怨伴。

正确的做法是课题分离。学习是孩子的课题，做好支持是我们的课题。各自对自己的课题负责，是最好的相处状态。家长可以这样做：

首先，给孩子空间。无论是物理空间还是情感空间，父母需要留给孩子。不要去破坏这种边界，密不透风的爱只会让孩子窒息。

其次，自我成长。要想孩子改变，父母必须率先改变。郑妈很善于学习，她听了我的建议，买了很多家庭教育、心理学的书开始学习，也报名参加了很多自我提升的课程；课余她积极锻炼，做瑜伽，把对女儿的关注转移到了自己身上。很快就发现女儿脸上笑容多起来了，上课也积极主动了。

再次，"进化"爱的方式。从关注成绩转移到关注成长；从主动帮助转为

"不求不助";从事无巨细转变为"大事商量,小事不管,放权孩子,让孩子负责";从控制包办转变为"心宽体懒,沟通从简"。简单来说,就是"学会演戏、心宽体懒、保持边界、关注自我、常常示弱、弹性管理"。

当妈妈这样做的时候,郑妮变得更主动了:下课会经常来办公室请教老师,外出补习也是自己决策;她选择去考国际班,每个周末都会自觉去上英语课,回家后把学校作业做好;成绩也越来越好。

◆ 学校角度:我们可以这样做——

1. 深入沟通,引导正确的教育观念。

郑妈向我倾诉焦虑的过程中,我宽慰的同时,努力引导她回归正确的教育理念。首先,我对她为孩子教育的努力付出表示理解和欣赏,也委婉指出,过度关注可能给孩子带来负面影响。其次,我分享学界最新的研究成果,向她说明在高压下孩子可能出现的心理问题,如焦虑、抑郁、厌学等。

为让郑妈直观地感受,我列举了一些身边成功的教育案例,尤其是家长注重孩子综合素质培养和放手管理,孩子最终学业、身心健康和社会适应能力均出色的案例,郑妈触动很大。

我还给郑妈推荐了一些适合青春期孩子教育的书籍,如《爱与自由》《正面管教》等,联系实际生活中的运用分享,郑妈感觉有用。慢慢地,她的理念和方法都发生了改变。

2. 激发兴趣,制订个性化学习计划。

基于对郑妮的全面了解,我为她量身定制了一份个性化的学习计划。我根据她的学科薄弱点,将学习任务分解成一个个具体的、可操作的小目标,并为每个目标设定合理的时间节点。她在数学的几何部分比较薄弱,我安排了每天额外的练习时间，先从基础概念的巩固开始，逐步过渡到难题的攻克。

为了激发郑妮的学习兴趣，我尝试创新教学方法。在我的科学课堂上，我常常组织小组讨论和角色扮演活动，让她能够更积极地参与到学习中来；对于她相对擅长的语文、英语学科，我给予了更多的拓展性任务，鼓励她深入探索，进一步提升自信心。同时，我定期对她的学习进展进行评估和调整，确保学习计划始终符合她的实际情况和需求。

3. 确定目标，规划适合的升学路径。

郑妮妈妈的焦虑，本质上是对未来就业的担心和害怕。我根据历年学生的发展，结合郑妮的兴趣特长、学习能力以及未来的职业愿景，和郑妈商量：虽然郑妮整体成绩不佳，但是她的英语得分率能达到80%，比较适合考国际班，走留学路线。郑妮自己也对国外的风土人情很感兴趣，对这个目标她两眼放光，郑妈也觉得行。

从那以后，郑妮就有了明确的冲刺目标，学习更加有动力，学习效果自然也就好了起来。为让郑妮坚定信心，我又邀请了成功的学长学姐分享他们的经验，让她对未来有更清晰的认识和规划。

在自己不擅长的领域内和别人拼，孩子越拼越绝望；在自己擅长的领域内奋斗，孩子越努力，越看到希望。

4. 跟着班级，完成比完美重要。

郑妈过于着急，总担心孩子不能考上好高中，经常请半天假让孩子去外面补习，结果孩子校内课程跟不上，越考越差，孩子更加不自信。初三时，郑妈听了我的建议——跟着老师节奏走。即使跟不上，下课问问同学、放学老师个别辅导辅导，效果远比补课强呢。

人生不要追求天天做选择、事事做选择。选择伴随着混乱、内耗、错误，成本很高。人生应该善于"跟着走"，少做选择。无数他人的经验证明过的方向、路线、节奏，我们"跟着走"，事半功倍。

"一群人，走着走着，花也就开了。"

🌸 关键结果 · 事件落幕 · 遇见最好的自己

按照新的规划，郑妮如愿考上了重点高中的国际班。在高中阶段，她继续追逐自己的艺术梦想，凭借着扎实的基础和不懈的努力，最终成功申请到了香港大学艺术学院。

如今的郑妮自信且充满活力，她妈妈也不再是那个焦虑不安、只算分数的家长。母女俩经过风雨之后，更像亲密无间的姐妹，相互理解、相互支持。

🌿 关键理念 · 晓莉梳理 · 我的未来不是梦

1. 尊重每个孩子的个体差异。

每个孩子都有其独特的学习方式、兴趣爱好和天赋所在。郑妮在文化成绩方面表现不佳，并不意味着她在其他领域没有潜力和才能。她在艺术、音乐方面有着出众的天赋，只是妈妈过度焦虑于成绩，没有发现而已。

我们要尊重孩子的个体差异，尽量多地给孩子尝试的机会，孩子的天赋才可能被发现。郑妮这孩子，她动手操作、实地考察和艺术表达能力很强，对英语有着独特的感知力，能够用自己的方式学习并掌握英语。走重高国际班，可谓"专业"对口。

2. 父母好好学习，孩子天天向上。

亲子关系不好，孩子在紧张、害怕、睡眠不足的情况下，内驱力急速下降，大脑也会失去学习的功能；而在爱和信任的环境下，孩子会更加自信，学习动力也更足。所以，我对家长说："父母好好学习，孩子天天向上。"

我通过家长同步课程、家长沙龙和家长会三个途径组织家长学习。家长同步课程围绕"解密青春期、学业指导、学会对话、指导交往、学会性保护、学会分离"6大主题开设10堂家长系列课程，核心内容分别指向"真相""接纳"和"操作"。家长学习之后，教育方法更为科学、温暖。

家长沙龙活动则是把有困惑的家长和有相关经验的家长约到一起，小范围地沟通交流，帮助解决个别家长的棘手难题。如"妈妈沙龙"一个月一次，妈妈们互相交流、分享，形成互帮互助的良好氛围。

另外，每年还会做一次"新年登高"活动，邀请家长见证孩子的成长并一起祈福，成为历届学生和家长美好的回忆。郑妈在参与这些活动中，学习了更多家长的经验，胸襟也越来越开阔，亲子关系也越来越好。

3. 学习和爱，大人都不要用力过猛。

压力太大，人会垮掉。对于成长中的孩子，学习和爱，大人都不要用力过猛。

父母要主动减压，给孩子足够的安全感。青春期的孩子很容易自我否定，我们要接纳孩子的不完美，允许孩子慢慢来，引导孩子"积极思维，做自己的充电宝"。

吃好、睡好可以减压。午休是我们班级的"静谧时光"。为了保障这可贵的30分钟，我会提早几分钟拉上窗帘，在教室洒几滴精油，放几分钟音乐，帮助他们进入冥想。睡不着的孩子我告诉他们不要急躁，也不要急着写作业，就安静地放空自己。为了保障教室里的安静氛围，我会在里面静心陪伴。

"下午茶时光"是我们班的幸福时光。家委每天下午在第二节课间送来美味的"下午茶"：一份牛奶、一份水果、一份小点心。孩子们一边开心地享受美味，一边放松着心情。

　　家里也是一样的。多年以后，毕业的学生回忆说，初中的生活虽然累，有老师和家长陪伴，有美味享受，一点儿也不感到辛苦。

关键提醒·策略要点·我们可以这样做

家庭

学校

	家庭	学校
第1步	把成长比成绩更重要的理念落实到行动中去	
第2步	为每个孩子寻找适合自己的赛道	
第3步	接受孩子的平凡，放平心态	开设家长课堂，指导父母做出改变
第4步	发现孩子的天赋，提前规划人生	尊重个体差异，提供个别化帮扶
第5步	关注自己的成长，不为孩子添堵	提供信息支持，助力生涯规划
第6步	尽可能地接纳孩子的不完美	营造温馨的氛围，帮助学生减压

第三篇
同伴关系和人际交往

同伴关系是孩子们成长中的关键关系，孩子是通过和同伴建立关系，认识这个社会的。

　　孩子需要从同伴或集体对自己的反应中发现自己、认识自己，进而完善自己。可以说，同伴关系是孩子成长的重要支持力量，是满足孩子社交需求、获得社会支持和安全感的重要源泉。积极的同伴交往经验有利于孩子自我概念的形成和人格的发展。

　　但是，孩子们又普遍被同伴关系所困扰，被误解、被"嗑 CP"、被非议、被孤立、被歧视、被欺凌……郁闷、愤怒、痛苦、嫉妒、悲伤……

　　一座山跨不过去，孩子就可能倒下。当孩子在同伴交往中遭遇到这些问题的时候，我们该怎么办呢？

孩子被"嗑CP",怎么办?

莫名其妙有了"CP",

除了本人不开心,所有人都开心?

明明什么都没有做,

却感觉做了"亏心事",

为什么大家热衷于"嗑CP"?!

关键事件·背景链接·我被"嗑CP"了

"老师,我有些事想和您聊聊,但当面说有点不太方便。就是我刚入初中时,认识了几位朋友,其中就有诚云。本来没什么问题,但是,某些同学看到我和诚云一起参加社团,一起讨论,就开始编排我跟诚云是一对'CP'——不是开玩笑的那种,他们还把我们的照片用软件拼在一起,嵌上爱心发群里。整天在背后议论我,看我的好戏。我每天都在想这件事,都不敢来学校读书了。老师,我该怎么办呀?"

这是雨薇的求助。

雨薇是课代表,经常要收发作业。有一天,雨薇经过诚云座位时,把本子递给了他。旁边的同学看到了,马上起哄。有时候他们把诚云作业本藏了,诚云问大家，作业本却在雨薇抽屉里翻到了。

今年学校社团纳新，雨薇和诚云都选了自己最喜欢的棋艺社。老师让大家组队完成每周任务，因为是同班，雨薇和诚云又被分到了同一组。同学们看到雨薇和诚云经常在一起讨论，更"坐实"了他们的猜测，越来越多的同学也加入了"吃瓜"行列。慢慢地，这事儿越传越广，连隔壁班的同学都知道了。

有一天，科学老师让雨薇和诚云上台做实验，同学们听到后哄堂大笑，挤眉弄眼。雨薇十分苦恼，但也没有办法制止他们嗑自己的CP，只好在作业本里给我留言。整整两页纸，还有泪水的痕迹，看着就心疼。

🧑 关键问题 · 家长需求 · 我们该怎么办

> 女孩子本身就敏感细腻，
> 流言蜚语更让她倍感压力，
> 甚至对上学都产生了抵触情绪。
> 我心疼孩子的处境，
> 更气愤那些不负责任的传言。
> 她现在学习也没有心思，我们该怎么办呢?

👩 关键支持 · 晓莉姐说 · 用爱给孩子导航

◆ 家庭角度：父母可以这样做——

1. 深入沟通，理解支持。

被嗑 CP 让孩子很尴尬，也会很委屈，愤怒、社死的感觉都有。当家长发现孩子在学校被嗑 CP 时，首先要做的是与孩子进行一次深入、开放和诚实的沟通。找一个安静、没有干扰的环境，让孩子放松地表达自己的感受和想法。"可以聊聊你的感受和看法吗？不用担心，宝贝，妈妈永远在你这边。"妈妈的态度让雨薇踏实、安全。

雨薇诉说完自己的困惑后，妈妈给予了充分的理解和同情："我能够理解你的不知所措，毕竟这不是你能控制的。你受累了，孩子。"接着，妈妈用自身的经历，引导雨薇思考自己该有的态度："妈妈小时候也遇到过这样的情况，当时我也觉得很苦恼，后来发现只要坚定自己的立场，不去过分在意，慢慢就过去了。"

最后，妈妈与雨薇一起探讨如何应对这种情况。比如是否想直接跟同学们表达不满，告诉他们："我不喜欢这样的玩笑，希望你们能够停止。"或者明确表态："你们天天这样嗑，不觉得无聊吗？"当然，最终如何做，还是由雨薇自己决定。这样深入沟通后，雨薇感受到了来自家人的支持和理解，她更有信心来面对这场艰难的战斗。

2. 借助老师，合作攻关。

问题发生在学校，又涉及别的孩子，父母是不宜直接干预的。最好是借助老师，为孩子攻坚克难。在充分掌握确切情况后，雨薇妈妈立刻与班主任取得了联系，共同探讨如何解决孩子被嗑 CP 的问题。

通过与老师的沟通和交流，雨薇和妈妈都认识到嗑 CP 是青春期孩子成长中出现的一种正常现象，他们借此幻想和理解异性关系，只是方法不当，需要引导。老师会在课堂上教育和引导同学们尊重他人的感受，不随意开这种玩笑；也会与涉事同学单独谈话甚至批评，提醒他们关注别人感受；还要组织一些关于尊重和友谊的主题班会，教同学们正确相处。

老师建议雨薇：一是理解和同情同学们的无知和低级趣味，二是果断拒绝和反对，三是有困扰直接找老师，四是保持自己的正常交往不变，老师将是她维权的坚强后盾。

3. 坦荡做人，坦荡做事。

在被嗑 CP 这一事件中，漩涡中心还有另外一个孩子诚云，他也会有相似的烦恼。我们在保护自己的同时，也不要让另外一方受伤。某种意义上，他是我们的战略同盟，我们要学会建立正确的人际交往，以便更好地应对各种挑战。

好的做法是坦荡做人、坦荡做事，营造一种坦荡而诚恳的交往环境。对诚云，雨薇可以明确告知他："这不是我的本意，我们也没有这样的倾向，请不要担心和害怕。"也请他一起对同学们说："这玩笑并不高级，我觉得不舒服，请立即停止。"

同时，也坦诚地和诚云一起约定交往边界，用合适的行为和方式交往，不随意侵犯别人的隐私和个人空间。自己坦荡而诚恳，别人也就没有兴趣编排。

此外，雨薇妈妈鼓励雨薇多参加集体活动，拓展社交圈子，和更多志同道合的朋友一起研讨活动，别人也就抓不住目标"嗑"我们了。

◆ 学校角度：我们可以这样做——

1. 对班级说：嗑 CP 真的很 low。

嗑 CP 或者说编排别人的故事，是青春期孩子性意识觉醒之后的一种"假想行为"，是一种不健康的"异性交往尝试"，他们在借助嗑别人的故事，试探和观察这个世界对自己恋爱或异性交往的看法，捕风捉影、夸大其词、群体娱乐是特征。看似孩子们之间的玩笑或八卦，实则会对当事人产生严重而深远的心理影响，某种意义上还可能会上升为语言霸凌。因此，我们要明确对班级学生说：借助恶心别人以满足自己内心的念想，嗑 CP 真的很 low。

正确做法是：

一是定期开设关于情感教育和心理健康的课程，让学生们明白要尊重他人的隐私和权利。同时，制定相关的校规校纪，明确禁止散播谣言、恶意中伤他人的行为，对于违反规定的学生，要给予相应的处罚。

二要指导家长积极参与孩子的成长。家长要与孩子保持良好的沟通，了解他们的想法和感受，教会孩子学会尊重他人、保持诚实和正直的品质。当发现孩子被误解时，家长应及时给予孩子足够的支持和理解。

三要指导学生学会自我保护。在面对捕风捉影的谣言时，学生们要保持冷静和理智，不要轻易相信或传播未经证实的消息。当发现自己被误解时，不要急于辩解或指责他人，而是要用平和的语气表达自己的想法和感受，相信坦荡而诚恳的表达有助于事情处理。

2. 对被嗑 CP 的孩子说：别怕！正常交往。

首先，大胆正常交往。不因为被同学议论就变得畏畏缩缩，不敢与对方交流互动。自然纯粹的正当交往，无须因外界的攻击而改变。

其次，保持正常心态。像往常一样交流学习、分享生活中的点滴，以坦然的态度面对，这样反而能让那些不实的猜测不攻自破。

再次，设定交往规则。没有什么不可告人的秘密，公开交往。不偷偷摸摸地私下接触，避免让人产生更多的误会和遐想。

最后，进行自我保护。不和特定一个人单独交往，多和同学集体交往。这样不仅能展示出我们各自的性格特点和魅力，还能让同学们更全面地了解我们，让谣言无法生根。

3. 对传播者说：谣言止于智者。

第一，注意边界，尊重他人的真实感受至关重要。屏幕嗑 CP 是娱乐，嗑同学 CP 就是侵犯个人隐私和伤害他人，要注意保有边界意识。"你们觉得这只是一种有趣的玩笑，但对于当事人来说，就是不适或者伤害。"设身处地去理解别人的内心想法，不将自己的意愿强加于人，这也是一种善良。

第二，换位思考是一种非常可贵的品质。有孩子生气地说："你嗑我的 CP，我也嗑你的 CP。"嗑的人马上就怂了。既然我们自己害怕别人嗑我们的 CP，我们为什么还要嗑别人的 CP 呢？

第三，开玩笑要适度。同学之间的相处充满了欢声笑语，偶尔的玩笑可以增进彼此的感情，前提是不伤害。涉及情感和异性交往方面的话题时要谨慎，不要因为一些无根据的猜测和起哄，影响了正常的同学关系。故意"诽谤"他人，也是一种校园霸凌。

4. 对"吃瓜群众"说：不从众，会很酷。

不要以为嗑的主体不是自己，我们就没有责任。"雪崩时，没有一片雪花是无辜的。"有人嗑 CP，围观和吃瓜助长了这种风气，我们要抵制。不然有一天，当别人编排你的时候，就没有人理解、同情和支持你，你也会成为受害者。

正确看待异性之间的交往，不盲目从众。在以后的工作和生活中，异性交往是无法避免的，现在就是一种学习和演练，我们要学会正确交往。不要因为同学起哄或者觉得好玩，也跟风，这叫缺乏主见，会被人看不起。一句话：保持独立的思考和人格，不盲从，你会很酷。

当发现有同学因为被嗑 CP 而感到困扰时，给当事人提供力所能及的帮助。

哪怕只是一句简单的"别在意他们说的话",或者是在他人起哄时及时制止,都可能给当事人带来极大的安慰和支持。今天我们怎样对待别人,以后别人也会怎样对待我们。

关键结果·事件落幕·遇见最好的自己

通过上述这些工作,雨薇逐渐建立起健康、积极的人际关系观念,她能够从容地应对各种人际交往中的问题,包括被嗑 CP。面对别人评价,她也淡定多了。同学们也把注意力转到学习上,班级回归到了正常。

关键理念·晓莉梳理·读懂并接纳孩子

1. 理解嗑 CP 背后的原因。

"CP"的本义是配对,是英文 Coupling 的简称。"嗑 CP"指粉丝自行将片中角色配对,有时也泛指两人之间的亲密关系。"嗑"源于"嗑药",意思是很上头。

青春期的学生由于性生理发育、性意识觉醒,对异性产生了好奇,对异性交往比较敏感,会不自觉地加以关注,自然会出现嗑 CP 现象。当看到班级里某些同学之间的互动,会不自觉地将自己带入其中,思考自己在类似情境下会如何表现,这是自我意识觉醒的一种体现。他们试图通过观察他人的关系,来探索和理解自己在人际关系中,尤其是异性交往中的角色和期望,这说明孩子在成长。

但是,由于认知和经验的不足,这种探索往往是懵懂和片面的,他们会过度解读异性之间的正常交流,将其视为特殊的情感关系并大肆传播。这就给当事人造成了困扰,因为当事人也不知道怎么正确应对,这就给孩子的教育和发展带来了巨大隐患。

所以，我们要理性认识，敏锐感知，及时引导，正确处理。

2. 警惕班级里的从众效应。

当班级里最初有几个同学开始嗑某对同学的 CP 时，这种行为就像往平静的湖面投入了一颗石子，会迅速引发涟漪。其他同学看到别人乐此不疲地讨论、猜测，出于好奇或者想要融入这个热闹的小群体，便也纷纷加入其中。

这种从众效应在班级里不断扩散，使得嗑 CP 成为一种流行的"娱乐活动"。然而，它带来的影响却不是积极的。一方面，过度沉迷于嗑 CP 可能会分散同学们的学习精力，使大家无法专注于学业。另一方面，对于被嗑 CP 的同学来说，会给他们带来巨大的心理压力，影响正常的人际交往。此外，有些同学本来不想恋爱，也不是恋爱，结果被别人嗑 CP 绑架了，造成了交往麻烦。

我们要警惕这种从众行为给大家带来的危害，一旦发现，就要及时引导和制止，并弘扬一种坦荡而诚恳的交往文化，才能够给孩子更好的成长空间。

3. 建立健康的友谊和爱情观念。

班级中出现嗑 CP 的现象，为我们引导孩子树立健康的友谊和爱情观念，提供了一个很好的契机。我们要借机做好三件事。

一是明确友谊和爱情的界限。孩子们常把同学之间的友好互动误读为爱情的萌芽，实际上，这只是纯粹的友谊，不要想歪了。我们应该教育学生：友谊是基于共同的兴趣、相互的支持和信任，而爱情则包含更深层次的情感连接和责任。两个同学一起学习、互相鼓励进步，这是一种美好的友谊，这种关系的本质是为了共同成长，而不是所谓的爱情。

二是培养尊重他人的习惯和品质。告诉学生，尊重他人的隐私，会让别人获得安全感，也更彰显我们的人格品位。我们要学会养成尊重他人的习惯和品质，每个人都有权自主决定自己的感情生活，他人无权干涉和评判。同学明确表示不喜欢被嗑CP，大家就应该尊重他的意愿，停止这种行为。

三是教会学生正确的处理方式。青春期的孩子，高敏感高自尊，学习压力大，情绪也非常紧张，有时候看起来所谓不值一提的"小事"，恰恰成为压倒他们的"最后一根稻草"。我们要教会学生正确的应对方式，可以分享自己或身边人的健康友谊和爱情故事，让学生从中汲取经验。或者通过正面的榜样示范，来引导学生坚定自己的价值判断，学会理性、恰当地终止别人对自己的伤害。

总之，让校园交往更加清澈、温暖和文明。

 **关键提醒·策略要点·我们可以这样做**

	家庭	学校
第 1 步	重视嗑 CP 带来的负面影响	
第 2 步	关注和呵护被嗑 CP 中的孩子	
第 3 步	学会倾听，和孩子共情	科学认识青春期的特定行为
第 4 步	指导孩子做回自己	引导孩子认识娱乐和社交的区别
第 5 步	鼓励孩子勇敢表达和保护自己	认识现实生活嗑 CP 带来的危害
第 6 步	培养孩子坦荡做人做事的风格	营造正常交往的群体文化

孩子人际交往不佳，甚至不会交往，怎么办？

孩子在学校不搭理老师，也不搭理同学；

拒绝参加学校的集体活动；

学习上不善于求助，考差就会生闷气；

和同学发生矛盾，他说：

要不是家里情况特殊，我真想一刀捅了他……

孩子人际交往不好，老师和家长该怎么做呢？

关键事件·背景链接·"高冷"的孩子不理人

第一次见到小原，就觉得他很"高冷"：一米八四的身高在初一男生中很少见了；眼神特别冷，几乎不笑，也不和别人交流。

最"要命"的是，他连我这个班主任也不理。我说，小原，运动会入场式你参加吗？学校要求全班都参加哦。我不去！他冷冷地回绝；小原，你能帮助老师把这个鼓送到音乐教室吗？我不去！他又回绝我了。军训时，我看到他行李很少，而个子最小的朱同学拿着很多东西，我说，你可以帮助同学拿个包吗？他冷冷地回绝：我不想拿。任课老师反映，上课他从来不答问，也不举手，接龙答题轮到他也不站起来。

家校联系册上他经常写一些带有负面情绪的话，如："我没有笑的力气""我的心已经死了"……

小原还经常生闷气。考试考差了，试卷揉一团，扔进垃圾桶，然后一天都气呼呼的，也不听讲；老师喊他去订正，也喊不动。任课老师也多次向我反映：这孩子和别人不一样，性格有点"怪"，不好打交道。

一天自习课，我去巡查，刚走到教室就看到他气呼呼地从班级冲出来。我连忙喊他，他头也不回地跑出去了。我喊来体育老师帮忙，把他从操场找回来。我问他："小原，你怎么了？是和谁发生矛盾了吗？你愿意和老师说说吗？"他不理我。我又继续耐心地说："咱们去办公室聊好吗？几分钟就行。"他依然不理。旁边同学插嘴道："老师！他不理老师，这都可以吗？"同学看热闹不嫌事大，一个不理我，一个嘲笑我，还有一群人在吃瓜。我感觉有点尴尬，只好说："没关系，你不想说就不说。明天你想说，再告诉老师哦！"

第二天，我在小原家校联系本上看到这样的话："今天自习课，姓高的傻子大声说话，还弄别人，我叫他不要影响别人，他回头骂了我一句。要不是现在我家里情况特殊，我早一刀捅死他！……"

原来自习课小高讲话很吵，影响到了小原写作业，小原就说了他几句，结果小高骂了他一句，这件事惹恼了小原。小原不太会交往，也不善于当面沟通和表达，只好生气。

我向家长了解情况，家长也很头大："唉，这孩子就这样，怎么办啊？"

关键问题·家长需求·我们该怎么办

以前小学阶段也是这样，

老师还会要我们带孩子去医院检查心理是否有问题。

我的孩子，真的有心理问题吗？

他不会和人交往，我们该怎么做啊？

关键支持·晓莉姐说·给孩子更多的"允许"

◆ 家庭角度：父母可以这样做——

1. 三个维度，反思孩子人际交往障碍。

人是社会性动物，会渴望与人互动。当孩子不想和周围人正常互动，我们可以从以下三个维度去找原因。

其一，体验维度。孩子在人际交往过程中有不好的体验，会慢慢"堵塞"这个交往通道。例如孩子在电梯里碰到熟人，不好意思主动打招呼，可能也一下子不知道喊什么。这时候家长拼命鼓励："孩子，你喊人呀！这么大，还没有礼貌！"孩子就容易形成逆反心理，我偏不打招呼。家长反思一下，孩子是否有这样不好的体验感，导致"交往阻塞"。

其二，关系维度。即孩子和家人的关键关系——亲子关系好坏决定了孩子人际交往的好坏。小原现在有一个二胎弟弟，在上幼儿园，爸妈把关爱更多地给了弟弟，他很失落；同时，他的成绩不好，爸爸妈妈对他一直感到失望；我观察到他爸妈的朋友圈里只有弟弟的日常分享，完全看不到小原的身影。二胎弟弟"争宠"、学业上挫败、父母"不看见"等等，让小原的关系维度出现了问题。

小原爸妈需要认清：家长是问题之源。要积极学习各种家庭教育知识，更多懂得和看见孩子，陪伴孩子参加小组团建；父母不再在教育上争执，而是彼此补台，分工合作；不做"猪队友"，而做"神助攻"。当家长改变时，小原也会悄然改变。

其三，学业维度。学习是孩子当前的主要事情，学业压力大也会让孩子产生退行性变化。家访中了解到小原以前上学从不迟到旷课，作业也不拖欠，除了基础差，其他学习上的事情从不让人操心。进入初中后，父母要求高，他就把注意力都"压"作业上了。小高影响了他写作业，他就生气，加上自己是正义方，被一个学习比他还差的体育生骂了，这让他更加感到羞辱和愤怒，以至于想拿刀报复。

我建议家长降低小原的升学目标，多出路设计适合他的赛道，压力小了，孩子会轻松很多，家长也不会过于焦虑。

2. 三个步骤，指导孩子处理人际矛盾。

紧张的人际关系或冲突会给人带来压力，让人感到焦虑、烦躁，想争吵、打架，对未来丧失希望，甚至抑郁。青春期孩子自尊心强，内心敏感，在处理人际冲突时，容易发生偏激行为，处理失当可能诱发恶性冲突。我们要教给孩子正确处理矛盾冲突的办法与程序。

第一步，用心去听。孩子拒绝交流，是他觉得和我们说了也没有用。这说明我们以前的沟通出了问题。我们可能过多地对孩子说的事情做出评价和指责，他们就不愿意说了。建议家长用"黄金三问"——"怎么啦？感觉怎样？还有呢？"引导孩子把内心的东西掏干净，让他尽情宣泄和表达。我们要做的，就是好好地用心倾听。

第二步，精准回应。听了如何回应呢？用孩子渴求的答案精准回应。孩子渴求什么？理解、支持和帮助。不要评价或建议，那样会让孩子觉得自己不行。用"讲故事"的方式，给他提供参考；或直接表达"你这种感受我能够理解"，和孩子共情。

第三步，提供方案。家长可以先问孩子打算怎么做，听听孩子的想法，如果需要补充，也最好这样说："接下来我给你提供一个方案，这个方案仅供你参考，适不适合你、用不用，你自己判断。"话术很重要，青春期孩子很讨厌"被教育"，我们不要强势。让孩子自己选择和判断，有利于他们成长。

3. 三个技巧，帮助孩子心智成长。

和孩子分享一个很现实的道理：战胜不一定非得翻脸，学会优雅处理分歧是一项重要的生活技能。当别人打击你时，抓一把垃圾扔过去，最先弄脏的是谁的手？我们自己。傻瓜才情绪化，高手都利益化。怎么做呢？介绍三个技巧：

第一技巧：自我完善技巧。 开放、倾听对方想法，尊重对方感受，思考对方需求，用理解对方的方法，让对方成为自己的铁杆。

第二技巧：及时转换技巧。 鼓励孩子愤怒时冷静暂停交流，把自己合理的需求表达出来，用写的方式发泄情绪，然后寻求利益最大化的解决方案。

第三技巧：赢得对方技巧。 让孩子练习"非暴力沟通"三部曲：说事实，说感受，说期待；表达时学会把"你"换成"我""我们"，唤起对方认同。

多在实践中练习，当孩子成功之后，他就获得自信。

◆ 学校角度：我们可以这样做——

1. 观点：孩子不用看心理医生。

小原不爱搭理人，拒绝融入班级；一催就"熄火"，学习陷入困境；经常陷入"emo"，情绪非常低落；一吵架就爆发，不会处理矛盾……要不要看心理医生呢？我认为，目前孩子还不需要。他需要被"看见"，需要改变的是我们。

通过观察，我发现小原只是目前不会处理矛盾。他有好多优点：一是内心有爱，爱家爱弟弟，疫情期间给弟弟做的油条非常棒；二是善良克制，他拒绝交流背后，是努力克制的善意，不想伤害人；三是小组荣誉感强，特别自律，从不给小组扣分；四是目标明确，知道重点是学习……我们要看到孩子的努力和善意。

我对小原爸妈说："孩子需要帮助，而不是审判。看心理医生，等于给孩子贴上他有问题的负面标签，不好。"小原爸妈理解了。

2. 态度：允许孩子成为他自己。

理解他的"冷漠"和"拒绝"，这是消极的自我保护；允许他"拒绝"，用宽容和鼓励融化他心中的"冰山"；允许他"发泄"，借助家校本架起情感桥梁；允许他"犯错"，个别化辅导帮助他逐步获得自信；允许他"嘚瑟"，每一次进步都值得被看见！给孩子更多的"允许"，他才能够做回自己。

我们要做的就是尊重、理解、等待、发现和点亮。一旦发现他有好的行为表现，马上分享给他的父母，再由父母对他进行赞美和表扬。这样，通过第三方的转述，让他相信自己被更多的人所看见。

3. 行动：让孩子看到自己的好。

"拒绝"和自我封闭的背后，是孩子社交技能的缺乏和对自我的保护。如果孩子看到自己"我能行""我做得很好"，并形成和积累了积极的经验，他们就不会这样了。所谓"社牛"，就是从来不害怕失败，因为他们有足够的经验证明自己是行的。

该怎么帮助小原呢？设计策略、搭建台阶，让孩子体验成功。当孩子发现并看到自己的好，他就有底气打开心灵。

我开设美食制作比赛，将小原的精彩厨艺照片发在朋友圈，赞扬让他家长看见。组织同学畅谈小原的优点，让他感受大家的善意。他进步了，想知道成绩好坏，我和他打赌："你觉得你进步了多少名？十几名？好吧，咱们打个赌吧，如果进步 20 名以内，算我输，我满足你一个愿望；如果进步 20 名以上，算你输，你送我一幅国画。"最后，小原输了，而且输得开开心心的。我收到了小原一幅作品，朋友圈又是一顿"猛晒"，配文："太不容易了，他能送我画，我简直受宠若惊！"他妈妈告诉我，他看了我朋友圈好几天。

慢慢地，小原变得心态平和，也开始参加班级活动了，和大家说话了。虽然还是有些羞涩和内向，但他一直在进步、在成长。

关键结果 · 事件落幕 · 遇见最好的自己

又一年运动会来了。

小原妈妈发来一条短信："徐老师，昨天运动会我看到儿子居然参加了班级 30×60 接力赛，太吃惊了！这简直是质的飞跃啊，作为家长，我们太激动了！感恩您的付出。"

我特意分享一张照片给小原妈妈——开幕式上小原举着班牌，和小高在一起，开心地笑着。没有过不去的坎，没有放不下的仇恨，此刻他们就是好兄弟。

中考后，小原以优异成绩考上了他心目中的理想高中。有一次我参观他们学校，小原听说初中班主任来了，特意请假来看我。看到这张热情、开朗的青春面孔，我感到由衷的欣慰。

今年暑假，小原和妈妈一起来看我，聊聊高中的生活，说他的成长，眼里有光，脸上有笑。我想，这就是青春最美的状态！

关键理念 · 晓莉梳理 · 冲突是成长的机会

1. 学会处理人际冲突具有重要意义。

不要害怕孩子遭遇人际交往冲突，冲突是成长的一次契机。在他即将把事情搞砸而自身又无能为力的时候，我们亲身示范如何进行自我调节、展示同理心，并做出明智的选择，才能真正帮助他们。

冲突逼孩子学会换位思考。人是会自我反思的。当孩子在冲突中发现自己的情绪没有作用的时候，他就会逼自己思考："还能够怎么办？"慢慢地，他学会了换位思考、理解他人，他会主动思考和评估可能的解决办法，在尊重对方、求同存异的基础上，学会用"妥协"和"合作"化解分歧与冲突。

冲突促进孩子性格的养成。要把一个人引导到健康的道路上，指望干预措施能产生实质而持久的影响，青春期可能是我们最后的机会。我们要巧妙地抓住机会，利用人际冲突引导孩子自省、学会心平气和沟通、合理表达情绪等，慢慢地，可以让孩子养成良好的性格。

冲突教会孩子正确地选择。在面对人际冲突时，孩子其实一直在做选择题。选择伤害自己，还是选择伤害别人；选择激化矛盾，还是选择转化资源……一念天堂，一念地狱，选择决定了事件的发展方向。我们无法让孩子成为永远正确的人，但是，我们能够教孩子做出最佳选择。很显然，同伴矛盾、人际冲突不是你死我活，而是资源的重新分配和使用，"合作共赢""让利益最大化"是正确的标准。教孩子学会正确选择，枪响之后没有赢家，一时冲动悔恨终身。

2."四个步骤"教会孩子解决人际冲突。

解决冲突方法很多，关键要让孩子学会使用。日常教育不能够满足于讲道理，更要孩子演练。下面这个"停、看、想、做"思考模型可以经常演练。

停——停止。 发现危机、感觉不对时，停止表达，保持镇静。

看——观察。 听取和分享观点，看看是否合理，存在什么新思路。

想——评估。 评估问题严重程度，在分歧中寻求共同利益，提出可能的解决方案。

做——响应。 选择一个双方都认同的方案尝试。

3. 让冲突解决方法更有智慧性和艺术化。

面对冲突，教育者要评估：必须我们出手吗？孩子之间自己可以处理吗？是现在出手，还是"让子弹飞一会儿"？我分享三个经验：

一是先处理情绪，再处理问题。不要带着情绪去解决问题，容易激发矛盾；也不要过分夸大孩子矛盾带来的负面影响。换个角度看待"冲突"，我们心态会不一样。

二是先建立机制，再形成文化。我班有一个矛盾处理机制：先找出对方可以理解的三个理由，再找出自己冲突中三点不对的地方，各自出台三个最佳解决方案，再用平静的语气告诉对方听。很多问题处理，最后皆大欢喜。

三是处理方式要尽量幽默可爱。如让两个闹架的孩子站在一个凳子上，他们憋不住笑，一会儿就自动和好；让两个孩子说出对方的三个优点，听到对方说自己的优点，尤其是"帅"，男孩嘴巴会上扬；或者让孩子当众拥抱，用幽默好玩的办法督促他们避免冲突。一句话："只要态度不滑坡，办法总比困难多！"

关键提醒·策略要点·我们可以这样做

家庭　　　　　　学校

第 **1** 步	降低学习压力，缓解学生情绪，减少人际冲突	
第 **2** 步	给青春期更多的允许，让他们自己解决问题	
第　 步	讨论、示范最佳解决方法	辩证看待人际冲突的意义
第 **4** 步	看见孩子的进步和努力	避免冲突升级为校园伤害事件
第 **5** 步	黄金三问：怎么啦？感觉怎样？还有呢？让孩子表达	"停、看、想、做"四个步骤来帮助孩子形成思考模型
第 **6** 步	三个技巧帮助孩子完善心智	形成制度化解决冲突的文化环境

孩子在学校里被欺凌了，怎么办？

他们不像成年人伪善，

所以他们看不起谁，讨厌谁，

就光明正大表现出来，

光明正大地欺压他，嘲笑他，孤立他，打击他。

——《少年的你，如此美丽》

关键事件 · 背景链接 · 初二那年我想跳楼

　　我曾在视频上看到斯坦福大学心理学博士、北大客座教授雷云龙自曝初二那年遇到的校园霸凌经历——

　　初二那年，我真想跳楼。那年我14岁，身材比较肥硕，同学都叫我"死胖子"。我有点龅牙，初二下学期上映了一部特别有名的电影，叫《武状元苏乞儿》，周星驰演的，里面有一个角色叫"龅牙苏"，于是我"喜获"第二个外号"龅牙雷"。刚开始只是班上叫，最后全校都知道初二（10）班有一个"龅牙雷"。

　　甚至老师上课提问也说："那个龅牙雷，你来说一下吧！"全班哄堂大笑。这种状态下，我完全回答不出任何问题。在同学们的嘲笑声中，我越来越不想在学校待，成绩迅速下降。

当时音乐课是吹竖笛，他们会把我的竖笛拿走，藏到厕所里或直接扔进尿池；把我的书即将要上的那一页撕掉；把我的计算器藏到老师的办公室，让老师误以为我在"搞事情"……他们威胁我不准告诉我妈妈，否则要弄死我妈妈。

孤独无助之下，我开始逃课，沉迷于网吧，不想再进学校。哪怕在学校，一下课我就立马要出去。因为我不出去，那种压抑感会让我窒息。甚至一度我要去窗口看看，从这个三楼摔下去，人会不会死……

幸好到了初三，来了一个新的数学老师。他是从很好的学校调过来的，很年轻，待人非常热情，他从不喊我外号。有一天中午，我的饭被同学倒进垃圾桶，他们还说："死胖子，你都这么胖，你还吃什么吃啊？！"我在教室里躲着。刚好数学老师巡楼，看到只有我在，就问吃饭没。我摇头。他就拉我去他办公室，给了我一包奥利奥饼干。拿到那个饼干，我眼泪一下子流出来。老师问我为什么，我就把所有的事情告诉了他。我看到数学老师眼眶红了，他说："我会帮你的！你不要怕。"

关键问题·家长需求·我们该怎么办？

现实中的校园欺凌更严峻，
裤子被扒下，殴打、谩骂，还录视频……
孩子被语言欺凌，还轻描淡写地说只是开个玩笑！
被嘲讽说，你咋就这么玻璃心呢？这是双重伤害。
欺凌者这么坏？家长该如何保护我们的孩子？

关键支持 · 晓莉姐说 · 用爱来守护孩子

◆ 家庭角度：父母可以这样做——

1. 从心底重视并了解"校园欺凌"，及早纠偏。

一些家长并未从心底重视校园欺凌的严重性，主要是下面一些原因：

> 忙于赚钱养家，没有太多心思管孩子。
>
> 孩子们之间闹着玩的吧？我们小时候也这样！
>
> 孩子没有说，我们怎知道他受欺负了呢？
>
> 学习这么忙，哪有时间搞这样的事情啊？
>
> 对方成绩比我们好很多，怎么可能会欺负我们呢？
>
> 学校这么好，好不容易进来的，因为孩子间的矛盾转学，太不划算了！

校园欺凌具有隐蔽性，家长忙，思想上不重视，认识上存在误区，又患得患失，因此，家长以为这种事少，非得要出了大事，如邯郸三个初中生杀害了自己同伴，他们才惊觉欺凌就在孩子身边。

联合国教科文组织 2017 年发布的一份全球校园欺凌现状报告显示：全世界每年约有 2.46 亿儿童和青少年遭受校园欺凌。2019 年我国最高检发布的一组数据显示：2018 年以来，检察机关共批捕校园欺凌犯罪案件涉案人员 3407 人，起诉 5750 人。据腾讯发起的一次校园欺凌调查数据显示，36000 名参与调查的网友中，超过一半的人表示亲身经历过校园欺凌，其中有 1/4 的人欺负过别人，大部分人是旁观者。

数据表明，不是孩子有没有被欺凌或欺凌他人，而是您根本就不知道。

我强烈呼吁各位家长密切关注校园欺凌事件，给孩子一片灿烂的晴天。

2. 当孩子没有告知，家长借助"12 点"早发现。

校园欺凌类型很多，包括但不限于身体欺凌、语言欺凌、社交欺凌、网络欺凌。但是，孩子在学校被欺凌，并不是所有的人都愿意告知家长。其中原因很复杂：爱面子，死扛着；觉得自己不好，所以被欺凌；让大人参与小孩子的事情，觉得很丢人；担心被家长批评指责；觉得家长懦弱帮不上忙；不愿让家长担心，尤其是懂事的小孩；担心告知家长会被报复，伤害更多；担心被嘲笑"没用"，是"告状精"……种种原因让校园欺凌呈现出隐蔽性和复杂性。

家长如何知道呢？首先建构好亲子关系，成为孩子值得信任的人，有事情他愿意告诉你。其次要做"有心人"，善于观察。以下 12 个观察点（包括但不限于），有助于您早发现孩子是否被欺凌：

（1）孩子身体无缘无故出现淤伤、抓伤等伤痕；

（2）个人物品无缘无故地丢失或损坏；

（3）突然出现不想上学、装病、请假逃学等现象；

（4）如厕习惯改变，非得回家才上厕所或洗浴；

（5）情绪异常，伤心、难过、沮丧、恐惧，不想跟人交往；

（6）睡眠出现问题，失眠、噩梦、尿床等；

（7）索要或偷窃家里的钱；

（8）有自残或自杀行为；

（9）沉默，或拒绝谈论学校或同学的事情，说话闪烁其词；

（10）携带或试图携带保护工具如棍子、刀等去学校，且表现出受害者的肢体语言，如拒绝眼神交流、经常耸肩、躬身等；

（11）身体不适，莫名其妙地哆嗦，喜欢捂肚子，高烧不退、尖叫；

（12）画特别的画，在绘画中表现出强有力的人物，自己很弱小；或者画蛇、火等，使用很多红色。

3. 知道孩子被欺凌了，家长走好这"三步走"。

第一步：耐心询问，不指责。

首先是保持镇定，弄清楚真相。了解越多越好，越详细越好；千万别慌乱，否则会适得其反。询问时不要评价孩子，孩子无论怎样说，都要接纳和鼓励。务必不要批评："这么没用！这点小事都搞不定！""谁让你和他玩，看吧！"这样的话语只会让孩子闭上求助之门，陷入更大的困境。

家长可以问："还有吗？具体是什么时候？旁边有哪些同学看见了？什么时候开始的？一共有几次？你的感受怎样？"通过这些有效提问，帮助孩子整理出关键事件的时间、地点、人物、频次、程度，以及当时的情绪、旁观者等证人、证据，为后续处理提供帮助。

第二步：接纳安抚，快行动。

充分接纳孩子的情绪，理解孩子的困扰和担忧，给他提供强大的支持："这不是你的错！""别怕！爸妈一定会站在你身边！"接下来快速行动。具体步骤：

（1）联系老师，告知其具体情况；

（2）带孩子去医院检查及做法医鉴定；

（3）联系旁观者家长，请求他们支持，提供更多真相；

（4）寻求学校支持，建议用故事法讲清楚细节，得到老师更多理解和支持；

（5）保全证据，及时寻求司法援助。

建议不要直接联系对方当事人或者家长，以免引起不必要的纠纷，让学校或警方和他们沟通会更好。

第三步：信心重建，抓重点。

孩子被欺凌之后，最重要的课题是情绪安抚、安全感重建和信念恢复。欺凌具有力量不对等性，孩子没有能力应对，即使允许他打回去、骂回去，他也不敢。所以，情绪安抚很重要。找一个安全的地方，让孩子把话说出来，比憋在心里，让他自己反复想要好得多。他哭、他闹……做任何事情，都应该被接纳。如果孩子发抖、害怕，家长和老师要给他拥抱，告诉孩子："别怕，这不是你的错，我们永远都会帮助你。"

给他一把空椅子，想象那里坐着欺凌他的人，引导孩子把情绪说出来。勇敢地说出来，有利于孩子释放不良情绪，缓解压力。如果有条件，把孩子带到一个有橡皮假人的心理咨询室，让孩子对着假人发泄。挥拳击打、跑步或爬山等有氧运动可以有效释放孩子心理压力。

后期处理中，让欺凌者承担责任并付出相应的代价，这是安抚被欺凌者的最好办法。老师和家长务必认识到：公平就是让被欺凌者的世界恢复原状，让他对世界有安全感的信念重新回归，而不是简单地认错和道歉。"道歉有用，还要警察和法律干吗？"处理要充分尊重孩子的意见，多询问孩子的想法，引导并允许孩子用自己的方式解决问题，锻炼孩子自主解决问题的能力，这样有利于孩子恢复。

必要时，父母接送，或安排学长陪同，孩子会有安全感。被欺凌的孩子最大的心愿是有人能拯救自己，带自己脱离困境。给孩子提供安全支持，父母护犊子的行为，有助于孩子安全感重建。说一个小故事：一个女孩被同学欺凌，衣服被撕烂之后也不敢说，只说是课桌上的钉子挂烂的。她老爸知道后，拿着锤子，在同学们和老师的注视下，温和而坚定地把每一张课桌上的钉子都锤一遍。从那之后，班上再也没有同学敢欺负那个女孩。千万别要求孩子做他胜任不了的事，比如说打回去、骂回去；能够打回去、骂回去，孩子早已经不被欺凌了。孩子做不到，两边受压，他只会更加纠结和自卑，认为自己懦弱无能、没出息。

被欺凌之后，恢复孩子对这个世界的信任和安全感最为重要。要引导孩子认识到，这不是他的错，欺凌者也是少数，我们不要被个别坏人左右了对世界的判断。这句话值得和孩子分享："不要让别人的脸色影响自己的生活，而是相信自己可以在一次次丢脸中成长！"

最后，无条件地包容和爱孩子，充分挖掘和分享孩子的优点。当孩子觉得自己不错、值得被爱，拥有高自尊水平时，就不太容易被负面情绪牵着走。

4. 平时多培训，遭遇欺凌时孩子才会自保。

首先是加强平时培训：

一是可以送孩子练习跆拳道、拳击或对抗性散打，增强自保能力。

二是可以在家中与孩子进行一对一"演练"，教孩子识别应对不同欺凌的方法。如被语言霸凌时，不要自证，要抬头挺胸、目光坚定地看着对方，直接把对方的话重复过去。例如：

> 欺凌者：大肥猪！
>
> 孩子：大点声！你说自己是什么？
>
> 欺凌者：你是大肥猪！
>
> 孩子：真乖！让你喊你就喊。以后叫自己的名字大点声！

多次重复训练后，孩子在遭遇欺凌时不输场面，自信心和胆量会明显增强。

三是鼓励孩子交友，扩大支持和保护者圈子，孩子会有安全感。

四是帮助孩子提升学业成绩，成绩好的学生容易被老师关注，欺凌者会敬畏。

五是训练孩子自信走路、眼睛自信看着他人。心理学告诉我们，孩子脸上写着"弱小""恐惧"，就会"吸引"那些爱欺负人的人。

其次是学会遭受欺凌时的应对：

一是机智应对。如果与对方能力相当，冷静而明确地要求对方停止欺凌行为，不升级不对抗，对方也会计算成本。忍让或害怕，只会助长欺凌者的嚣张气焰。如果对方人多，实力悬殊，看准时机迅速跑开，跑到人多的地方，跑到有监控的地方；跑不掉时则拖延时间，找准机会求助。切记安全第一。

二是及时求助。不要怕丢脸，好汉不吃眼前亏，遭遇欺凌时，大声呼叫、大声哭泣，都能赢得周围人群的支持。第一次被欺凌后，尽快向老师、家长求助，不给他们第二次机会。

三是尽快报警。注意不要说"校园霸凌"，要说"恶意殴打"，否则警察可能会让学校处理或是简单调解，下次还可能会被欺凌。要求司法处理或"治安处罚"。不管怎样，留有案底，对方家长就会着急。

◆ 学校角度：我们可以这样做——

1. 对校园欺凌采取零容忍。

校园欺凌具有隐蔽性，稍不注意，就会诱发严重的安全事故。我们老师务必保持一个清醒认识——零容忍！零容忍！零容忍！务必不要隐瞒，早预防、早发现、早处理，对大家都好。

江苏一位德育副校长告诉我这样一个案例：六年级有个大个子男孩一直在欺负班上一个小男生，每次欺负后，老师只是让欺凌者道歉说"对不起"。这种处理对高个子男生没有任何作用，反而对小男生欺负得更加厉害。为了自护，小男生买了一把水果刀藏书包里。有一天，大个子男孩又欺负他的时候，他突然拿出刀，疯狂扎向大个子男生，这就是苗头没制止住，最后酿成了大祸。

我们要对校园欺凌保持高压态势，做到零容忍，发现一点苗头，立即斩草除根。不管何种欺凌，一经发现，立即从重从严处理。高压态势，让欺凌者不敢付出代价。

还要关注危险地带。比如在卫生间、宿舍、人流量少的角落里，均贴上反校园欺凌的宣传标语。并在学生休息时，或者欺凌可能发生的时间段，安排人员值守，让欺凌者没有机会出手。

全校进行反校园欺凌氛围建设，任何老师和学生不得轻易调侃学生、叫学生绰号。出台简易版校园欺凌认定标准："当我觉得不舒服、表示反对的时候，你应该停下来，否则就是校园欺凌。"全校出台统一的拒绝手势。认定标准掌握在被欺凌者手中，而不是欺凌者辩称的所谓"玩笑"，全校需要达成一致共识，从而让欺凌者无法出手。

2. 建立健全反校园欺凌机制。

建好教育机制。每个学期开学初必有反欺凌专项学习，师生一起学，议案促改。指导师生认识校园欺凌和玩笑的区别，引导学生玩闹不越界。孩子们知道扒别人裤子不是开玩笑，是性骚扰，也是欺凌行为！偷拍同学照片放在朋友圈相互取笑、叫同学家长姓名、给同学取绰号、嗑男女同学 CP 等行为其实都是校园欺凌！

运转响应机制。设立求助通道，做到"早发现早处理"。通过家校联系册，及时了解学生动态。设置私密信箱，让孩子大胆表达。设置观察员，及时举报。一次，我收到一张纸条，上面写着："4 班有同学把吃剩的鸡骨头扔在章同学的餐盘，已经好几次了，小章都没有好好吃饱饭。"我立马找到 4 班老师和当事人及家长，严肃处理好。发现一起，处理一起，有老师"撑腰"，别的同学不敢欺负我班学生。设立联动机制，公检法一起，对学生和家长进行教育。

启用评价机制。世间美好与我们环环相扣，没有好的班风，是不可能有好的学风的。人品第一，有欺凌同学的行为在所有评优中都一票否决。

3. 长期坚守做好校园陪伴。

不管是欺凌者、旁观者，还是被欺凌者，都是我们的学生，都要把他们教育好。不放弃任何一个学生，这才是杜绝校园欺凌的最好方法。

对于被欺凌者——

关爱弱小和特殊性格孩子，防止被欺凌；及时发现苗头，做到早判断早预防；力挺被欺凌的孩子，做好心理重建；培养和发现孩子特长，建立孩子自信；开展结对好友活动，提供友情支撑；密切联系家长，提供帮助指导；激发和培养孩子的成就感，建立孩子自信；接纳和信任孩子，给孩子善意，让他恢复对这个世界的安全感。

对于欺凌者——

了解背后原因。没有一个孩子生来就是欺凌者，所有事件的发生，都离不开孩子成长的过程。影片《少年的你》中，以魏莱为首的三个欺凌者，内心的阴暗和扭曲源于家庭对升学的高压力和无人认同。关爱和教育好欺凌者，校园就少一份不安全因素。

客观公正处理。让欺凌者付出应该有的代价，这是基本的原则，否则，就不能够起到惩前毖后、治病救人的效果。但是，务必客观公正，不被情绪所左右。保护欺凌者合法权益，才能够唤起他们的认同，促成改变。

给予改正机会。当孩子意识到自己的后果或错误，可以将功补过。不戴有色眼镜看人，用发展的眼光看待学生，鼓励学生重建自己的价值感，成为班级受欢迎的人。

对于旁观者——

电影《悲伤逆流成河》里有一句话："动手的、没动手的都一样，你们比石头还冷漠，胆小又怕事，你们觉得自己不会承担任何后果，但其实都是事件的参与者。"旁观会激起欺凌者的"表现欲",助长欺凌者的"嚣张气焰";因为旁观者的沉默,他们甚至变得更坏了。

我们要教育旁观者:不做"乌合之众",没有自己思想的人是可悲的,旁观者要看清事件的性质,不要盲目跟风;不做"冷血之人",今天的他,可能就是明天的你,我们不要成为欺凌者的"帮凶"。

另外还可以设立"见义勇为"奖,鼓励和指导旁观者报告或报警。告诉他们,这不是"告状",是每一个有良知和正义的学生应该做的。"邪不压正",校园的美丽源于每一个人的努力。

🌸 关键结果·事件落幕·好老师是一束光

备受欺凌的雷云龙后来之所以有出息,是因为碰上了好的数学老师。从他和老师说了以后,老师果断叫停班级取绰号行为,还经常帮助他,给他讲题,他的成绩慢慢好起来了。老师还给所有搭班同事说了雷同学的事情,所有老师都开始关心他、帮助他。老师还专门找欺凌者谈话……雷云龙不用逃学了,成绩自然而然就上来了。

现在的雷云龙,已经成为斯坦福大学心理学博士、北大客座教授。他说:"好老师,是照进阴暗角落的一束光。"

🌿 关键理念·晓莉梳理·一起对校园欺凌说不

1. 家长要知道:安全感是孩子的第一需要。

欺凌者之所以欺凌别人,是缺少爱和安全,导致个性不健全,认知偏差。甚至好些优秀学生,因为学习压力大、家长期待高而内心扭曲,为了发泄或减压欺凌同学。青春期孩子精神成长需求大于物质需求,父母要抽出时间多陪伴孩子，指导孩子建立良好的关系，帮助孩子减轻各种压力，避免孩子因为压力大而欺凌他人。

被欺凌者之所以被欺凌，也是爱和安全感缺失，自身不自信、不强大。良好的人际关系可以为孩子提供情感支持和保护，减少被欺凌的风险。参与社团活动，和同学聚会，扩大自己的社交圈子，结交更多的朋友，能让孩子不再处于孤立无援的境地。当然，最重要的安全和爱来源于家庭，父母无条件的爱是孩子安全的底气。

2. 教师要明白：健康成长比成绩更重要。

心理学家埃里克森说："单方面强调成绩的重要性，忽略了孩子品德和健康人格的养成，很容易弱化孩子的社会角色，导致孩子遇到问题时，不懂得采取正确的解决办法。"教师是制止校园欺凌行为中的关键因素，我们的态度决定了校园是否风清气明。守住健康成长比成绩更重要的理念，关注每个孩子，我们就可以成为校园欺凌的"终结者"。

3. 学校要重视：好学校应该成为学生的精神家园。

很多时候，学校不是没有作为，是太迟了！有些学校忙于评比、评先，忙于上交各种资料，忙于抓成绩，一旦学校出了事情，往往就是"大事情"。

学校要主动作为，成立校园"见义勇为"基金会，设立"见义勇为"专项奖，鼓励更多的人来中止欺凌行为；在学校评优制度中设立"一票否决制"；邀请家长成为志愿者，开设"护苗行动"，在校外也鼓励家长及时参与处理；聘请法官成为学校的"法制副校长"，给学生开展法治教育课程；设立系列家长指导课程培训家长成为"教育合伙人"等。办学好不好，不是仅看升学率，而是要看孩子们是否认同学校是他们的精神家园。

4. 学生要相信：自己才是自己的"摆渡人"。

父母和老师能够帮助我们一阵子，但帮不了我们一辈子。我们当自强，做自己的"摆渡人"。青春期是暴力行为的一个高发期，我们要学会自我保护。坚持体育锻炼，让自己变得强健；扩大朋友圈子，结交铁杆朋友，获得更多支持；积极涵养心灵，提升认知，初中的孩子可以阅读《自卑与超越》《被讨厌的勇气》等书籍，让自己强大；演练应对策略，遭遇欺凌，请记得及时求助。如果可以，最好自救，因为你，才是自己真正的光！我们终其一生，要把自己摆渡到彼岸，我们才是自己的"摆渡人"。

关键提醒·策略要点·我们可以这样做

家庭　　　　　　　学校

	家庭	学校
第 **1** 步	研读法律法规，知晓欺凌和玩笑的本质区别	
第 **2** 步	亮明态度：零容忍，坚定站在孩子身边	
第 **3** 步	细心观察孩子是否异常	重视后果，早预防、早发现、早处置
第 **4** 步	安抚情绪，迅速行动	建立健全反校园欺凌机制，运转良好
第 **5** 步	理性维权，注意方法	给孩子建立专门求助通道，及时救助
第 **6** 步	掌握应对欺凌的"三步走"	给家长、学生和老师提供支持
第 **7** 步	把孩子培养得更强大	成为学校安全的"守护者"，校园欺凌的"终结者"

孩子因为嫉妒同学而偷拿人家东西，怎么办？

初三女孩嫉妒同学有太多的爱，

而偷拿了同学的东西，

同学发现了。

呼吁老师公平处理，

我们该怎么处理？

🏅 关键事件 · 背景链接 · 女生偷拿了同学的东西

周一早上到校，我在办公桌上发现两封信：一封是男生小翊的"控诉信"，还有一封是女生小邱的"申冤书"。两封信都说一件事：前者控诉后者偷同学东西却百般狡辩不承认；后者觉得自己蒙冤受委屈，故写信辩解。

看完两封信，我陷入了沉思。真相很简单，的确是小邱把同学小王的生日礼物——一卷最漂亮的胶带拿走了。小翊担心我偏袒小邱，提前"控诉"，看架势是不想放过小邱。小邱看不惯他们嘚瑟的样子，也申诉。

都是初三毕业生，还有几个月就要中考了，这件事处理不好，不仅会导致同学们对我不再信任，也会影响这几个学生的学习和考试心理，还可能导致此事人尽皆知、当事人颜面尽失，诱发更严重的后果。

作为班主任的我，该如何处理这件事情呢？

关键问题·家长需求·我们该怎么办

> 孩子物质上又不稀缺，
> 为什么她会去拿别人的东西呢？
> 孩子有了这样的行为，
> 我们该如何教育呢？
> 学校会处理孩子吗？

关键支持·晓莉姐说·用爱给孩子护航

◆ **家庭角度：父母可以这样做——**

1. 保持冷静，和孩子理性沟通。

偷拿别人东西不是一件"光彩"的事情，很多家长听到"偷"字就会火冒三丈，感觉很"丢人"。殊不知，我们越生气，孩子越不想说。如何理性沟通呢？

首先做好心理建设。稳定好自己的情绪，再以平和的态度与孩子沟通。当孩子感到被尊重、被信任，才能坦诚地和家长交流。千万不要指责、训斥、威胁孩子，也不要给孩子贴上"坏孩子"的标签，这样会激化亲子矛盾。

其次找好聊天空间。孩子隐私需要保护，这样的话题，必须要找一个安静、没人看见和干扰的地方聊，不然，孩子会怕社死。

最后是要耐心倾听。不管怎样，得先让孩子把事情说出来，不打断、不评价，适度表达和孩子"共情"，孩子才愿意和我们说。

2. 耐心倾听，了解孩子内心诉求。

孩子偷拿同伴东西，原因较为复杂，不一定是缺少，可能有如下一些原因：

（1）寻求刺激和冒险，用这种方式体验新奇和刺激的感觉；

（2）希望以此来引发他人的关注；

（3）受周围或者影视、文学作品上的不良影响而模仿；

（4）在学习、家庭关系等方面存在压力，想通过这种行为释放或转移情绪；

（5）对同伴某些方面感到嫉妒，以此实现心理平衡；

（6）想拥有同伴一样的物品，以确认自己和对方圈子融入感；

（7）自以为是和好友关系亲密的一种体现。

和孩子聊过之后，父母知道孩子偷拿同学的东西是因为羡慕和嫉妒。同学小王人际关系好，家庭条件优越，父母非常宠爱她，她经常带好吃的、好玩的东西和大家分享，所以她好朋友很多。这次过生日，朋友们送了小王非常多小礼物。小邱非常羡慕和妒忌，趁她们没有注意，把最好看的胶带"顺"走了。

3. 接纳欣赏，给孩子满满的安全感。

原因找到，怎么教育呢？我和家长分享郑学志老师在《班级管理60问》（第二版）（华东师大出版社2024年版）里对嫉妒的底层逻辑分析。郑老师认为，嫉妒的底层逻辑是"渴望被关注，需要成就感、荣誉感"，是对自己劣势能力和资源不足的焦虑。当小邱看到同学只和小王好、不给她送礼物，大家都围绕小王转，她就产生了"我不重要""我不会被重视""我不够好"的感觉，进而产生嫉妒心理。

我问家长，是不是家里生了二宝之后，父母给孩子的关爱少了，或者没有以前那么重视她，孩子内心失落？家长坦言是的，精力确实不够。每个人都会有对美好感情、美好事物的渴望，当这个渴望超过了某种正常的程度，就变成了嫉妒。小邱顺走了同桌小王最好看的胶带，就是想："凭什么她有？"

该怎么引导呢？欣赏和接纳孩子，大宝二宝平等地爱，给足孩子满满的安全感。当孩子渴望的东西被满足之后，也就不会希望通过其他途径在别人身上得到了。

4. 放下攀比，让孩子专注自身成长。

嫉妒情绪一般在什么情况下诞生？

——与他人比较，发现自己在才能、名誉、地位或者境遇等方面不如别人，然后就产生了一种羞愧、愤怒、怨恨的复杂情绪，这就是嫉妒。中国式家长喜欢这样教育孩子："你看谁谁……你却……"以为给孩子树立一个好榜样，就能够激励他积极上进。却不知道，这恰好埋下了孩子容易嫉妒的种子。当孩子做不到或达不到预期的时候，她就痛苦。既然得不到，那就破坏。

孩子是父母的一面镜子，孩子的问题常常折射出家长的问题。这么一分析，小邱父母意识到自己教育的失误。该怎样改进呢？放下攀比，让孩子专注于自身成长。要让孩子明白，她自己的努力和进步最重要。尺有所短，寸有所长，任何方面都比别人强是不可能也是没道理的。欣赏别人的优秀，也欣赏自己的优势和特长。当孩子关注和欣赏自身的优势时，她就有较多的"获得感"和"价值感"；内心满足且感到安全的孩子很少会嫉妒他人。

5. 正向行动，让孩子看见更好的自己。

首先是接纳自己的嫉妒情绪。嫉妒只是一种情绪，和快乐、担忧、焦虑一样，其本身并没有褒贬之分。人有慕强之心，嫉妒他人，这很正常，说明我们有上进之心。对别人的美好和优秀一点都不动心，那才更可怕。

其次是管理好自己的嫉妒。嫉妒源于羡慕和渴望，我们思考一下：我们渴望的东西是不是必要？如果很必要，我们可以讨论：如何才能合情合理合法获得？这样，孩子的注意力就从他人身上转移到挖掘自己的内心。当注意力转移到深度思考问题本身时，孩子的嫉妒心就会消散。如果那东西不是那么必要，仅仅是当时一时羡慕，我们就把它放下，想想自己拥有的美好，心情一下就舒服、开阔了。

再次是化嫉妒为积极的行动。嫉妒往往源于"我和他都付出一样多，凭什么他获得更多"的一种比较，不甘心比别人差，这恰好证明我们也一直在行动。那么，我们就要思考：如何才能够更好？下面四个策略，家长可以参考一下：

（1）认可孩子对自己的期待；

（2）帮助孩子通过努力实现自己的目标；

（3）激发其正面进取的动力；

（4）尝试欣赏他人。

不要人为放大别人的好，也不要一天到晚神经兮兮关注别人。脑子里光顾着关注别人了，又有多少精力提升自己呢？因此，让孩子发生改变的重点在提升小邱自己。

最后，我对家长说：不给孩子贴标签。理解和悦纳，是孩子内心强大的关键。

◆ 学校角度：老师可以这样做——

1. 紧扣关键差别，精准做好思想工作。

这个事件的关键在于小邱和同伴。小翊为小王出头，不把小翊他们脑海中的"小偷"定义掰过来，他们就会觉得老师处理不公，还可能排挤小邱，让小邱"名誉扫地"，失去"同伴价值"。

我把两个关键的孩子找过来，通报了我的调查结果，并用下面这张表格，和小翊、小王一起来思考怎么帮助小邱。

	偷窃	拿走
动机	非法占有	看着不舒服
数量	数额较大	非常小
频次	多次	一次

我承认，小邱确实采用了不正确的方法拿走了小王的东西。但是，通过这张表格的关键词对比，孩子们发现了"小邱"的申诉确实有可理解之处。她家并非没有钱买不起彩胶带，而是同学们对小王的"好"，刺伤了她内心的"卑微"和"孤独"。

这么一分析，小翊他们顿时知道了自己的偏激，对小邱充满了同情。"苦主"小王不仅选择了原谅，还主动问："我们该怎样帮助她呢？"

2. 欣赏自己优秀，但也避免误伤他人。

我对小王说：她人缘挺好，人也长得漂亮，家庭条件不错，为人大方，这是她获得同伴的优点。这些优点我们自己知道就好了，不需要公开炫耀。因为还有好些同学不如她，他们也渴望被关注、被喜欢、被爱、被支持。如果没有得到，他们会伤心的。

我问他们很现实的一个问题：学长们中考、高考考得很好，家长发朋友圈之后，为什么获赞或者祝福的并不多？难道是他们不够优秀、不值得祝福吗？不是的，而是有些孩子没考好，好的高调宣布，对考得差的也是一种伤害。"善良的人欣赏自己的优秀，不需要高调官宣，因为他们知道，我们的幸福可能会误伤他人。"这么一说，聪慧的小王就会秒懂。

3. 提供灰色地带，让涉事双方都安好。

这个事情究竟该怎样处理？对孩子们来说，错了就错了，不管怎么定义，错了就得处理。

我问孩子们一个问题：白的反义词是什么？他们都说是"黑"！我说，在教育领域，还有一个词："灰色！"教育不是非黑即白，还有中间地带——灰。例如老师看见你抄作业，没有当面戳穿你，而是不动声色地暗示或提醒；考试时你想偷看，我咳嗽几声提醒你，而不是让全班同学都知道。为什么呢？因为每个人都有自尊心，都怕同学看不起，特别在青春期，最在意同学的评价。设置灰色地带，就是看到你们的难处，让你们自己改正。

我已经批评过小邱了，小邱也意识到了自己的错误，并愿意积极改正。现在，我们怎样给小邱一个灰色地带呢？人活一世，谁没有一时糊涂呢？如果我们因为别人一时糊涂而否认她一辈子的好，是不是也"不公平"？孩子们明白：就此过去，谁也不说；灰色地带是缓冲的地方，改错的地带，给人机会和希望，一棍子打死也不对。

4. 修复同伴关系，"助人也是一种助己"。

我和小王、小翊谈心：同学三年是缘分，而不是仇人。如果把这件事情"搞大"，小邱无脸见人，万一她想不开，不敢上学，或是压力过大而轻生，你们不也懊悔一辈子吗？我们多关心小邱，和她成为朋友，她也会珍惜这份友谊。

如果我们大气一些，把礼物分享一点给她。她感动了，自然也不会来"拿"我们的东西了——"助人"其实就是"助己"。

两个孩子明白了我的用意。善良的小王还哭了，说："老师，我会原谅她，也愿意帮助她。"耿直的小翊直人直语："老师，我知道了，您这不是偏心，是在帮助我们。想想很可怕，万一全年级都知道了，她可能就待不下去了呢！我差一点酿下大错啊！"

我给他们点了几个超级大的赞！

🌸 关键结果·事件落幕·遇见最好的我们

事件就这样翻篇。当三个孩子又像以前一样说说笑笑在一起的时候，我知道，他们真正理解和接纳了对方。小邱也明白了自己成长的重点，欣赏别人的优秀，同时更注重自己的优秀，在学习上也更加努力了。

中考后我们组织去英国毕业游学，她积极报了名，家长也很支持。在游学期间，她就是我的贴身小帮手、小翻译，和同学相处融洽，自信、阳光。

🌿 关键理念·晓莉梳理·教育不是非黑即白

1. 理性客观地看待嫉妒。

我们曾经被一种观点误导：'嫉妒是一种非常可悲的情绪，既见不得别人的好，又对自己的不好深深痛苦。"其实，客观来说，嫉妒本身是没有什么好坏之分的，它只是人们的一种正常心理体验。当孩子产生嫉妒的情绪时，我们要告诉孩子：你不需要去自责，接纳和引导它，而不是评判它。

心理学告诉我们，情绪是一种信号，它具有提醒的作用。如恐惧是"有危险"的信号，提醒我保护自己；愤怒在告诉我"不"，什么是我不可以接受的，什么是我在意的；嫉妒则是在提醒我，别人比我们得到的多，我们需要努力。

人们之所以不喜欢嫉妒，是因为嫉妒情绪引发的行为或行为的后果有好坏之分。如嫉妒容易让人焦虑，激起愤怒和恨意，甚至诱发攻击和破坏性意图；这就是不好的行为后果。但是，嫉妒也包含不甘心和启发性的成分，它更像是一种"他（她）能做到，那我也能"的心理，能促进人们将焦虑转化为动力，通过模仿、观察、学习和自我提升等方式，尝试接近或达到被嫉妒者的成就，这又是好的一面。

我们要理性客观地看待嫉妒，把它对孩子的行为影响带往好的方向发展。既让孩子轻装上阵，又让孩子看见生活美好。

2. 教育不是非黑即白。

"水至清则无鱼，人至察则无友"，用在教育上也一样。我们看待孩子甚至有时候要学会"睁一只眼闭一只眼"，给孩子自我反思和成长的空间。道德感的建立需要孩子在自省的情况下自己想明白了，才会坚守自己认可的价值观，当然这需要给他时间和空间。

绝对不犯错的孩子是不存在的，我们也没有办法培育完美的人格。有时候，保护孩子的尊严比追究对错更有价值。相信他，原谅他，接纳他，鼓励他，引导他，重复并坚持，这就是最好的爱和教育。

记住，教育有一个灰色地带，白的反义词也并不是黑，我们要做的，就是慢慢把孩子从黑色牵引到灰色，最终走到白色地带。

3. 孩子犯了错，上帝都会原谅。

做了母亲，在经历了自己孩子的青春期后，我知道了孩子犯这样或那样的错误，其实都是孩子教育实践中"转危为机"的契机呀。"孩子犯了错，上帝都会原谅。"这不是姑息，只是觉得，宽容是一种美德，原谅的力量有时会强过惩罚。而信任，就是洒到孩子身上的阳光！

关键提醒 · 策略要点 · 我们可以这样做

家庭　　　　学校

第 **1** 步	保持冷静和理智	
第 **2** 步	给孩子安全感，倾听学生并帮助解决问题	
第 **3** 步	聆听孩子真实想法	私下处理，尊重学生的隐私
第 **4** 步	以身示范引导孩子正确对待	给予孩子更多的信任
第 **5** 步	提供支持，帮孩子建构价值感	教给孩子学会原谅和宽容
第 **6** 步	巧用嫉妒的正向力量	做好周边建设，给孩子改错的空间

害怕同伴非议，孩子入学半年就想换班，怎么办？

初一男孩小赫正直、努力，

却经常被同学冷嘲热讽，

入学才半年，他感觉待不下去了，

他和妈妈说不想在这个班级，

他想换班！

关键事件 · 背景链接 · 正直热情的男孩想换班

小赫是一名初一男孩。他平时正直、热情、努力，可同学们却经常对他冷嘲热讽。这不，开学才不到半年，家长就要求转班。理由是这个班级风气不好，他不安心学习。

小赫妈妈举了几个例子：小赫教女生题目，同学就说他泡妞；自习时小赫认真写作业，同学们说他是"卷王""卷心菜"；小赫说话比较严肃，同学就说他装深沉。有同学还给小赫八卦了十多个绯闻对象……小赫每天被这些事情弄得烦躁极了，所以想换班。

关键问题·家长需求·我们该怎么办

> 我们的孩子又没有做错什么，
>
> 他想保留自己身上的美好，
>
> 难道不应该吗？
>
> 为什么同伴就对他那么冷嘲热讽？
>
> 除了换班，我们还能够做什么呢？

关键支持·晓莉姐说·用爱给孩子导航

◆ 家庭角度：父母可以这样做——

1. 成为他，理解他。

青春期孩子容易被同伴评价所困扰，这很正常。因为他们特别在乎自己在同伴中的地位和形象，同伴的认可会让他们感到高兴，同伴的否定则会让他们感到孤独和失落。此外，青春期孩子自尊心发展也到了新的阶段，也让他们特别在乎同伴评价，他们会根据同伴评价来调整自己的行为，以期合群。在这个特殊的年龄段，同伴的话有时比父母的话都还管用。因此，被同伴评价所伤，也就在所难免。

孩子因为同伴关系为难想换班，我们要站在孩子的层面去理解他的困境。我们的理解和认同，让孩子有安全感。可以这样对孩子说："发生了这样的事，你肯定很难过吧？我明白这种感受，因为我曾经也……"用自己的经历与孩子共情，孩子就能感受到家长的关心和支持。

2. 帮助他，引领他。

转班不现实。一是换班不容易操作，一般学校都不允许转班，怕别人仿效。二是逃避并不能"治本"。如何正确对待同伴评价的问题不解决，换一个环境再次遇到类似情况，怎么办？与其逃避，不如培养自己解决问题的能力。

优先解决认知问题。每个人都有自己独特的优点和贡献，我们的价值和意义不是由他人评价来决定，没有必要成为他人口中的"好"。下面这些话值得和孩子分享："我们是活在自己的热爱里，而不是别人的眼光里。""世上的评判标准很多，它们的存在是方便我们理解现实，而不是将我们局限。"当别人质疑我们时，我们要做的是保持自己人格的独立，听从自己内心的召唤，遵循自己认定的价值标准和喜欢的方式去生活。这样，我们才能够成为更好的自己。

理性看待他人评价。如果同伴的话是无中生有，我们要警醒自己，不能以同样的方式伤害别人。说得过分了，偶尔不妨"正面刚"一下："我就是这样的人，你不喜欢我也没有关系！""我帮助别人和你无关，我卷作业关你什么事？有本事你不要学习，也不要写作业！"硬刚是一种态度，让别人闭嘴。如果他们的评价是客观事实，我们要对别人表示感谢，并思考以后要用什么方法完善自己。

形成自己明确主见。孩子被同伴评价所干扰，关键是自己没有主见。当自己有明确主见的时候，他就不会遭遇困扰。我们要鼓励孩子坚守自己的优点，帮助别人、主动学习都是好的品质。我怎么做，我的感觉是我自己的事情，和他们的评价无关，做好自己的事情最重要。否则我们就是用"别人的错误来惩罚自己"了，太不划算了。

3. 相信他，放手他。

孩子没有从自己的信仰里获得自信的依据，无论怎么做思想工作，都不能坚守。他根据自己的主张，感受到个人价值感的时候，才会相信并坚守自己的好。父母要放手，相信孩子能够做好。

充分给孩子机会，让他自由表达。孩子必须敢说，他才会敢做。连说都不敢说，他怎么可能会坚持自己的主见呢？给孩子充分的表达机会，孩子说话时，我们认真倾听，不打断或批评他们的观点。可以通过提问，引导孩子进一步阐述自己的想法，例如："你为什么这么认为呢？""还有其他的原因吗？"这样不仅能让孩子感受到被尊重，还能锻炼他们的思考力和表达力。

支持孩子决策，让他去大胆地做。父母常说三句话，孩子会非常有主见。第一句话："听你的！"（让孩子决策。）第二句话："大胆做。"（让孩子行动。）第三句话："有我呢！"（给孩子兜底。）

给孩子提供技术支持，让他做好。孩子经验有限，没有任何支持的放手，他也会犹豫和害怕。当孩子做决策时，他一定会面临多种选择，每一种选择结果都可能不同，怎么办？教会孩子评估，分好中差三种情况分析。比如说换班，三种结果：第一种氛围更差，更需要勇气和方法面对；第二种差不多，换了等于没换；第三种可能会好，但是别人会不会认为我们太挑剔？没有完美的选择，只有不断完善的过程，于是孩子决定，不换班，积极调整和适应。

4. 看见他，成就他。

终其一生，我们都在寻找两样生命的灯塔：价值感与归属感。小赫的同伴困扰，本质上是因为价值感和归属感没有实现。价值感源于肯定，需要被看到；归属感源于爱，需要被接纳。我们要看到孩子的需求，帮助他实现自己的价值，找到归属。

记录自己的优点。让孩子发现和记录自己的优点，欣赏和接纳自己。孩子善良，乐于助人；孩子上进，主动做作业；孩子正直，这是最好的人品通行证……写完之后朗读一遍，然后真诚地对自己说一句："我今天真的很不错！"多次这样暗示，孩子的自信心和悦纳度就高，也就无惧同伴的指指点点。

发展自己的爱好。兴趣和爱好可以帮助我们拓宽社交圈，从那些不健康的友谊中抽离出来。鼓励孩子参加相关兴趣社团，或发展与志同道合的同龄人关系，创建新的友好链接。

让孩子学会求助。不仅仅向父母，还向老师和三观一致的同学求助。告诉孩子：求助不是懦弱，而是美德，伟人都是善于求助的人。被人八卦绯闻，让别人无辜"躺枪"，主动向老师求助，这不是告密或告状，而是良知，是为了让别人不受伤。不敢告诉老师，只会让他们得寸进尺，变本加厉。

分享孩子的进步。当孩子有收获或新的发现时，要及时分享和鼓励。比如："有更多的同学理解和支持我了！""做得好！""其实，还有好多同学支持我的！""对嘛！就这样看。"孩子会越来越强大。

◆ 学校角度：老师可以这样做——

1. 教孩子识别和远离"毒友谊"。

同伴关系对孩子影响很大，但是，也要警惕"毒友谊"。"毒友谊"是一种不健康的友谊关系，对人的心理和行为产生负面或消极影响。孩子不是成人，他们很难觉察友谊是否"有毒"。如何帮助孩子识别呢？这里有一张对比表，可帮助小赫和家长一起来分析身边的同学是否值得交往。

毒友谊	真友谊
要求"做坏事"来证明自己的忠诚	相互关心、相互帮助
当你成功时，嘲笑贬低你、嫉妒你	当你成功时，真心为你高兴

续表

毒友谊	真友谊
负能量爆棚	适度正常情绪的输出
拿你短处开玩笑、经常针对你	关心你、接纳你、支持你
自己不努力，拉你一起下水	一起变得优秀
必须百分百顺从我	不用讨好对方
没有边界，要求你随传随到	亲密有间，有边界感，尊重你的安排
让你时常情绪低落、哭泣	让你开心，给予你正能量
到处宣扬你的隐私	为你保守秘密，护住你的隐私

2. 培养孩子成为有主见的人。

我们有班会课，有谈心和交流的空间，有足够的机会，培养孩子成为有主见的人。我们教会孩子：

不碎嘴、不传话。告诉孩子，这样容易制造矛盾，给自己惹麻烦。有个女生几天前在同学面前抱怨了另一个同学几句，转身就被当事人知道了。当事人质问她为什么背后说自己的坏话，这让那个女生非常尴尬——无心提一句，就被人添油加醋传出去，人就得罪了。记住一个基本法则："好话不出门，坏话传千里。"记住"祸从口出"，不仅仅在学校，就算将来走上社会也受益无穷。

不强迫自己合群。价值观不同的人，怎么都融不进的。特别是明知是错路，还要强迫自己融合，只会让自己更痛苦。所以，不要因为他们不及时写作业，我们也不写。告诉大家一个事实，好些看起来不努力的孩子，在家里都非常拼命。不然，你以为他们真的是天才，学得很轻松啊？他们只不过用自己背后的努力，显摆在人前的聪明。

学会脸皮"厚"一点。这个"厚"不是不要廉耻，而是对待不正确的评价时，不要把它放在心上。有句俗语，"死要面子活受罪"，说的就是"脸皮薄"让我们在同伴交往中特别吃亏，也特别难受。如过于在意别人的眼光，经常纠结小错误，还不断自我怀疑、自我否定，很容易钻牛角尖……这其实是一种不成熟。

而"厚脸皮"的孩子恰恰相反。他们心大，对自己的各种糗事、失败一笑而过；他们不在意别人怎么看自己，只关注自己如何看待自己。就算再大的挫折，也能恢复满格电力，从头再战。

3. 形成积极向上的主流班风。

小赫想换班，其实是想寻找一个好环境。一个好班级，绝对不只是成绩好，更应该是理念好、行动好、氛围好，孩子在里面不内耗。我们有责任为孩子的健康成长营造一个好环境。

培养正思维、正能量的人。如果在班级里有很多这样的人——他们见不得别人好，只嘲讽他人，看不见自己的积极行动，这是缺乏正思维也没有正能量的班级。我们要通过班主任明确表态、班级意见领袖正面发声、班级优秀人物榜样示范、学生民主讨论等方式，在班级形成"团结、友善、亲和、互赞"的好班风。告诉孩子们一个朴素的道理："班级美好和我们环环相扣。你好我好大家都会好，你难受我难受大家都难受。"

做好别人的重要他人。青少年时期的同伴是影响我们一生的重要他人。我们要告诉孩子自己很重要，青春期孩子特别敏感，我们一句评价，可能会影响人家一辈子；我们和什么样的人在一起，我们就会成为什么样的人。我们要做善事、行善因，方能结善果。送人玫瑰，手有余香。

做一个自主的人。我特别欣赏郑学志老师的自主教育理念："无须监督的自觉，不用提醒的自律，深入骨髓的自强，不被他人影响的自立，总能点燃梦想、唤醒生命的自我超越，那就是自主！不用批评、惩罚，不用奖励、欣赏，明确知道自己想要的是什么，而且充满激情地去做，那就叫自主！"做一个自主的人，就不会轻易被别人所影响。

上述主张，主要是通过班会课实现的。我们设计了全校从七年级到九年级的 48 节主题班会课，按月进行，给孩子们最好的教育。

🌸 关键结果·事件落幕·这个班级也不错

家庭和学校环境的改变，让小赫发现，这个班级也不错。尤其是那些喜欢冷嘲热讽的同学，我个别谈话之后，他们认识到了自己也是和美班级建设的重要力量，正如一首歌曲中唱到"感同身受，给你救赎热望……让世间美好与你环环相扣"。有一个孩子还成了小赫的铁杆，我笑问他："以前你不是老挑剔他吗？"他一句话让我笑崩了："老师，我凭魅力征服了他！"小赫在这个班待了三年，毕业的时候，他说："这是他最值得怀念的地方。"

还真应了那句话：母校虽不完美，但就是我可以吐槽却不允许别人说不好的地方。

🌿 关键理念·晓莉梳理·读懂并接纳孩子

1. 提升认知，用专业知识引领孩子。

很多时候，家长的焦虑源于自己对青春期孩子成长的无知，缺乏掌控性。提升他们的认知，有助于我们培养教育的合伙人。我推荐他们读几本书：

一是《生活中的心理学》。该书由法国著名心理学家克里斯托夫·安德烈主编、多位心理学家联袂编写，通俗易懂，能切实引导人们关注自己和身边人的心理健康，非常值得家长学习。

二是日本岸见一郎的《被讨厌的勇气》和《被拒绝的勇气》。作者深受

"自我启发之父"阿德勒的影响，告诉我们不要活在别人的期待里，要学习处理自己的课题。阿德勒说，所有烦恼都来自人际关系。进入人际关系就一定会经历受伤，或讨人嫌弃，或被人憎恨，或遭人背叛。想要处理好人际关系，就要在关系中展示并永远相信自己的价值。

家长有知识，教育孩子就会有格局，孩子就能够获得更多的成长支持。

2. 厘清脉络，寻找教育人的核心使命。

教育最核心的使命，就是培养独立自主、能够获得幸福感的人。那么，培养孩子成为一个有主见的人就非常重要。因为有主见的人会有以下特征：

（1）未来更容易成功。心理学家研究发现，有主见的孩子在长大后比一般孩子更容易取得成功，人生的可能性也会更多。

（2）自我认同度高，不会轻易内耗。

（3）目标更加明确，知道自己要的是什么，不会轻易随波逐流，也不容易被同伴误导。

（4）高价值感和自我判断，这恰好是破除被误导的利剑。

3. 养成习惯，远离不良的约束和控制。

一是减少对孩子的束缚。给孩子束缚太多，孩子就会在别人的声音和要求中迷失自己。培养一个有主见的孩子，就从减少对孩子的要求开始，从学会倾听孩子内心的声音、尊重孩子的真实想法开始。

二是减少对孩子的控制。长期处于父母控制下的孩子，会没有主见，他们会抛弃自我，不再按照自己的感受来完善自己，而是依据别人的观点、评价来认定自己。最要命的是他们长大后，也会以这样的方式对待他人，无视他人需求，很容易与社会脱节，无法与人友好相处。我们务必远离控制型父母。

有一句话是这样说的："父母控制欲的手伸向哪里，孩子一生都将在哪里体会痛苦。"

 **关键提醒·策略要点·我们可以这样做**

家 庭　　　　**学 校**

	家庭	学校
第1步	孩子是自己生命的主人，我们需要做更多的观察和倾听	
第2步	孩子是自己问题的专家，我们要相信孩子有这个潜能	
第3步	接纳孩子的情绪	营造文明和谐的班风
第4步	重视孩子的表达	防止出现破窗效应
第5步	父母不急着去帮助解决	教给孩子交往有节、有界
第6步	帮助孩子变强	开设系列班会课

优等生被同伴孤立，怎么办？

优秀的孩子居然会被孤立？

难道优秀也是一种错误吗？

被同伴孤立，

我们该如何应对？

关键事件 · 背景链接 · 被孤立的优秀生

甜甜一直是学校里的佼佼者，成绩基本都能考年级前十，有几次还考了年级第一。她性格开朗，平时特别喜欢帮助同学，在老师和同学们眼中，她就是一个闪闪发光的存在。

然而，有一天，甜甜却满脸忧愁地对妈妈说："妈妈，我不想去学校了。"妈妈十分惊讶，赶忙询问原因。甜甜眼眶泛红地说道："子璇最近突然不理我了，她还联合其他同学孤立我，我真不知道自己做错了什么。"

子璇是甜甜最好的朋友，平时关系很好，但甜甜的优秀让周围老师和同学们的目光都聚集在甜甜身上，久而久之，子璇心里产生一些不平衡。一次，子璇考试成绩不理想，情绪非常低落。甜甜好心安慰并给她讲解错题，可能在讲解过程中语气稍微急切了一些，让子璇受伤了。之后，子璇对甜甜的态度发生了一百八十度的大转变，不再和她一起去食堂吃饭，甚至在学校里故意避开她，还拉拢其他几个同学，一起孤立甜甜。课间聊天，本来好好的，当甜甜想加入时，大家会突然停止说话；分组活动时，也不再有人愿意和她一组。这让原本阳光自信的甜甜备受打击，内心充满了痛苦和疑惑。

好不容易妈妈开导好了甜甜，期末评优又狠狠地"戳痛"了她。期末考试，甜甜又考了年级第一，但班级评优投票数量低得可怜，好些成绩比她差很多的同学票数都在她前面，她踩线入围三好学生。想着自己为班级做了那么多事，周日出黑板报一个人独自"加班"；卫生工作主动积极，多次为班级拿下流动红旗；学习上也帮助了很多同学……为什么评优时还有那么多人不投她呢？

甜甜越想越难过，越想越委屈，趴在桌上哭起来了。

关键问题 · 家长需求 · 我们该怎么办

孩子的优秀为什么不被欣赏？

为班级、为同伴付出那么多，

为什么不被同伴所感激？

难道优秀也是错误吗？

孩子被孤立会不会有更大的伤害？

我们该如何帮她重建同伴关系呢？

关键支持·晓莉姐说·用爱给孩子导航

◆ 家庭角度：父母可以这样做——

1. 观察孩子，重视孩子的求助。

"被孤立"带给孩子的心理压力不可轻视。家长不要认为这是一件小事——2023 年 10 月佳木斯大三女生跳河自尽的导火索就是被同学孤立。孩子被孤立，轻则情绪低落、学习注意力不集中，重则自我怀疑、自卑，严重时会导致孩子厌学或轻生。

家长要重视孩子的这种情绪，做智慧的观察者，关心孩子成绩之外的"情绪""状态"，主动发现问题，提供帮助。当孩子主动向我们求助的时候，一定要耐心倾听，和他共情。千万不要批评和指责孩子："为什么就你被孤立，你为什么不反思自己？""你要主动付出啊，不要小气，不要自私。""学习就好好学习，怎么那么多事情！""只要学习好，其他不重要！"

孩子本来就难受，再被父母批评指责，得不到支持后孩子就会关上"心门"。连家里都没有帮助和支持，孩子就郁闷了。我对甜甜妈妈说："人生无需建议，只需看见。"我们要理解孩子的感受，帮助孩子释放情绪，站在孩子的角度去帮助她，而不是拿道理去说服人。

2. 演练场景，梳理交往的技巧。

倾听和共情是赢得认同，当孩子觉得我们是理解她们的，后续教育和引导才能够听得进去。"被孤立"原因是多方的，我们不要妄加评论。最好的办法是进行场景演练，让孩子把遇到问题的场景说出来，父母和孩子一起扮演相关角色，推导"最佳策略"。

一是还原过程，梳理得失。这样一扮演，甜甜突然发现：我们分享成功，时机不对，朋友正在伤心中，自然提不起兴趣；给人讲题，我们觉得简单，别人真的觉得很难，我们无心流露出的"不耐烦"和"嫌弃"，刺痛了敏感的同学；为班上付出，别人没有参与或看到……注意，这些"发现"父母一定不要说，让孩子自己发现。她发现问题，才有解决的可能。

二是沉浸角色，感受情绪。坦率说，换位思考太难了，成年人尚且做不到，还奢望孩子？那么，怎么感受别人的情绪呢？我们和孩子都沉浸地进入扮演的角色里去，通过事实感受彼此的情绪。这么一感受，甜甜发现小伙伴平时可以嘻嘻哈哈不分你我，一旦"被比较"，好友成为家长口中的"别人家的孩子"，产生"嫉妒"很正常，我们学会理解和接纳。也让甜甜发现："不是我们太优秀了被攻击，而是我们的优秀和朋友无关，甚至还抢夺了班级资源，他们不投自己的票是可以理解的。"

三是推演出路，寻找办法。这个环节，父母和孩子各自站在自己角色的角度，把需求告诉对方。甜甜立马就知道破局的办法了："让自己的优秀和她们挂钩，让她们感受到我们优秀对同伴的好处。比如组员扣分了，我们帮他们挣回来，但是不要居功。""适当放弃一两次评优，把机会让给别人。"因为保送高中加分三次已经封顶，多了意义不大……一句话，"利他思维"帮助甜甜从"个人优秀"转型"团队优秀"。

四是做好自己，融入班级。主要策略如培养亲社会行为，让同伴感受善意；关注大众话题，避免被边缘化；懂得回应他人，避免同伴误解……慢慢地，甜甜的同伴又多了起来。

3. 扩大圈子，建立真正的友谊。

告诉孩子："如果你陷入一段让你感到疲惫、压抑或者总是付出却得不到回应的关系，这很可能不是健康的友谊。你可以勇敢地结束这样的关系，不要因为害怕失去或者担心被说而犹豫不决。"识别并舍弃不良的关系，能够让孩子避免在错误的关系中消耗自己。

归属感是人的基本需求，但是，被孤立是人生常态，总有人把孤立别人作为实现他们意图的一种工具或手段。当孩子被孤立的时候，务必不要让孩子产生错觉和内耗，认为"是我的不好才被孤立"。该怎么办呢？尝试与其他人、团队建立新的、安全、稳定的链接，如鼓励孩子积极参加学校各种社团，扩大交往的圈子，替换被孤立的痛苦。

4. 支持孩子，做更强大的自己。

内心有原则、有主见的孩子不会轻易被孤立所打倒。为避免孩子因为被孤立而小心翼翼或者失去自信甚至自我怀疑，我们要支持孩子做更强大的自己。

一是专注于自己的成长。当孩子专注于提升自己的知识水平、技能和品德修养时，内心会变得强大，价值感也会随之提升。

二是做有钝感力的人。不要过分在意那些孤立你的同学的看法，我们越在乎，他们越有劲。我们不在乎，没心没肺，他们反而没招。

三是让自己更优秀。被人妒忌，是我们优秀得还不够；差距还不够大，他们觉得"自己好像也可以够得上"。如果我们足够优秀呢？别人则只能仰慕、羡慕，因为根本追不上。所以，自身的成长和进步才是关键。当孩子不断强化自己，变得更加优秀时，自然会吸引到志同道合的好朋友。

◆ 学校角度：我们可以这样做——

1. 敏锐觉察，重视班级"孤立"现象。

老师要觉察并重视班级的"小团体""小圈子"现象。"圈子"里外有别，就意味着有人被划到圈外，被孤立或排挤。初一时，班里有几个女生私下建群，两个群主把班级女生划拉成两拨，双方闹出不少矛盾。我知道后严肃批评了她们，拆散了这些群，并给大家讲明道理。后面两年，班里女生再也没有出现过孤立现象。

2. 积极行动，建构交往"和谐"之风。

多元评价，如设立学习之星、体育之星、劳动之星、进步之星、自律之星等等，让更多的同学有机会被肯定、被看见、被表扬；还可以扩大评优范围，尽量减少攀比、嫉妒的现象；主动约谈子璇，了解子璇的感受，帮助两个孩子打开心结；开展班会课如《同窗"友"你更精彩》，帮助孩子感受友谊的珍贵，教给孩子呵护友谊的方法。

3. 提升认知，形成孩子强大"心能"。

最好的支持系统是自我支持系统。我用三个自创的理论来提升学生认知，培养孩子形成学会接纳、学会坚持和学会释怀的强大心能。

"爬山理论"告诉孩子：接纳自己的孤独。儿子大学毕业时问我："为什么我的朋友越来越少了，念完大学后，我反而感到越来越孤独了？"我这么安慰他说："优秀的人往往是孤独的。人生如爬山，能攀上高峰的人往往是少数，所以成功者大多孤独。你感到孤独，这也意味着你在'登高'，周围的人跟不上了。山下人声鼎沸，是一般人太多。学会'闷声不响发大财'，在孤独中变好、变强。"

"泥巴理论"告诉孩子：坚持自己的目标。比起各种孤立和排挤，专注于自己的成长更重要。面对打压或是刁难，要清楚自己的目标是什么，不要被别人带偏了节奏。"别人朝我扔泥巴，我拿泥巴种荷花。"面对不顺，我们不要"大事上糊涂，小事上计较"，忘记了自己的初衷；而是要顺应环境做好当下，"专心种好自己的花"，把逆境和挫折变成滋养自己身心成长的宝贵财富。

"橘子理论"告诉孩子：学会果断地释怀。橘子很好看、很甜，可有人对橘子过敏，有人根本不爱吃橘子，他们不喜欢橘子，这不是橘子的错。这就是我自创的"橘子理论"：不管我们怎样，都不可能让所有人满意和喜欢。我们要学会释怀。别人怎么看我们，我们好不好，这些都是别人的"观点"，而非"事实"，我们"做好自己"就行。正如李雪琴在脱口秀中说："对不喜欢我的人，我也想告诉你们，我也不喜欢你们！"

🌸 关键结果·事件落幕·遇见最好的自己

甜甜听完话后如醍醐灌顶，眼神变得更坚定了。我很庆幸在她产生摇摆的时候帮助她坚定地做了自己。要"更受欢迎"还是要"更正确"？她曾经迷茫过，如果不是三个理论的启发，可能在之后的生活中，她依然会变得畏首畏尾，逢迎讨好，在虚妄的"欢迎"中迷失自我。

如今，甜甜已上重点高中。虽然学业压力大，但她依然做班长，依然用高标准要求班级同学。我很欣慰，这个甜甜的"小橘子"，虽然仍然做不到人人都喜欢，但是在未来的日子里，一定能朝着越来越甜的道路越走越远。

🪴 关键理念·晓莉梳理·每一个孩子都该被善待

1. 孩子需要知道：扛不过去的时候要学会求助。

每个孩子在成长过程中，都会遇到自己处理不了的难事或是"至暗时刻"，我们要鼓励孩子学会求助。好友、老师、家长都应该是孩子的支持系统。孩子们应该知道，生命最珍贵，没有必要用宝贵的生命去自证清白。学会坚强，不行就换一个环境，必要时拿起法律武器保护自己。

2. 教师需要警惕：教师的"孤立"后果更严重。

面对孩子被孤立，教师不能冷漠，冷漠在某种程度上就是"默许"，这也是一种"孤立"。阿希从众实验表明：个体在面对模糊情境或在判断任务不明确时，更容易受到他人的影响而产生从众行为。对子璇的同学来说，可能并不清楚为什么要孤立甜甜，但看到好多人这样做，就盲目跟从。从众心理和群体压力使得原本友善的同学也参与到孤立甜甜的行动中，导致甜甜在班级被孤立。这不仅影响甜甜成长，也影响群体心理健康成长，我们要警惕。

还有一种情况——老师有时也会"有意无意孤立某些孩子"。这些孩子可能成绩差，或是很调皮，或是比较另类，是老师心目中的"刺头"。有些老师会说："不要和他玩！""和他在一起，你就变坏了！"甚至给家长建议：不要和某某交往等。这是典型违背师德师风的"故意孤立"行为，会导致孩子失去同伴价值感，甚至自暴自弃。

3. 家长需要认识：每一个孩子都应该被善待。

优秀生甜甜被孤立之后，都会带来认知上的困扰，从而产生自我怀疑或否定；学困生呢？被鼓励和排挤的机会更多。有些家长会认为是因为我的孩子不够好，是咎由自取，认为孩子不优秀，甚至捣乱，给大家带来麻烦，被孤立而不敢言语。家长这种"自作自受"观点导致孩子被孤立不敢言语和求助。久而久之，孩子就会习得性无助，变得没有力量。有些孩子会走向另一个极端：变得暴躁和仇恨，学业失败的同时产生很多的心理问题。

校园孤立行为不应该被"轻视"。不管孩子成绩怎样都应该被善待。

4. 学校需要重视：同伴交往也是一种学习。

佳木斯大三女生跳江自尽，是因为在学校受孤立、遭排挤，还被人在校园"表白墙"上谩骂。悲剧的背后，当事人学校也有不可推脱的责任。

　　埃里克森心理社会发展理论认为：青春期主要任务是建立自我同一性和防止角色混乱。孩子遭受不公，需要被看见、被重视并主动帮助。保护好每一个孩子是教育者的责任。教育的目的是培养全面发展的人，而不是自私、冷漠的学生。青春期同伴交往，学校需要开设更多更好的课程来指导、帮助孩子，比起冷冰冰的分数，培养"有温度、有正义感"的学生才是学校首要任务。

关键提醒·策略要点·我们可以这样做

	家庭	学校
第 **1** 步	主动觉察并重视孩子被孤立带来的后果	
第 **2** 步	积极赋能孩子，帮孩子脱离孤立无援的困境	
第 步	倾听孩子感受，帮孩子释怀	形成互爱文化，杜绝孤立行为
第 **4** 步	指导交往技巧，获取成功体验	多元评价让每一个孩子被看见
第 **5** 步	扩大交往圈子，做好支持替换	提升认知，给孩子心理赋能
第 **6** 步	鼓励孩子变得更加强大和优秀	开设系列指导同伴交往的课程

第四篇
情感和情绪管理

每个人的青春都会有一段至暗的时刻，

自卑、失恋、误解、背叛、体相烦恼、被世界抛弃……

早恋、自残、对抗、厌学、绝食、一点就炸……

那只是他们向外界表达情感和情绪的一些方式，也是在向我们求助。

孩子们坚持不过来的时候，被看见则是暗黑世界里的一道光，

给他们勇气，给他们温暖，给他们力量，让他们在微茫的坚持里看到希望！

每一个青春期的孩子，都需要被看见！

孩子"早恋"了，怎么办？

一个初二的女生，妈妈从床底下
翻出了 7 封情书！
孩子什么时候开始谈恋爱了？
他们还有心思学习吗？
孩子现在就开始谈恋爱，
老师和家长怎样妥善应对？

✉ **关键事件·背景链接·初二女孩收到 7 封情书**

一位学生的妈妈大清早地来到办公室找我，说她在女儿的床下面，翻到了 1 封、2 封、3 封……一共 7 封情书！她整个人都蒙了。面对这一沓情书，她慌了神。她想，孩子整天都在干什么呀！怪不得女儿心思不在学习上！

我问孩子妈妈，您是怎么看到的？她说，我整理女儿房间时，在床底下找到的。她还偷偷地拿了一封过来。之所以只拿了一封，是因为担心女儿发现了会生气。我看着信，字迹非常俊秀。作为一位和孩子们相处了这么久的班主任，我一眼就认出了这个字迹。

班里平时确实有些议论，说这两个同学走得很近、关系很好。这些信证实了这种说法。细细读来，文笔还很优美，看得出为了写这些信，男生真的花了不少工夫。

妈妈还发现，女儿有一部手机，但并不是家里人给她买的。原来，那个男生为了跟她交往，自己省吃俭用，买了个手机送给她。两人一人一部手机，专门用来联系。

关键问题 · 家长需求 · 我们该怎么办

初中就恋爱了，还会有心思学习吗？

他们交往到什么程度了？

会不会做出什么影响身体的事情？

他们会正确处理恋人之间的关系吗？

如果失恋了，会不会影响一辈子？

是默许、支持，还是棒打鸳鸯？

现在的孩子个性都那么强，

我们该怎样和他们聊这个话题？

关键支持 · 晓莉姐说 · 让子弹飞一会儿

◆ 家庭角度：父母可以这样做——

孩子"早恋"，家长主要担心三个问题：一是担心"早恋"会"早性"，尤其女生家长更为突出；二是担心学业受到影响；三是万一分手，担心孩子受到情感的伤害。现在两个人"热火朝天"，要是之后失恋怎么办？万一受伤导致孩子的一些极端行为，比如去伤害别人，或者伤害自己甚至轻生，这是最可怕的。

那我们可以怎么做呢？

1. 让子弹飞一会儿。

现在孩子恋爱多是从小学高年级段开始的。身体的发育让孩子对异性产生好奇，"探索"的心理，让他们开始尝试恋爱。初中是恋爱高发期，初一入学一个月之后就有个别孩子恋爱了，初中恋情持续期一般是一个学期到一年。高中恋爱的情况开始下降。

因此，当我们发现孩子恋爱时，不妨先观察一段时间，让子弹再飞一会儿，我们看清楚再说。不要去贸然戳破两个孩子的关系，那样会让孩子难受，甚或产生逆反心理，彼此更铁。

2. 给孩子更多关注。

什么样的孩子容易早恋？缺爱、对孩子关注不够的家庭孩子容易早恋。现在家里有个二胎妹妹，当妹妹把父母的爱和视线转移走了以后，这个女生在家里可能就没有受到足够的关注，她的情绪就没有被看见。

所以我对女孩妈妈说，你要让她在家里觉得自己被看见、被重视、被疼爱，不然孩子会觉得家里有了妹妹，爸爸妈妈就看不见她了。我对女孩妈妈说："我也经常看您的朋友圈，但是，您的朋友圈里只有妹妹，没有姐姐。 为什么没有老大的照片？""老大不跟我们玩了，我们也没时间陪她了。"

这种情况下，如果有一个人冒出来，对她说，你很好，我懂你。说他看见了你的情绪，看到了你的需要，你的一举一动都在他的关注范围内。那这个女孩就会觉得自己被宠爱着，会获得一种强烈的满足感。但这不是爱，这是补偿，因为缺失而补偿的爱，是不会长久的。家长怎么办？把自己对两个孩子的爱分一分，白天带小宝，小宝睡了陪陪大宝。被爱的孩子不会盲目恋爱。

3. 重建亲密关系。

现在的焦点问题——这信发现了，说还是不说？

"孩子知道不知道您看到了信？""早上发现的，应该不知道。""那就请您尽快回去，把信还回去，恢复原状。"为什么？看破不说破，让孩子自己去处理。如果我们还没有想好应对孩子的屈辱、失望，就轻易不要点破那个话题。我们装作不知道的样子，在子弹继续飞的时间里，采用多陪伴的方式，重构和孩子的关系。妈妈回去后，开始多陪大女儿：双休日时，带女儿逛街，买一些得体的衣服，陪她看电影，吃美食。不一定非得要说，青春期的孩子是很敏感的，当他们感受到我们的好之后，自然会忍不住问我们的。这时候，我们再交流、分享，事情就好办了。

即使孩子不说，也没有关系。我们的目的是重建亲密关系，让孩子在家感受安全和爱。当孩子感受到来自家里的爱很重要，也有安全、舒适，她的情感需求也就慢慢转移了。

4. 建立同伴价值。

这个女孩很爱漂亮，也很爱打扮，而且打扮得比较超前，超出了她这个年龄的平均水平。这让她相比同龄人更受男生关注。此外，她的性格大大咧咧，习惯和男生勾肩搭背……多种因素，造成她的女性同伴比较少，同伴价值是有缺失的。

我建议其父母采取和女儿聊天、交流的方式，聊聊得体的穿着。一起通过看成功同伴或者优秀青少年的视频，从人家的穿着上聊"什么是真正的自信"，热衷打扮的背后暴露出的是不是对自身魅力和能力的不自信？引导孩子如何外建形象、内强修养……我曾经用英国女王的故事，和女孩们聊过什么是"不老女神"，孩子们很喜欢。

当孩子同性伙伴越多、价值空间越大的时候，就越不迷恋外在的美带给异性的吸引力，更专注于自己的成长了。

5. 认真聊聊恋爱。

不要以为我们不主动说破，孩子就不说。如果有一天，孩子主动告诉父母"我恋爱了"，该怎么办？

第一，真诚祝贺。祝贺孩子长大了，被人喜欢了，这说明我们的孩子很优秀，值得被爱。这让孩子觉得安全。

第二，做好参谋。和孩子一起聊聊，究竟爱的是对方的人，还是对方的特征，然后思考自己究竟要的是什么？"几百页聊天记录，也比不上两张一模一样的大学录取通知书。""爱对方，就要成为更好的自己。"这些话会让孩子开悟。

第三，分享感受。青春期的孩子恋爱，没有经验，一定会有很多困扰，我们可以分享自己年轻时的经历，帮助他们应对各种烦恼。

第四，做好后盾。女孩子父母最担心的是"早性"，做孩子闺蜜，一起应对"亲密关系里的风险"，告诉她们如何拒绝、如何做到保护自己、如何应对失恋。和孩子聊透一个问题："不要担心失恋，感情破裂不一定非有什么理由，而是因为：岁月在变迁，彼此在成长！"分手也要互相祝福。

第五，不忘鼓励。任何一次考试进步、任何一次人际关系的妥善处理、任何一次自律，都值得看见，不忘随时鼓励。记住：稳定和谐的亲子关系才是一切安全和教育的保障！

◆ 学校角度：老师可以这样做——

1. 统一教育共识。

我们要形成一个基本共识：青春期爱情教育是要帮助孩子树立正确的恋爱观，告诉他们恋爱和学习孰轻孰重；对于那些已经出现早恋情况的孩子，则要告诉他们如何处理亲密关系，如何应对恋爱风险。这样平等理性的探讨与引导，好过粗暴武断地让他们马上分手。

2. 构建恋爱课程。

简单的堵截是杜绝不了学生恋爱的。青春期性意识觉醒、喜欢异性，这既是正常的生理需求，也是正常的心理需求。尊重孩子成长规律，在他们需要的时候给予他们最好的支持，应该是教育的意义。

为此，我们班构建了针对初中学生的恋爱课程。爱情教育要走在学生恋爱之前，这样既能够缓解家长的焦虑，更能够给孩子更多的成长支持。

有报道说有位女生，非要去见网友，夜不归宿，她爸爸气得把女儿打骨折了。这是让人警醒的案例。家长要保护孩子，但不能够走极端，要有方法和技术含量。

我们就以此为案例，和孩子们聊恋爱的行为准则：你可以外出，但你晚上9点前必须回来。我们要和父母达成一个合作关系，孩子让父母放心，父母也就不会阻碍孩子。

3. 扩大学生朋友圈。

越缺少朋友的孩子越容易早恋。针对这类孩子，我有意识地做一件事——打开孩子的同性朋友圈。

女孩有一个要好的女生朋友，是我的科学课代表，善良、上进。我请课代表多关心女孩，多帮、多带，玩的时候也拉上她，不要让她被孤立。女孩生日时，我让课代表带了一群女孩给她送礼物，她非常感动。

随着女孩同性朋友圈越来越大、越来越稳定，越来越多的女生看到了这位同学身上的优点。我也在班上有意无意地强化，比如在班上说：某某同学比赛中为班争光，还教大家一起练铅球；某某同学学习越来越棒了……越来越多的同学看到她身上的光芒，她的注意力就从一个人身上转移到很多人身上，个人价值感就越强。

🌸 关键结果·事件落幕·初中生的恋爱像感冒

后来，这个女生主动来找我，说："徐老师，我想换个座位。"我问怎么了？她说："我不想坐在那个男同学的前面了。"我跟她开玩笑说："离开不好吧，他们都在传你们俩的绯闻。"女孩说："我现在已经不喜欢他了。"

我问："你确定已经不怎么喜欢他了？"她说确定了。

"既然这样，你坐哪儿不都一样吗？"

听我这么问，女孩想了半天，回答说："那不换了，既然我已经放下了，坐哪儿都一样。"

确实是这样。当他们的关系已经回归到普通的同学关系，从所谓的"爱情"回到了友情，正常交往就好了，该怎样就怎样。这就是初中生的爱情！不要以为他们要爱得天长地久，他们其实是"阶段性"的喜欢。所以我经常会跟家长说："孩子都没有当回事，你干吗那么当回事？"

"子弹"才飞了两个月不到，妈妈和她成了闺蜜，她在学校里多了很多好朋友，初中的学习生活，依然是那么云淡风轻。

🌿 **关键理念·晓莉梳理·尊重与爱不会跑偏**

1. 及时关注，提供帮扶。

从发展心理学的角度而言，异性互相吸引是心理发展必经的一个过程，无论失败还是成功，都是一种心理体验与发展。但是，事件处理方式的好坏，却会对孩子正确的恋爱观建立和心理发展产生影响。所以，我们要谨慎。

我们要密切关注，早发现早帮扶。一般来说初中学生恋爱是可以看出一些苗头的。如：

（1）突然在学习或者课外活动中有异常表现；

（2）学习成绩突然下降或频繁走神；

（3）出现迟到早退、旷课甚至逃学现象；

（4）情绪发生变化，时而特别高兴，时而坐立不安，心神不宁；

（5）突然注重外表，讲究穿着；

（6）突然问一些奇怪的问题；

（7）频繁找借口外出；

（8）有小秘密，越来越躲着家长，生怕被发现什么……

我们要在孩子心神不宁的时候，及时给予帮助。记住，是帮助而不是禁止、批评或吵架。

2. 不贴标签，避免强化。

说实话，他们其实不太懂什么叫"谈恋爱"。与其说是"谈恋爱"，不如说是"爱自己"，爱自己被别人欣赏、接纳、倾听的这种美好感觉。初中恋爱的象征意义更大，表面上看是异性交往的演习过程，本质上是在找家中得不到的温暖和价值感。

因此，我们不要贴上一个"谈恋爱"的标签、"早恋"的标签。"早恋"本身就是个伪命题。你可以说他们两个比较要好，男生比较懂这个女孩也很正常，她跟他走得近一点，也很正常。他们不需要我们过多地评价，而是需要引导怎样正确交往。

没有谁的青春不迷茫。迷茫的青春不需要指责："你们就是在谈恋爱，不然你成绩怎么这么下去了？""三更半夜发信息……"孩子只是需要被看见、被倾听、被人肯定。如果这些东西家长给了，或者老师和同伴给了，他们也就不那么渴望。

青春期的孩子倔强、盲目、不听劝告，如果搞冤假错案，他们就真的恋上了。

3. 引导同伴，禁止编排。

青春期的孩子爱编排别人，我中学时就遇到过这种麻烦。我的同桌是一个壮实的小个子男生，我和同桌讲话比较多，就被起外号"武大郎"和"潘金莲"。下课时还起哄，让我痛苦不已，学业也受到了影响。老师没有管，也没有人在乎我难不难过。我唯一的方法就是躲，不要让人看见我。

我在班级倡导善待同伴，不允许编排同学。如果谁爱编排，就"以其人之道还治其人之身"。比如有个男孩喜欢编排别人的故事，我就对他说："那我给你也编排一个，自家班里？隔壁班里？你喜欢哪个我介绍给你？"他说："老师，不要啊！我不敢再乱说了。"不编排，就不会催化，孩子的正常交往多了，异性交往也就更加坦然，不会自己误以为恋爱了。

4. 爱与尊重，永远有效。

初中恋爱忌讳三种处理方式：一是公开批评。这样两个孩子会觉得浑身不自在，这也是一种不尊重；二是贴道德标签，好像两个人这样就变成了坏孩子；三是贴早恋标签，强化孩子行为，让他们成为大家议论的对象。

真正的恋爱需要成熟的心理、生理条件，独立的经济保障和自主支配的时间，而这些，青春期的孩子是不具备的，因此，他们的恋爱注定不会长久。看顺眼就喜欢了，一言不合又分了，这是初中恋爱的常态。

但是，有一点确实有用：他们也很彷徨，他们也需要帮助。我们要尊重孩子的情感需求，发自内心地爱他们，多发现孩子的异常情绪，用自己的经验和体会去和孩子共情。这样，我们才和他们有更多共同的话语，才能够正确引导他们。

一句话：孩子在爱和尊重的环境中是不会偏离的。

 **关键提醒·策略要点·我们可以这样做**

	家庭	学校
第1步	让子弹再飞一会儿	
第2步	不要贴标签	
第3步	给孩子提供情绪价值	培养异性交往的正确方式
第4步	和孩子做朋友	扩充孩子朋友圈，结交更多同性伙伴
第5步	在陪伴中无意间聊起问题	在班级构建孩子的存在感、荣誉感
第6步	做孩子恋爱的参谋	培养正确的恋爱与成长观

孩子有"师生恋"倾向怎么办？

年轻美丽有才的女教师，

吸引了高冷学霸。

只要是这位老师的课，

他就很兴奋。

老师不在，孩子浑身无力，

孩子陷入师生恋了吗？

一封没有送出去的情书，

揪起了家长的担心……

关键事件·背景链接·一封没有送出的情书

那天，"学霸"小川妈妈打来电话。她先是谈了谈孩子最近的学习有下滑趋势，接着旁敲侧击地向我打听班里新来的小杨老师的情况。

开始我以为她是担心新老师的教学能力不足，便向她详细介绍新来的语文老师——一位从重点大学毕业的"学霸"女老师：不仅人长得好看，还才艺很多，在课堂教学中有很多创意，特别喜欢孩子，师生关系很好……

电话那端欲言又止。我耐心等待之下，小川妈妈终于道出了她打电话的原因——她帮孩子收拾房间的时候，在孩子语文书里发现了一封写给杨老师的"情书"。

我问："您怎么知道是写给杨老师的？"她说她看完了那封情书，称呼和内容都指向杨老师，而不是同龄的女孩子。她非常担心，这违背了伦理道德，而且这份"迷恋"，是不是就是孩子最近成绩下降的原因？

新入职的小杨老师确实很优秀，文采好，能说会道，而且多才多艺，大学就是学校活动主持人。人长得非常漂亮，打扮也很时尚，据说还会跳街舞，深得许多同学的喜欢。孩子们下课就会聚在一起讨论这位年轻的"学霸"老师，也会有好些孩子围在老师身边讨论问题，甚至连以往的高冷"学霸"小川也常常出现在讨论的群体中。

"信还在书里夹着，说明暂时还没有送出去。您先别急……"

关键问题 · 家长需求 · 我们该怎么办

> 孩子陷入了对老师的迷恋，
> 会不会就是成绩下降的原因？
> 孩子以后还会正常上课吗？
> 老师会不会因此而歧视孩子，
> 孩子会不会受到伤害、影响前途？
> 我们该怎样引导孩子呢？

关键支持·晓莉姐说·孩子爱上的是美好

◆ 家庭角度，我们可以这样做——

1. 对老师要多一份信任。

"师生恋"是师德严禁的一个内容，学生与老师存在年龄差距、身份差异，家长要绝对相信三观正确的老师不可能任其发展蔓延的。学校老师一定会想办法给孩子积极、负责的引导。孩子"迷恋"老师，家长的担心主要是以下四个方面：

第一，担心孩子注意力分散，导致学业受到影响。

第二，担心师生关系无法正常，孩子受到伤害。

第三，担心孩子不能够正确对待，产生严重心理问题。

小川妈妈还担心，如果老师直接拒绝了她的孩子，孩子会不会想不开，情绪低落，甚至会一蹶不振，导致破罐子破摔？更严重的话，会不会"由爱生恨"，因此讨厌老师甚至厌学？

第四，如果老师不拒绝，又担心这种有违道德伦理的"师生恋"会让孩子陷入道德危险的境地，被人议论，陷入舆论风暴。这样的话，他的心理能够承受吗？再进一步说，如果真的发生"不伦恋情"，会不会做出更出格的事情……

客观说，家长有这些担心，我能够理解。但是，必须基于事实，凭想象产生的焦虑对事情处理没有帮助。

2. 对孩子要多一份理解。

孩子的性观念形成，首先是从生活中密切接触的人中萌芽的。男孩迷恋妈妈、喜欢姐姐、迷恋他欣赏的异性长辈，女孩迷恋爸爸、哥哥，这是正常的性意识觉醒，是成长会很快经历的一个阶段，无须过度紧张。

而且，这种情感孩子自己也会觉得害羞，他们也知道人伦道德不允许，自己也有敬畏和害怕心理的。家长宜先稳住，不要去贸然戳破孩子的心思，也不要小题大做，急着去与孩子求证。过去了，孩子自己都会觉得好笑的。

3. 科学认识青春期迷恋。

与其猜测，不如学习。家长很多担心源于自己的"未知"。通过学习，我们就会知道：学生对于老师的"迷恋"，其实是他内心理想期望的投射。这种"迷恋"来源于对老师的仰慕，本质是对美好成长的期待。特别是对于优秀的孩子来说，他们在学习上是班级里的领跑者，自己也渴望成为更优秀的人。

4. 请巧妙地加以引导。

理解和尊重并不等于放纵，那是我们与孩子共情的基础。在孩子青春期的时候，聪明的父母要知道及时巧妙地加以引导。引导时，千万别给孩子扣帽子、戴标签，非说孩子是"师生恋"。

我们可以一起与孩子聊聊"受欢迎、有力量"的老师形象，分析一下为什么"美丽、有才、亲和、有活力"的老师会受到大家的喜欢，同学们喜欢的究竟是老师具体的人，还是老师身上展现的"美好"……民主、平等地讨论，让孩子释然："我们爱的不是老师，爱的是理想化的模型。""崇尚美好没有错，去打扰就没有必要了。"

5. 利用慕强帮助成长。

对老师的迷恋，其实是理想移情，是对"强者、能者、美好"的羡慕。我们可以利用这一心理，帮助孩子成长。小川对自己学习上的要求较高，他希望考上一所重点高中。小杨老师一路"重点"的履历，恰好符合小川的期待。我们要明白其中的关键，引导孩子成为更优秀的自己。

孩子在成为更优秀的自己的道路上，会遇到困难与挫折，便会降低自我价值感。这时，当一个他心目中期望的自己出现时，能够得到对方的关注，就会让他感觉离心中期望的自己更近一步，得到一种价值感的补偿。

所以，我对小川妈妈说，除了长期的目标，你也要让他在学习的道路上设置一些小目标，让他在这些小目标上寻找自己的价值感，对自己的优秀产生认同，价值感得到满足，也就不会去他人身上寻求价值补偿。

6. 核心是高质量陪伴。

这是我一直反复强调的一个理念——给孩子以高质量的陪伴，这是避免青春期孩子大多数问题的关键所在。

一位从"师生恋"里走出来的高中男生说："当你是个'坏学生'，甚至连父母都忽视你的时候，突然出现一个人愿意在你身上投入时间和精力，不求回报地引导你、激励你，让你成为更好的人，你会不会奋不顾身地爱上她？"父母的忽视、差评、陪伴的缺失，这是青春期孩子"恋师"的关键所在。所以，父母要补上这份缺失。

小川妈妈告诉我，孩子有个姐姐。因为工作原因父母陪伴孩子较少，一般都是姐姐和儿子相处的时间较多。但是姐姐今年去上大学了，很少有时间陪他。当家人的陪伴变少，缺失的归属感，让孩子意识到，优秀年轻女老师的出现，就是对"姐姐"陪伴缺失的一种替代。

因此，减少小川对老师的迷恋，要点是让孩子感受到家的归属感、安全感。他们务必要抽出时间和孩子多交流、多活动、多陪伴。

◆ 学校角度，我们可以这样做——

1. 创设系列"师生关系"课。

为什么要在初中班级里开设这一类关系课呢？因为许多孩子难以处理自己对老师的情感，他们往往会沉浸于自己营造的甜蜜幻想中，分不清是现实还是梦幻。我们如果主动去戳破，孩子们会感到难堪或是羞愧，甚至不好意思抬起头；如果被别人知道了，一些不好听的传言，对孩子伤害会更大。

我们要创设"师生关系"课，而不是说"师生恋"的处理课，就是想"隐藏"教育的目的，给孩子更好的教育和引导。课程主要分为以下四个部分：读懂自己、读懂情感、读懂老师、读懂关系。

首先，是读懂自己的崇拜。孩子欣赏、迷恋老师，主要是因为：一方面，老师的角色给孩子带来一种安全感，对安全和依赖更有需求、情绪更加敏感的孩子，更有可能对老师产生感情；另一方面人都有慕强心理，会仰慕比自己有知识有能力的人，虽然这种仰慕会随着自己知识和能力的提升而逐渐消失，但是我们往往分不清这种感情是崇拜还是爱恋，很多时候爱恋就是从崇拜开始的。

其次，读懂对老师的情感。学生当然可以有自己喜欢的老师，或者特别喜欢某个老师的某一个方面。学生对于老师的优秀品质喜欢是正常的，人都有喜欢美好事物的本能，但是要认识到，你喜欢老师是因为喜欢她/他身上的优秀品质，这正是因为你也想成为这样的人。喜欢音乐老师，是因为你也想成为那样优雅的人；喜欢体育老师，是因为你也希望变得阳光健康；喜欢科学老师，是因为你也希望变得严谨干练。你对老师的亲近和依赖，是希望能向你心中那个更好的自己靠拢。这份喜欢是对美好自己的向往而不是爱情。

再次，要读懂老师的行为。不要把老师对大家的爱片面夸大。老师给你作文的一句评语，这只是老师工作日常的一部分；老师对你学习优秀的一份礼物奖励，这也并不是他/她对你有什么特殊的暗示，而是教育的一个方式、一个工具。老师对你的关心和爱护，在日常生活中带给你的安全感，是老师这个角色光环带来的。戳破那些他们认为是"爱情"的幻想，理解老师"职业"的善意与爱，才能让孩子正视师生关系。

最后，要读懂师生关系。师生关系的本质是在教育教学中形成的相互关系，目的是让孩子们获得更好的成长。要得到老师的欣赏，就要努力提升自己的学识与能力。欣赏是师生关系的常用手段，是孩子学习促进的契机。"亲其师，信其道"是学生对老师喜欢的正确表达方式。爱老师的正确表达办法，就是努力学习，积极成长，让自己成为老师最欣赏、最敬佩的人。

通过系列师生课，让孩子们全面、客观、理性地认识自己、认识老师、认识师生关系，理解自己情感背后的内在需求，知道其所欣赏和追求的实际上是更优秀的自己。

2. 教师主动引领正确的师生交往。

为避免我们自身的优秀引起孩子的误解，我们对年轻教师进行了系列职业教育课。

一是平等地爱每一个孩子。我们把老师的爱比喻成草地上的喷水器，均衡地洒向每一片土地，避免孩子误以为自己独享专宠。

二是注意穿着打扮。年轻教师爱美，也潮很多。但是，不管怎样，我们的穿着不能够给孩子在"性"上面以不良刺激，这是师德的底线要求。

三是引导学生正确的价值观。请小杨老师与大家分享求学经历，让同学们明白要成为一位让人崇拜的优秀的"学霸"是要刻苦奋斗的，不努力就不可能站在更高处；也请小杨老师分享她所欣赏的优秀学生品质，让同学们有"标"可"对"。

四是坦然公布自己的对象。我了解到小杨老师其实有个男朋友，我和她谈了小川的表现后，建议小杨老师及早公开自己的男友，让孩子们的"爱恋之火"早日熄灭。早一点醒悟，就早一点调整状态。

渐渐地，"学霸"小川已悄然发生了改变。

🌸 关键结果 · 事件落幕 · 成为和您一样优秀的人

后来，小杨老师仍收到这个男生的一封信。但与他妈妈看到的第一封信不同，这封信里他把小杨老师当作了学习的榜样，立志也要考入老师就读的重点大学，成为和老师一样优秀的人。"学霸"不仅回到了原来的学习状态，成绩还有所回升。他的眼神变得更加坚定，上课也很专注。不仅喜欢上杨老师的课，对每一个老师的课他都很喜欢。课上他的眼里闪着最亮的光，这是笃定自信追逐梦想的光。

当他和老师的关系回归到普通的师生关系，从所谓的"迷恋"回到了正常仰慕，老师的存在不仅不再会影响孩子的成绩和情绪，反而能够激励他向心中的目标更进一步。

🌿 关键理念 · 晓莉梳理 · 问题即是教育资源

1. 家长不要"小题大做"。

家长不要对孩子单向"迷恋"老师过度焦虑，也不要想象力过于丰富。老师有自己的职业道德，如果发现孩子苗头不对，一定会从专业的角度给予孩子帮助，初中"师生恋"无发生的可能性。

2. 需要读懂孩子的内心。

青春期的孩子内心情感是极其丰富的，有时他们无法清晰地认识自己情感背后深层的自我需求。对于爱情的懵懂和向往，会使他们错把"欣赏"当爱情。这时就需要老师和家长帮他们了解欣赏、喜欢和爱的区别。他们认识到自己所喜欢的并不是老师本人，而是老师身上的优秀品质，会让成长目标更加明确。

3. 家长要给予关心和陪伴。

年龄跨度很大的喜欢，本质上都是父母陪伴少、归属感缺失造成的。父母要多关注孩子的情感需求，给孩子多一些关心和陪伴。孩子在家能感受到满满的爱，就会把情感需求放在合适的地方。

4. 化"问题"为教育资源。

每一个问题的发生，都是孩子一次新的成长机会。我们要有"化问题为资源"的教育意识，不要将"故事"变成了"事故"。把下面四个"多一些"做好了，孩子的困惑就会"少一些"。

多一些研究。不知道如何开口，想想自己当年是什么需求，站在孩子的角度上琢磨，很多方法就自然来了。

多一些观察。我们不可能一辈子护着孩子，孩子终究要离开，去和外界建立各种链接和关系。我们不妨多一些观察，放手让孩子自己去面对和消化。只要大的底线没有突破，放手让孩子去探索，孩子会更能干。

多一份鼓励。孩子喜欢优秀的人，说明孩子身上有"向光性"，家长和老师要鼓励孩子看见光、追逐光、成为光。经常处于鼓励中的孩子，处理问题会特别自信。

多一份等待。孩子不是一天长大的，在门前种植一片茂盛的草原，只要草原够丰盛，还怕没有千里马来吗？！

所有问题都成为资源，孩子们会越来越好。

关键提醒·策略要点·我们可以这样做

	家庭	学校
第 1 步	不要小题大做	
第 2 步	相信教师的职业操守和专业引导	
第 3 步	帮助孩子寻找价值感	帮助孩子了解自己的内心
第 4 步	用陪伴给孩子安全感和归属感	帮助孩子了解老师的行为
第 5 步	教会孩子合适的相处方式	建构良好的师生关系
第 6 步	多研究、观察、鼓励和等待	鼓励孩子自己成为"光"

孩子和老师"杠"上了，怎么办？

成绩优异的初三男孩，

喜欢上了隔壁班的女孩。

班主任说："你带坏了班级！"

任课老师说："你就知道这些情情爱爱。"

孩子从此"恨"上了老师，

失眠、厌学，成绩从年级前 50 名掉到了 240 名！

还哭着和妈妈说不想去学校……

关键事件·背景链接·孩子和老师"杠"上了

小邓是一名成绩优秀且全面发展的学生，父母学历很高，尤其是妈妈，很有思想，对孩子的教育非常重视。

小邓和隔壁班的女孩好上了。

最先知道的是女孩班主任，她通知了女孩家长，又请求男孩班主任李老师协助。李老师将情况告知了小邓同学的妈妈，双方家长加上了微信，彼此约定各自和孩子聊聊。双方妈妈和孩子们聊得比较顺畅，大意是"不支持也不反对恋爱"，希望孩子自己把握分寸感，别影响学习。孩子表示可以接受妈妈的建议，会好好学习的。

可是，当班主任李老师和小邓谈话时说："你应该为班级做好的榜样，现在谈恋爱，你把班风都带坏了！"男孩受不了这句话。因为他才华出众，一直是班级的骄傲，书法、绘画、文艺等表演和比赛活动，都是他在给班级拿奖牌。现在，一句"把班级带坏了"，等于全盘否定了他的过往。于是，他什么活动都不参加了，对班主任也"恨意"满满，直接和老师"杠"上了——你让我"东"，我就去"西"！

雪上加霜的是另外一位王老师，对小邓也寄予厚望。有一天，她提问小邓一个不太难的问题时，小邓心不在焉，居然没回答出来。王老师轻轻地说了一句："你就知道这些情情爱爱。"结果，孩子彻底就崩溃了……他和妈妈说，他讨厌这两位老师，也不想去上学了。

期末大考前一周，孩子失眠，深夜两点还没有睡着。结果考试成绩一塌糊涂，直接从年级前 50 掉到 240 名！妈妈也崩溃了！

关键问题·家长需求·我们该怎么办

我们的孩子怎么变得这么脆弱了，
禁不起一两句话的批评？
现在经常失眠、不想去学校，
还讨厌老师，怎么学习啊！
一下退步近两百名，
这是连底盘兜接不住了！
后面的教育可怎么办啊？

关键支持·晓莉姐说·和孩子一起扛住压力

◆ **家庭角度，我们可以这样做——**

都说"好妈妈胜过一座好学校"，良好的亲子关系对于青春期的孩子来说，就是"救命稻草"。小邓遭遇的这种情况，家里可以这样做。

1. 充分接纳，耐心陪伴。

家庭是孩子最后的安全港湾，不管孩子在外面遇到什么困难，家里都要对孩子充分接纳，耐心陪伴。我对小邓妈妈给予了充分肯定：孩子遭受挫败，她保持了充足的耐心和理性；孩子成绩剧烈下滑，尽管担心，但是她没有抱怨和责备；晚上孩子烦躁失眠，妈妈主动去陪伴，耐心聊天，并给儿子头部按摩，帮助孩子放松入睡；孩子不想进校门，她说："没关系，孩子，如果今天你实在不想去，那我们就不去。"

在妈妈的充分接纳下，孩子说："算了吧，妈妈，我还是忍忍吧。但是晚上我要吃蛋包饭！"妈妈连忙点头。在妈妈的接纳下，孩子逐渐情绪稳定。

2. 主动沟通，寻求帮助。

小邓妈妈的优秀，在于发现孩子情况不对时，主动与学校沟通，寻求学校的帮助。

孩子目前遇到的主要问题，是"恋情"受挫、"评价"低谷，伤害了孩子在同学面前的价值感，孩子感到"没面子"，难以抬起头。关键是不能正确地对待老师的评价，进而造成情绪失控、精神受挫，成绩下滑。

解决问题的关键是重获老师的积极评价。小邓妈妈主动向班主任李老师汇报了孩子的情况，李老师恍然大悟：原来孩子在生自己的气啊！她还不知道呢。怎么把孩子哄回来呢？妈妈和老师一起商量——向孩子示弱，请孩子帮忙。李老师是新换的班主任，对班级情况不熟悉，现在管理班级遇到了很多困难，请孩子帮忙支招。

结果孩子很"吃"这一套，当场表态：愿意帮助老师。还说了班级同学的特点，提了很多建议，比如同学很烦教室里装监控，也不喜欢老师在监控里喊同学去办公室……孩子越说越放松，最后说："李老师，您早一点找我就好了，害我偷偷多骂了您一个月。"结果，师生一笑泯恩仇，关系快速修复。

用同样的方式，王老师也很快和小邓修复了关系。

3. 设计活动，理解善意。

客观说，老师批评的目的，是希望小邓把心思放在学习上，从长远角度来说，是对小邓的善意。但是，青春期的孩子哪里有那么理智啊！一句话不对头，早把老师以前的好抛开了。因此，引导孩子理解老师的善意，也成为解决这个问题的关键。

我建议小邓妈妈可以用下面一些方法，帮助小邓重拾老师的好。一是通过回忆，写下五件老师以前对他好的小事；二是设计情景，让小邓表演老师，演出当时老师应该说的样子；三是分析语境，找出老师潜在的善意；四是找中间人，帮助自己看清楚当时情景，尤其是小邓信得过的同学，旁观者清，一下就能够点出老师真正的善意；五是给对方解释的机会，虽然小邓没有当面和王老师说，但是通过妈妈的转述，知道了老师的善意，小邓心结马上打开了。

好家长是孩子和老师的桥梁，桥梁搭得好，再大的压力也打不垮彼此的信任。

4. 拓展赛道，提供支持。

小邓英语成绩好，弯道超车，考国际班是个不错的选择。国际班对英语要求很高，还要参加校考，最终录取是中考成绩占 40%，校考成绩占 60%。为帮助孩子英语成绩更好，小邓妈妈四处寻找优秀的英语老师指导孩子面试，提升孩子的英语写作能力。孩子成绩回升的同时，自信也回来了。

◆ 学校角度，我们需要这样做——

1. 少想事的成败，多想人的成长。

孩子"谈恋爱"，老师们要不要管呢？答案是"要管"，但是管理要科学。管的时候，要少想事的成败，多想人的成长。

孩子恋爱了，第一步是观察，而不是急于报告给家长。我班上以前也有"一对"，他们彼此喜欢，但是不张扬，也不怎么流露。下课也是彼此坐在位置上安静做题，偶尔小声讨论一下难题。看到他们一起努力的样子，我也不"戳破"，一直让他们坐在一起。中考时以全校排名第一和第二的成绩一起进入了最优秀的高中。进入高中后，同学们终于知道了，哈哈，原来他们早就是一对。现在他们已经成了名牌大学的研究生，依然是一对恋人。

2. 既指导好孩子，也指导好家长。

指导不是告知，而是提供方法和技术支持。家长对孩子的成绩常常难以"淡定"，尤其是成绩优秀的孩子，如果因为"谈恋爱"影响了学习，几乎没有家长可以冷静和理性。我们学校开设"青春期家长指导课程"，就是为了解决家长的问题而设置的。

我常用自身案例给家长启发。比如我孩子初三也遇到了这样的事情，作为家长，我没有声张，而是等到孩子主动和我聊。我先肯定了孩子的优秀，不然女孩子怎么会喜欢他呢？然后让他分析自己哪些地方很优秀，请继续加以强化，同时也寻找差距，争取成为更好的人；然后，我再详细问了孩子的感受，孩子表示不想接受这份情感，打算礼貌拒绝，我们表示认可……

由于我们对孩子的情感表示理解和尊重，他也愿意主动和我们聊。这个沟通的通道一直开放着，到了高中和大学，孩子遇到了感情问题，也会来咨询我们。

3. 既要解决问题，更要建设关系。

学生恋爱引导，一定要"悄悄地"进行。为什么？青春期孩子非常在乎"面子"。他们反感公开批评，尤其讨厌被"挖苦讽刺"和"老纠缠"。小邓之所以精神压力那么大，是因为班主任和任课老师公开批评、连续纠缠。

解铃还须系铃人，当发现孩子对老师产生逆反情绪时，我们要立即修复关系。后来，老师借助请孩子帮老师忙、在班级承担角色和任务、帮孩子重塑同伴价值的方式，迅速恢复了良好的师生关系。

在好的关系下，我们使用"小组讨论""两难选择""情景剧场""故事讲述"等多种策略，和孩子商量异性交往的边界和注意事项，孩子还是愿意倾听和接受的，各种表现越来越好。

关键结果·事件落幕·风雨过后见彩虹

风雨过后见彩虹。在妈妈和老师的共同帮助下，小邓回到了阳光开朗的状态，成绩又回升到了年级前 70 名。虽然没有进入前 50 名，但是妈妈表示非常满意，不停夸奖孩子说："太好了，太好了！能进步这么大，你真是太不容易了！"

小邓妈妈给我讲述整个过程的时候，我们就站在马路边。此时的她已经很平静，而我，看着比我年小的她白发已经层层叠叠，禁不住泪流满面。作为一位妈妈，我是真的共情了！因为只有成为母亲而且家里有青春期的孩子，才知道这个家里，究竟发生过什么，才知道做妈妈的为了孩子究竟要付出多少！

关键理念 · 晓莉梳理 · 敬畏语言的力量

"一句话就炸，几句话就垮"，这是青春期孩子的典型特征。所以，本案例的焦点不仅仅是恋爱受挫，更是孩子接受不了负面语言评价，老师的批评破坏了原来的师生关系。恋爱问题只是导火索，只要说话不当，其他问题也会造成孩子与老师的对立或对抗。

1. 请对孩子多一份理解。

青春期孩子对言语评价极为敏感，有几个方面的原因。

生理因素。一方面青春期内分泌系统如脑下垂体、甲状腺、肾上腺等功能异常活跃，大脑兴奋性增强，同时体内积蓄了大量的性能量，易兴奋过度造成情绪上的不平衡；另一方面，青春期神经系统还未完全发育成熟，还不能很好地控制和调节情绪。

心理因素。青春期孩子处于自我同一性的开始阶段，普遍自我评价比较低，常常会感到困惑，从而导致自卑、自尊心下降等负面影响。他们会非常在意自己在别人心中的形象，在意别人对自己的评价、看法，比较注意自己的形象管理，容易对别人的话进行过度解读。

成长因素。青春期是孩子向成人过渡的阶段，既有孩子的特点，又有成人的特点，他们对自我的认知比较混乱，需要确定自己到底是一个什么样的人。这时候，别人的评价对他们来说至关重要，可能会引发激烈的反应。当他们发现想要的世界和现实世界不一致时，或者自己的成人化趋势和无能感产生冲突时，矛盾心理使得他们对别人的评价非常敏感。

基于此，父母和老师都要谨慎使用评价性语言，尽量别轻易地否定孩子。

2. 一定要谨慎使用语言。

我常说，要敬畏语言的力量。教师是情绪工作者，我们要把孩子的情绪调节好。孩子只有感觉好，才想变得更好。语言使用正确，才是"教育"，否则可能就成为"伤害人的利器"。

如果没有老师情绪发泄的那句"你带坏了全班学生"，孩子就不会有被全盘否定的挫败感；如果没有"你只知道那些情情爱爱"的讽刺挖苦，孩子情绪不会一再波动。同样，没有"老师想请你帮忙"，孩子不会重回学校；没有妈妈那一句句"没有关系，我们能行"，孩子信心也不会重建……

孩子不是成年人，学习的重要意义他都明白，但是当他情绪不好的时候，他是不想读书的。兴趣和情绪对学习的影响，远远超过了他们所认为的意义和价值。所以，我们要多用积极评价语言，调节好孩子的情绪。

3. 主动解决问题是关键。

孩子和老师发生了矛盾，怎么办？有些孩子想要转学，有些孩子不去上学，有些"手握资源"的家长可能会跳过老师，找校长求助或告状。我不赞成动不动"投诉"，逃避不是办法，举报更是不理性。

我很欣赏小邓妈妈，她是一位高学历的智慧妈妈。遇到问题时，她愿意主动向学校求助，这种行为本身，就是解决问题的很好方式。有这么一个说法：越是伟大的人物，越注重向别人求助。成就大事业的人，没有一个是不善于向别人求助的人。

4. 关键时刻家长不缺席。

小邓妈妈很有耐心和爱心，她一直陪伴在孩子身边，也一直在积极解决问题。这一点，真的超过了很多人。很多家长由于工作忙碌或是生育二胎，忽略了孩子成长中遇到的"关键时间节点"，以至于造成损失难以弥补。人一辈子，在紧要处往往就是这几步，走好了，孩子就顺了，走不好，命运可能就要拐个大弯。家长需要细心观察孩子的变化，及时沟通，不要因为工作忙碌急于赚钱，错过孩子的关键时期。

5. 给孩子更多的"允许"。

"好孩子"形象坍塌，甚至被班主任认为"带坏班级"，孩子以往价值贡献崩塌了；当孩子被讽刺只喜欢干些"情情爱爱"的事情，孩子的"同伴价值感"缺失了，他担心被同伴取笑。老师不再欣赏、信任，"带坏头"这是坏孩子做的事情……师生关系破坏了，小邓出现了人际关系的焦虑。于是晚上失眠、上课走神、学习不能专注，又出现了恶性循环，产生了第三种焦虑——升学焦虑。

青春期孩子的焦虑不可忽视，轻则失眠、暴躁、注意力不集中，重则阴郁、厌学情绪明显等。我们需要做的就是给予孩子更多的"允许"：允许孩子做自己，允许孩子表达，允许他在自己的花期开放。这样，孩子才有更好的成长空间。

关键提醒·策略要点·我们可以这样做

家庭　　　　　　学校

第1步	细心观察，给孩子自己成长的空间	
第2步	放平心态，给孩子更多的允许	
第3步	耐心倾听孩子的想法	尊重孩子的隐私
第4步	提供更多的支持	教会孩子怎样应对他人评价
第5步	主动求助，以积极的态度解决问题	在集体中构建孩子的价值感
第6步	给孩子支持，让孩子学会解决问题	学会好好说话，敬畏语言的力量

孩子为什么会自虐自残、刀割手臂？

女孩的手臂上
全是一道道自己用刀割出来的伤疤，
家庭条件优渥的"小海归"，
竟然一直在悄悄自残！
是什么让孩子不惜伤害自己的身体？

✖ 关键事件 · 背景链接 · 女孩的手臂伤痕累累

小昕自小跟随父母在美国生活，四年级时，父母因工作极度繁忙，实在无暇照顾她，无奈之下将她送回了国内，交由爷爷奶奶照料。爷爷奶奶满心欢喜地为小昕找了一所众人称赞的好学校。可初来乍到的小昕，很快就被国内与国外截然不同的教育方式打得措手不及。她学习跟不上节奏，成绩一落千丈，严重拉低了班级的平均分。为此，老师多次找她谈话，希望她加强补习；同学们也颇有怨言，对她投来嫌弃的目光，甚至在课后的小组活动中刻意排斥她。

小昕试图融入同学们的圈子，却发现彼此的生活和交友方式相差甚远。她的热情主动换来的往往是冷漠拒绝，这让她感到无比失落和孤独。小昕陷入了深深的痛苦之中，开始用自残的方式来发泄情绪。

　　每当锋利的刀片划过肌肤，鲜血流出，她竟会产生一种奇异的放松感和短暂的痛快。渐渐地，这成为她排解内心压力的方式。直到有一天，爸爸妈妈回国看望她。一进门，妈妈满心欢喜地想要牵小昕的手，小昕却下意识地把手藏在身后，眼神闪躲。妈妈敏锐地察觉到了异样，强行拉住小昕的手，映入眼帘的，满是新旧伤痕的双手……

关键问题·家长需求·我们该怎么办

> 孩子遇到什么难题了？
>
> 她还这么小，
>
> 为什么要伤害自己？
>
> 自虐难道不难受吗？
>
> 我该怎么帮助她？

关键支持·晓莉姐说·用爱给孩子导航

◆ 家庭角度：父母可以这样做——

1. 做好家庭健康氛围建设。

　　每个孩子自残都有他们自己郁积的痛苦。小昕自从被父母送回国内后，生活中缺少了父母的陪伴和支持，班级的同伴又不友好，学习和生活均没有成就感，她感到痛苦、感到失落，从而产生了严重的自我怀疑和嫌弃，自残是厌恶自己的外在行为。遗憾的是爷爷奶奶虽然疼爱她，但缺少细心关注，也没有觉察和理解她的烦恼。

该怎么帮助她呢？让孩子感觉到被爱、被接纳、被欣赏。家里要创造温馨、轻松、愉快的家庭氛围，让孩子尽量体验到快乐与幸福，感受到安全、自由和温暖。当孩子觉察到家里是安全的、温暖的、她是重要的，就不会害怕外面的风雨。

2. 重建孩子心理支持系统。

小昕自残是个人成绩挫折、同伴价值缺失，导致自我否定和厌恶。解决这个问题，需要从学习成绩、同伴价值上入手。小昕对国内学习不适应，家里要及早请老师辅导，按照孩子的节奏加强课程学习。成绩上来了，周围评价就不一样，孩子就会自信。

爷爷奶奶可以邀请亲朋好友中和小昕同龄的孩子在家里聚会，请小昕讲述美国的见闻趣事，通过展示自己的特长，赢得同伴的欣赏和尊敬。这样，小昕的自信心就会逐渐回归；还可以把小昕遇到的问题向学校汇报，争取学校支持。当孩子的心理支持系统建立起来之后，她就会重建生活自信，远离自残自虐行为。

3. 学会正确处理不良情绪。

当愤怒和悲伤无处释放时，那就对自己动手好了，因为生气时伤害自己最容易；这是不少自残孩子共同的感受。孩子自残，是遇到了他们自己不知道怎么处理的不良情绪。家长可以帮助孩子识别不良情绪，并教会他们应对办法。

我有一张表格，把孩子可能遇到的悲伤、委屈、愤怒、焦虑、害怕、抑郁等不良情绪的表现、心理需求、应对策略等全做出来。孩子遇到问题时，我们就按图索骥应对。

我开玩笑地告诉孩子："人在江湖飘，哪能不挨刀。"不顺的事带来不良情绪，那很正常。关键是我们要怎么正确处理，不让自己内耗。用语言描述和表达自身体验、大哭一场发泄、适当运动、向父母亲人或者好友倾诉，甚至寻求专业的心理支持等，都是应对的好办法。为让这些办法真正管用，我还和孩子模拟演练，反复几轮，孩子就知道怎么做了。

4. 培养孩子经常悦纳自己。

悦纳和爱自己的孩子，通常能让孩子更好地应对压力、挫折和负面情绪，减少抑郁等心理问题的发生。

因此，父母首先要接纳孩子，给予孩子无条件的爱。用行动告诉孩子，无论他们的表现如何，父母都会爱他们。孩子犯错了，成绩下降了，家长第一反应不要想着批评，或是一笑了之，或是敷衍地祝贺她又找到了提升和发展空间；远离责备和批评，给予真诚的关心，这样有安全感的爱才是孩子坚实的后盾。

让孩子发现自己的好，并且爱自己。懂得爱自己的孩子会有较高的自尊心和自信心，相信自己的价值和能力，敢于尝试新事物，追求自己的梦想，不易受到他人负面评价的影响。他们也更善于调节和管理自己的情绪，不会轻易被情绪左右，做出极端或自我伤害的行为。

小昕从小在国外生活，能说一口纯正的英语，而且绘画上面也十分有天赋……这些都是别人所不能比拟的，告知老师，并且尽量展示，孩子就会自信。

5. 教给孩子生理保护常识。

自虐只是一时的愉快和解脱，对它的危害性孩子并不知道。我们家孩子小学的时候，就和我聊过自残的问题。他告诉我班上有同学割手臂，我和他讨论有什么害处。他只知道说傻。

我告诉他："皮肤是我们身体最外面的一层保护屏障，可以隔绝病毒、细菌，给我们带来安全。一旦肌肤被割破，血液类传染病如乙肝、艾滋病就很容易乘虚而入。而这些疾病，目前人类是没有办法治愈的。"

孩子懂了，知道敬畏，就不会轻易自残。

◆ **学校角度：我们可以这样做——**

1. 多元评价，让孩子自信。

小昕的同伴压力，很大一部分是源于我们的评价单一，只看到考试成绩造成的。老师谈话、同伴怨言，甚至还直接说"拖后腿"。英语那么好，没有展示地方；绘画那么好，没有人发现；内心那么善良，结果只能抑郁……这些都是只用成绩评价惹的祸。

建立多元评价系统，让每一个孩子都出彩，孩子自残自虐的行为将显著减少。小昕妈妈把孩子的情况告知学校之后，老师邀请小昕出任英语课代表，每次朗读，都成为标准示范；学校的美术比赛，班主任老师第一个想到的就是小昕，邀请她务必出山，为班级赢得荣誉；学校举办"小脚丫游世界"的主题文化宣传活动，有过美国生活经历的小昕理所当然地成为"交流大使"……

渐渐地，老师和同学们都能够看到小昕眼中闪烁着光芒。

2. 因材施教，让孩子成功。

小昕的学业压力不是因为她智力不行，而是对教学方式不适应。知道小昕的学习经历之后，老师在授课和布置作业的时候，采取了因材施教的办法，切实帮助她提升成绩。每次授新课之前，塞给小昕一个研究性预习清单，让小昕提前准备。布置作业的时候，特意搭建台阶，让小昕学会精准计算。美国的课堂分享展示多，遇到有机会展示的时候，老师从没有忘记过小昕……

这样，小昕自己都感觉到，自己的成绩在以肉眼可见的趋势进步。

学校艺术节，班主任精心设计了英语剧表演。小昕在舞台上自信地用英语和音乐表演了电影《冰雪奇缘》片段，为班级获得一等奖的好成绩，她还被选入学校话剧社。同学们对她的表演大加赞赏，小昕开心极了，慢慢地她脸上有了笑容。

3. 沉浸体验，让心灵熨帖。

自残自虐的孩子，内心都很善良；他们舍不得伤害别人，只好通过伤害自己来发泄不良情绪。这样的孩子不止小昕一个，几乎每个班都有。怎样让孩子不内耗呢？学校应创建沉浸式心理体验教育环境，用好的校园环境教育人、治愈人。

我们常在校园里挂上各种自我开解的卡片，树梢、窗边，随风飘扬。孩子看到了，就有疗愈心灵的感觉。如：

"世界不一定是我喜欢的样子，但至少我要是我喜欢的样子。"

"快乐是我的目标，方法是把今天过好！"

"活着就像新芽一样拥有无限可能。"

……

很浪漫，也很治愈。

除了物理环境，学校层面还可以这样做——

（1）制作一张心理健康卡片，内含各类疏导联系方式，贴在班内供有需求的孩子使用；

（2）建立全员导师制，每位导师负责班内七到八名学生的心理动态；

（3）做好学生心理健康培训，生生帮扶解决同伴问题；

（4）整理出翔实的家庭教育指导清单，发给每一位家长。

🌸 关键结果·事件落幕·遇见最好的自己

在家长和老师的耐心帮助下，小昕终于打开了心结。

她不再封闭自己，开始积极主动地向老师和同学求教，学习成绩显著提升。她英语方面的优势，在班级收获了很多迷弟迷妹；她绘制的黑板报，几乎成为学校观摩的样本……渐渐地，越来越多的孩子喜欢和她交往，她也彻底融入了班级，和同学们建立了深厚的友谊。

她变得越来越开朗，课堂上主动发言，课后积极参与各种活动。父母说，曾经那个苦闷忧郁的小昕不见了！

🌿 关键理念·晓莉梳理·读懂并接纳孩子

1. 了解自残行为及产生的原因。

自残行为在心理学上被称为"非自杀性自伤行为"（Non-suicidal self-injury，NSSI），在中小学中并不少见。常见的方式有割伤、咬伤、抓伤自己、撞击身体、拔头发等，具有故意性和反复性。自残可能是自杀前的警示信号，我们务必引起重视。

产生这种行为的原因一般有三种——

一是调节自己情绪。孩子遭遇到挫折，不知道怎么应对，只好以割伤、咬伤的方式，通过身体的疼痛转移内心的痛苦。身体在受伤后会分泌内啡肽等物质，这些物质在一定程度上减轻精神的痛苦感受，给人带来一种放松或麻木的感觉。

二是引起外界关注。孩子的情感需求得不到合理满足，又不知道怎么和外界沟通时，他们就通过自伤行为来表达内心的痛苦和困扰，希望引起他人的关注和关心。部分孩子可能存在自我认同问题，通过自伤来惩罚自己或感受自己的存在。

三是环境不良影响。如果孩子身边的同伴、社交媒体或文艺作品中有自伤行为的呈现，可能会引起模仿。不良的家庭环境，如父母冲突、过度控制或忽视等，以及高压的学校环境、校园欺凌等也可能增加孩子出现非自杀性自伤行为的风险。

2. 做"有心人"，越早发现越好。

非自杀性自伤行为通常反映出个体存在严重的情绪困扰和心理痛苦。如果这些问题得不到及时有效的解决，可能会逐渐加重，使个体产生更强烈的绝望感和无助感，从而增加自杀的风险；有非自杀性自伤行为的人可能在长期心理压力下，逐渐对自伤行为产生依赖，认为这是唯一能够缓解痛苦的方式。随着时间的推移，自伤行为可能会升级，甚至演变为自杀行为。

因此，我们要做有心人，早发现早干预。如果孩子有这样一些表现，老师和家长要引起重视。

主要观察点	异常表现
衣着、言谈举止	一年四季长袖，突然改变（活泼到沉默寡言），突然变得邋遢
周记、家校本	消极情绪的言语
学习活动	从不参与小组讨论，上课长时间走神，学业明显退步
个人情绪及饮食	沉默寡言、情绪反应激烈、拒绝交流、进食障碍、失眠
社交情况	经常独行，网络发言消极厌世，不明原因突然给同学送礼物等

3. 秉持科学和专业态度。

如果孩子告诉你想自残，或发现孩子有自残行为，我们可能会感到震惊、害怕和担忧，但一定要尽量保持冷静，不要表现出过度的惊慌失措，以免让孩子更加紧张和不安。

我们深呼吸几次，然后平和地对孩子说："宝贝，别着急，我们慢慢聊。"让孩子知道你非常关心他，并且理解他可能正在经历一些痛苦。聊的时候，给足孩子时间和空间，让他倾诉自己的烦恼和痛苦。认真倾听，不要打断他，也不要急于给出建议或批评。可以说："你慢慢说，我在听。"或者点头，用眼神鼓励孩子继续说下去。

千万别指责孩子想法错误或愚蠢，也不要批评他，那样只会让孩子更加封闭自己。

可以询问："是什么让你有了这样的想法呢？这种情况有多久了？你有没有做过伤害自己的事情呢？"但语气一定要温和，不要像审问一样。

我们要多和孩子说："我们一起想办法，一定可以渡过这个难关。你很勇敢，能够把心里的话说出来。"或者说："很多人都经历过困难时期，他们都走过来了，你也可以的。"让孩子知道事情是可以解决的，他不是一个人在面对困难。

如果孩子的情况比较严重，一定要及时寻求心理咨询师或是专业心理医生的帮助。

4. 参考这些好的"聊天话术"给孩子帮助。

比如我们可以这样说——

"宝贝，我理解你，现在可能觉得很无助，但你不是孤单的。我们都爱你，都希望你好好的。你能和我说说你具体遇到了什么难题吗？"

"孩子，我特别在乎你，看到你不开心我也很难过。不管发生什么事情，我们都可以一起面对，不要一个人扛着。"

"亲爱的，我知道你很难受。和我讲讲是什么让你这么痛苦呢？也许说出来会好一些。"

换位思考，您还可以想到更多。

5. 学习一些指导孩子的方法。
以下是可能对有自残倾向的孩子有帮助的行为疗法——

感觉替代。当孩子有自残冲动的时候，可以试试用橡皮筋替代。轻轻拉一下橡皮筋，让它弹在手腕上，轻微的疼痛可以转移孩子的注意力。

绘画表达。给孩子提供纸和笔，让他们通过绘画来表达自己的情绪和内心感受。不要求画得有多好，重要的是让他们把内心的情感释放出来。

日记记录。这可以帮助他们更好地理解自己的情绪，也为他们提供了一个安全的情绪宣泄渠道。"把你的心里话都写在日记里吧，这是属于你的小天地，你可以尽情地表达自己。"

运动疗法。适度的跑步可以释放身体内的内啡肽等神经递质，让人产生愉悦感，也有助于孩子释放压力和负面情绪。瑜伽中的各种体式和呼吸练习可以帮助孩子放松身心，提高身体的柔韧性和平衡力，同时也有助于培养孩子的专注力和自我意识。

奖励机制。当孩子成功地控制住自残冲动或者采取了积极的应对行为时，给予他们适当的奖励，如小礼物、表扬、额外的娱乐时间等，以强化他们的积极行为。

　　社交支持。鼓励孩子与家人、朋友或同学进行积极的互动，参加社交活动。当他们获得他人的支持和关爱时，会增强他们的自信心和价值感，减少自残的倾向。

关键提醒·策略要点·我们可以这样做

家庭　　　　　　学校

第1步	观察孩子异常的行为，及时发现并帮扶	
第2步	聆听孩子心声，给孩子安全表达的空间	
第　步	感受家的温暖和爱，让孩子安全	多元评价，让每个孩子都出彩
第4步	撰写优点清单，看到自己的优秀	因材施教，让每个孩子都体验成功
第5步	教孩子学会处理不良情绪	建好团队氛围，感受同伴价值
第6步	建设孩子心理支持系统	给家长和孩子提供具体技术支持

孩子为了减肥几天不吃饭，怎么办？

青春期女孩的食量骤减，

身体越来越差！

明明不胖的女生却疯狂减肥，

这究竟是为了什么？

🍚 关键事件·背景链接·我的女儿不吃饭

妈妈发现这段时间小蓉的食量变得特别小。周末中午在家吃饭时，面对妈妈精心准备的饭菜，小蓉只是象征性地吃几口蔬菜，就说自己饱了，晚上更是直接拒绝吃饭。

妈妈担心小蓉的身体是不是出了问题，因为她总说身体不舒服，抵抗力变得极差，频繁地生病，原本规律的例假也不再按时到来。妈妈觉得不对劲，把情况告知班主任。谁知班主任也说，小蓉最近近乎疯狂地节食，每天早上只喝一小杯清水，中午就吃两三口白米饭和几根青菜，晚上更是粒米不进。

有同学反映，有时候她实在饿得难受，就拼命喝水来填充空荡荡的胃。同学们课间吃零食，她总是远远躲开，生怕自己会忍不住。

孩子怎么啦？在妈妈的再三逼问之下，小蓉说出了真相：原来，小蓉喜欢上了班上的一个男生，鼓起勇气表白，谁知道男生嫌弃她太胖，说要是苗条点可以考虑。小蓉竟信以为真，从此踏上了极端的减肥之路……

关键问题·家长需求·我们该怎么办

青春期的孩子正在发育，

不吃东西怎么确保营养呢？

这孩子怎么这么傻啊！

因为别人一句话就不吃饭；

节食减肥对身体的危害这么大，

我应该怎么阻止她？

孩子这么在乎形体，

怎样才能让她自信呢？

关键支持·晓莉姐说·用爱给孩子导航

◆ 家庭角度：父母可以这样做——

1. "你本来就很美。"

父母要先接纳孩子、欣赏孩子。只有父母接纳和欣赏孩子了，孩子才会接纳自己。如果父母经常批评指责，孩子学会的就是自我贬低和自我排斥。

父母也要学会自我接纳，如果父母自己不够自信，孩子也就不会相信你的话。

遗憾的是小蓉爸妈平时对小蓉要求很高，怕孩子骄傲，不怎么轻易表达赞美。小蓉为了能获得父母的认可，十分努力学习。但是班上优秀的同学太多了，她并不突出，因此很少得到过爸妈的夸奖。久而久之，小蓉对自己不自信，这也就导致了她非常希望能得到别人的认可，也十分在意别人的想法。当喜欢的男生说出自己身材上的缺陷后，她十分自卑，迫切希望通过改变自身的缺点得到男生的喜欢和认可。

我把情况分析给小蓉父母听之后，他们十分自责：如果他们平时对小蓉的肯定多一些，小蓉就会更自信，也不会被别人的评价而左右了。

"现在改变还来得及啊！"我对小蓉父母说，"中国的家长不习惯赞美孩子，觉得肉麻。孩子不懂事，我们的欣赏还要孩子去猜，孩子就很容易认为父母不爱自己，自己不够优秀。我们主动地对孩子说：'你本来就美，不用去减肥！''你很优秀，是我们的骄傲！'足够的关爱和肯定，能增强孩子的自信心和自我价值感，孩子也就不那么渴望被别人爱。"

2."健康美才是真的美。"

受网络环境和娱乐圈的影响，当下"白瘦幼"的审美标准确实影响了孩子对"美"的判断。家长需要教导孩子对媒体中不切实际的美丽标准保持批判性思维，帮助他们认识到媒体所展示的形象是为了自己的商业需要，不代表大众的审美。

"健康美才是真的美。"引导孩子认识到健康的身体是美的基础，健康的肤色、充沛的精力、良好的体态都源于健康的生活方式；过度节食会损害健康。

小蓉体形匀称，真不算胖，只是平时爱吃垃圾食品，不爱运动，缺少力量和流畅感。了解到小蓉想减肥塑形变美的想法后，妈妈告诉她："可以通过锻炼塑形，让身材更好。"小蓉很高兴，于是每天锻炼，跑步、打羽毛球。妈妈呢，特地上网学习了健康食谱，保证小蓉的一日三餐营养均衡。在健康规律的生活状态下，小蓉体重变化不大，但是体形和气质比之前好看了很多，也更自信了。

3."内在美才是真的美。"

以前我们对内在美理解过于单一，总以为品德美才是内在美，心灵美才是内在美。其实，内在美也是丰富多样的。人生态度、思想觉悟、文化素质、内在气质、学识修养、人格魅力、生活趣味、能力性格、为人处世、待人接物、理想信念……都是内在美。

看到一个身材不那么完美但笑容灿烂、充满自信的人时，父母说："你看，这个人的自信和快乐让她看起来特别有魅力。美不仅仅是身材和脸蛋，更是由内而外散发的积极态度。"当孩子完成一项有挑战的任务时，表扬孩子："你努力克服困难的样子真美！"告诉孩子内在美的多元，孩子就不会觉得"内在美"修炼很困难。

"岁月从不败美人"，欣赏伊丽莎白女王、杨绛等杰出女性高龄时的图片，分享成功人士，尤其是成功女性的故事，引导孩子理解"为什么岁月弥久，她们更美？"美不仅因为外貌出众，更因为内在的智慧、勇气、豁达、善良和坚持"穿透了岁月"，让孩子对长久内在的美产生向往。

"腹有诗书气自华"，爱读书的孩子气质形象更好，"眼睛里闪烁着智慧之光"。父母多示范并鼓励孩子多多阅读，能增加孩子对美的判断和思考能力。

◆ 学校角度：我们可以这样做——

1.科普"最美"爱情。

青春期孩子对爱情有向往，这是正常的心理发展。在她们向往的时候，我们要引导她们思考什么是最美的爱情。

我们必须承认，好看能够快速产生爱情。但是，颜值只是加分项，而不是决定项。美好的爱情一定是"始于颜值、续于才华、合于性格、久于善良、终于人品、彼此舒服"。两个人在一起，不是某一方单方面热情，而是两个人都感觉到相处舒服。如果一个男孩因为我们某一个方面不够优秀而看不到其他的美丽，他一定不是我们的"真命天子"。

好的爱情是什么？是接纳和包容，是爱你的优秀，也爱你的不完美；是欣赏和接纳一个人的全部，而不是"达到别人的标准"。取悦他人获得的爱既卑微又不被珍惜，爱自己才是最浪漫的开始，让自己变得更好。

与其让孩子被困在畸形的情愫中，不如和孩子们理性探讨爱是什么。这可以帮助女孩认识到：真正的爱不是靠外表来维持的，而是相互欣赏、理解和支持。

2. 探讨"最美"话题。

在班级里开展主题活动，如"发现身边的美"，组织同伴互相点赞，让孩子们去寻找同学身上的优点和美好品质，互相梳理和学习。同伴真诚的欣赏和鼓励，那是来自身边活生生的自信依据。

还可以邀请不同领域有成就的人来分享他们的经历，让孩子们明白，真正有持久魅力的是内在的修养和能力，而非仅仅依靠外表。通过这些帮助孩子们树立起正确的审美观念，学会欣赏自己的特点，而不是盲目追求不符合实际的"病态美"。

3. 树立"最美"榜样。

开展"寻找身边最美的人"活动，分享因内在美而受人尊敬和喜爱的人物故事，如默默奉献的志愿者、勇敢面对困难而成功的运动员，让他们看到自己能够做到的高度。

留意并及时表扬班级那些展现内在美的同学。例如，表扬那些乐于助人、诚实友善、勤奋努力、乐观坚强的同学，组织讨论他们的行为如何体现了内在美，让同学们清楚地知道大家欣赏的是什么。

身边的榜样不需要高大全，真实、生动、具有示范性就行。将这些同学的事迹制作成海报或展板，张贴在教室里，让大家随时能够看到，受到激励。

关键结果·事件落幕·遇见最好的自己

渐渐地，小蓉不再执着于通过节食来迎合他人的目光。她开始重新审视自己，用积极的心态面对生活；她也不再拒绝美食，而是学会了合理地选择和控制饮食。

现在，她每天都会抽出时间去运动，享受汗水流淌带来的活力。笑容在她脸上重新绽放，眼神中有了自信和坚定。那个曾经为了爱情迷失的女孩，如今悄然成长为魅力女孩。

关键理念·晓莉梳理·读懂并接纳孩子

1. 理解青春期的体相烦恼。

青春期的孩子有一种普遍烦恼，叫"体相烦恼"。常有男生担心地问："为什么我和同桌同龄，他比我高 20 厘米？我该不会长不高吧？"有女生为自己的单眼皮忧心忡忡，甚至还有女孩偷家里的钱去整容，只为有一个像明星一样好看的鼻子……

体相烦恼是指青少年在这一特殊成长阶段，对自己身体外貌过度关注，产生不满、焦虑甚至自卑的心理状态。这一时期，青少年的身体经历着快速的发育和变化，如身高、体重的增长，第二性征的出现等。他们特别在意自己在他人眼中的形象，也容易受到社会文化和媒体所塑造的理想外貌标准的影响。看到时尚杂志上或网络上身材苗条、容貌出众的模特或偶像形象，就会觉得自己不够好，从而产生烦恼。这种烦恼可能表现为对自己的身高、体重、容貌、发型、肤色等方面的不满意，认为自己太胖、太矮、太丑，产生"容貌焦虑"。

我们有责任告诉孩子：每个人都是独特的，所谓的"完美"标准是多样且不固定的。环肥燕瘦，每个时代的审美标准不一样，我们没有必要因为别人的标准苛刻自己。

我们有责任帮助孩子：树立积极的身体形象，教导他们欣赏自己的独特之处。比如开展青春期讲座，并且男女生分开解惑答疑，邀请礼仪培训师来到学校，给孩子们讲述和示范什么是美，如何保持体态美，青少年如何让自己更美。

我们有责任告诫孩子：身体最重要的功能是健康，而不仅仅形体上的审美迎合。健康是美的基础和前提。

2. 了解青春期节食的危害。

青春期是生长发育的关键时期，需要充足的营养来支持骨骼、肌肉、器官等的生长。节食导致身高增长受限、骨骼发育不良，一辈子都后悔。而过度节食容易导致蛋白质、维生素、矿物质等营养素摄入不足，影响免疫系统功能，更容易生病、疲劳和恢复缓慢，直接影响当下。女孩过度节食还可能导致月经紊乱、闭经等问题，影响生殖系统的正常发育和功能。大脑需要足够的能量和营养来维持正常运转，节食可能导致注意力不集中、记忆力下降、思维迟缓，影响学习和生活。长期节食可能引发焦虑、抑郁、自卑等心理问题，对自我形象产生扭曲认知，甚至可能发展为进食障碍，如神经性厌食症或贪食症。

2023 年 3 月，15 岁的女孩小玲因为过度减肥登上了热搜，送到医院时小玲重度营养不良，呼吸衰竭，已经失去意识。小玲爸爸表示小玲连续 50 天没有吃过东西，只喝水，身高 165 厘米的小玲体重竟然仅剩 24.8 公斤。由于长期节食，小玲得了神经性厌食症。ICU 里抢救了 20 多天，依然没能唤醒那个曾经活泼可爱的少女……

这些危害一定要告诉孩子，不能够等到孩子已经发展成为神经性厌食了，才来救治。生命没有回程车票，这事儿开不得玩笑。

3. 教孩子学会自我悦纳。

自我悦纳是一种积极的心理态度，指的是一个人对自己全面的接受和欣赏。自我悦纳是自尊、自信和自强的基础，可以建立稳定的自尊和自我效能感。一个人只有喜欢自己，才能感到快乐与幸福，才会拥有足够的能量去做自己想做的事，成为自己想成为的人。

培养孩子拥有客观、合理的自我评价，是送给孩子一生的珍贵礼物。会悦纳自我的孩子更加独立和自由，不用再依赖他人的评价生活，更不会因向外寻求认可，而使自己低到尘埃，从而失去自己的个性和自信。

当孩子们不用依赖他人的评价生活，他们才能把人生的时间和能量用在发展自我、去做自己认为有意义和有价值的事情上，而不是去做他人认为应该做的事情。也只有这样，孩子才能够拥有一个充实而有意义的人生。

如何自我悦纳？

第一步：理解自我。了解自己的内在需求和欲望，认识到自己的特质。通过自我反思，了解自己的优点和不足，找到自己的定位和目标。只有真正理解自己，我们才能更好地面对生活中的挑战和困难。

第二步：欣赏自我。欣赏自己是自我悦纳的关键。每个人都有自己的优点和长处，我们需要学会发现并欣赏这些优点。要相信自己的价值，不断给自己正面的反馈和肯定。如"我温柔，注重他人感受""我勇敢，喜欢挑战自己"。

　　第三步：接纳自我。接受自己的过去和现在，接纳自己的优秀和不足，对未来充满期待。只有接纳自己，我们才能真正拥有自信和自尊，才能更好地面对生活的挑战。"爱自己，不是觉得自己最完美；而是接纳自己的不完美后，依然可以欣赏自己。"

愿每一个人都可以悦纳自己，爱自己！

关键提醒·策略要点·我们可以这样做

家庭　　　　学校

	家庭	学校
第 **1** 步	理解青春期孩子的体相烦恼并积极帮助	
第 **2** 步	引导孩子科学看待异性价值感	
第 **3** 步	更多认可和鼓励，建立孩子自信	开展美好爱情认知教育课程
第 **4** 步	培养健康科学的饮食习惯	普及科学的审美教育
第 **5** 步	发展兴趣爱好获得更多自我效能感	对孩子进行积极的心理暗示
第 **6** 步	平时多和孩子分享内在美实例	帮助孩子学会自我悦纳

孩子怎么那么冲，一点就炸？

因为课堂上的一句批评，

孩子就用可乐瓶砸英语老师；

因为一部手机，

父子俩几乎要"大打出手"……

都说青春期的男孩就像火药桶，这是真的吗？

关键事件·背景链接·青春期的"火药桶"男孩

晚上十点多，我正准备休息，宋晔妈妈哭喊着打来了电话："徐老师，你快到我家来，宋晔跟他爸爸打起来了！"

我不禁打了个寒战，他们父子终于干上了！对于这种状况，我有心理准备。宋晔爸爸是一个非常强势的人，平时对宋晔的教育，要么不管，管就是连打带骂。宋晔小的时候打不过他，现在身体长高了，终于反抗了。

我让宋妈把电话给宋爸，借此来缓解一下他们的父子冲突。"宋晔爸爸，我知道您现在很生气，但是我请求您务必要冷静下来，到旁边来，听我说几句，好吗？"

我知道，此刻他们父子俩的情绪都很不稳定。再对峙下去，双方都有可能做出伤害自己或者对方的行为，那样的后果是我们都不能承受的。找个机会让彼此分开，这是冷却冲突的好办法。

宋爸走到阳台上，情绪还十分激动："这臭小子，今天不知道怎么了，说自己很烦躁，非要玩手机。我不给，他竟然还跟我动起手来了！三天不打上房揭瓦……"

我只能默默地听着，还不时地和他共鸣。冲突中的人，很多时候只是希望获得认同，他说一顿，我听着，等等就好了。

其实，宋晔脾气暴躁，今天已经不是第一次了。

上个星期，英语老师告诉我，那天，宋晔在英语课上随意换座位，还和同桌讲话，英语老师说了他几句，他就和老师顶起来。老师愤然说："你这样，我没法上课，请你出去！"宋晔无动于衷，老师伸手去拉他。这一拉彻底激怒了宋晔，他近乎疯狂地嘶吼道："我怎么了？明明是你针对我！你为什么总是跟我妈告状！"顺手抓起一瓶未开的可乐，"砰"地砸在了英语老师的肩膀上。

那一刻，全班同学都惊呆了！

关键问题·家长需求·我们该怎么办

现在的孩子为什么没大没小，
对老师、父母都敢动手？
孩子现在脾气这么暴躁，
以后进入社会怎么办？
父母都没有办法教育了，
以后还有谁能够管得着他？

关键支持·晓莉姐说·用爱给孩子导航

◆ 家庭角度，可以这样做——

1. 放弃暴力，平等对话。

暴力教育真的没有前途，我没有听说过一个通过打骂教育，能够成为优秀的孩子的例子。很多孩子长大成人之后，对幼年父母粗暴的教育一直都心有余悸。

暴力教育的孩子成长会有两个极端。一个是极端胆小怕事，自卑、不自信，性格孤僻，容易自我否定，缺乏安全感。长时间挨打受骂会造成孩子脑萎缩。孩子想要不挨打，就很早学会撒谎、逃避责任。经常挨打的孩子，很难成为一个负责任的人。

暴力教育的另外一个极端是孩子从小学会用暴力实现自己的目标，长大之后就会以暴制暴。不管哪种结果，都不是我们父母想要的。

"不战而屈人之兵，善之善者也。"和孩子交往，最重要的是赢得孩子，而不是赢了孩子。因此，平等对话，放弃暴力教育，是我们必须要做的事情。只有平等沟通，以理服人，用爱动人，孩子才会真正听话。

2. 放下焦虑，多帮少批。

孩子在成长过程中确实会发现不少问题，都需要我们用心去观察和研究。但是，大多数家长平时工作就忙，根本没有多少时间来管教孩子。最省事也最简单的，就是批评打骂。孩子小，没有办法反抗，打也就打了。孩子长大之后，他们就学会反抗了。

我理解宋晔的艰难，他背后有一位经常焦虑的妈妈。妈妈一直都很配合学校教育，孩子在学校的大事小事都会过问。老师呢，也十分认真负责，宋晔的表现她都会一一向宋晔妈妈汇报：今天没做笔记，昨天考试成绩不理想，前天早读不认真……

宋晔每天回家面对的都是妈妈的质问和批评，这让他烦躁。这也难怪英语老师批评时，他积累式爆发了："你针对我！""总给我妈妈告状。"

老师把情况告诉家长，需要的不是家长做传声筒，把孩子在学校的坏事又重新说一遍。我们需要的是家长可以问问孩子："遇到什么问题了？有什么需要我们帮助你的吗？""老师告诉我，你作业没有交，请问需要我们在你做作业时做什么吗？"

孩子就是犯错的主，他们是在不断试错中成长的。我们对孩子出现的问题要悦纳，多帮少批。尤其不要焦虑，焦虑之下一味地质问和指责，会将孩子越推越远。

3. 偶尔治愈，经常给爱。

经了解，宋晔小时候由爷爷奶奶带大，童年一直缺少安全感。回到爸爸妈妈身边后，又因为严厉的管教，父母很少让孩子感受到家的温暖。孩子有情绪也没得到及时的安抚和释放。

我和宋晔妈妈聊："家里是讲爱的地方，不是讲理的地方。"我们不要事无巨细地管控孩子，适当给宋晔一些自由空间。孩子遇到挫折的时候，我们抱抱他，或者请孩子吃一顿自己想吃的大餐，再引导他放下。

偶尔治愈，经常给爱，孩子对父母一定充满了依恋。一旦孩子感受到爱，他也就不会和父母对着干了。记住一句话："孩子变坏的时候，他一点也不怕大人对他坏，因为他被骂得够多了。但是，他一定怕你对他好。我们对他好，他反而不知道怎么办。"

4. 关键时机，管控情绪。

争吵和打骂的时候，说理是无效的。怒不可遏时说出的话、做过的事，往往会让人后悔。宋晔扔出可乐之后，自己也很后怕。宋爸每次和孩子争吵之后，都不舒服半天。尤其是这一次的争吵，儿子的忤逆让他感到极端失败。

既然相骂无好口、相打无好手，我们为什么不管控好彼此的情绪呢？其实，生活中80%的争吵都是可以通过管控关键对话避免的。什么叫关键对话？就是让事件性质走样、剧变的那句话，对事情走向起着关键作用。比如成年人的"你给我出去！""小心我揍你！"孩子的"打呗，除了打你还能够干什么？"激发矛盾冲突的话，就是关键时间不宜说的话。

对于这些关键对话，只要一方冷静，矛盾都不会升级。我们要教会孩子一起敏感地知道危机：对方声音突然增高了、语速变快、脸色发红、呼吸急促……我们要明确停下来："今天这事儿讨论到这，彼此想想再说！"

冷置一段时间之后，事情处理往往会有另外一种可能。果然，宋晔情绪稳定下来后，进行了自我反思，主动向爸爸道歉了。

◆ 学校角度，我们可以这样做——

1. 学会包容，冷静后再处理。

有人说生气、愤怒是一种情绪，我更理解为生气、愤怒是人的一种工具。人们借助于愤怒、生气告诉对方："我很生气，你应该听我的。""我很不满意，你要听我的。"尤其是在愤怒中长大的孩子，他们有更多的事实证明，这个确实有用。于是，他们学会了生气。

怎么应对呢？《曹刿论战》里有"一鼓作气，再而衰，三而竭"，用来对付孩子生气很有作用。他生气、炸毛的时候，我们不和他对着干。我们就静静地、和善地看着他闹。"我知道你不舒服，你冷静之后，我们再说，好不？"

等他冷静了，该批评的批评，该解决问题的解决——几次三番，他发现自己的炸毛没有市场，就会渐渐地接受我们的教育。

2. 给予肯定，鼓励后再教育。

人性最深处的需求，是获得肯定。为彻底把宋晔拉回正轨，我们适当地改变了与他的相处方式，由劝说改为商量，多听取他的想法、采纳他的意见、发现他的闪光点，包容他偶尔的小错误。

更重要的是，尽量让孩子在学校生活里获得掌控感。什么叫掌控感？掌控感就是孩子对自己的学习、生活、社交、评价有控制力。掌控感是人觉得安全的重要依据，如果失控，那就意味着焦虑和不安。

孩子以前一直被安排，进入青春期之后，自我意识萌芽，他们渴望自己做主。既然如此，我们为什么不把更多的权利给他们呢？给孩子自由做主的时间和机会，我们在帮助之外，更多的是对他们说："做得真好！""哇，你好厉害！"积极给予肯定，先表扬，再教育。我们把选择权给孩子："你觉得还可以怎样做呢？"

在这样的模式下，宋晔学习主动性明显提高了，各科成绩都飞速提升，总排名进步了 100 多名，与老师及同学的相处也越来越融洽，情绪变得越来越积极，脸上总是挂着笑容。

3. 调整认知，学习后再训练。

解决了宋晔的问题之后，我开展了一堂班会课，教导学生认识情绪，包括愤怒情绪产生的原因、表现和影响，以及如何管理情绪。鼓励学生们遇到问题及时与老师、家长沟通，让他们有表达情绪和诉求的途径。

我们积极创设情景，让孩子们在实际情景中训练自己控制情绪的能力。有时候，班级发生了一件大家都关注的"生气"事件，我们组织孩子用表演的方式复盘："当时这样，现在看有无更好的处理方式？以后该怎么办？"多次训练之后，孩子们就能够更好地与他人相处、解决冲突，避免因人际关系问题引发愤怒。

对于容易愤怒的学生，我们给予特别关注和引导："我知道你内心很苦，可以告诉我们吗？""请问，我怎样才能够真正帮到你？"慢慢地，孩子的情绪就变得平和、温暖。

🌸 关键结果·事件落幕·遇见最好的自己

一个学期之后，宋晔完全变了个样子。不仅没有了"火药味"，还变成了班上的"暖男"。遇到有需要帮助的同学，或者需要出力的活动，他都干劲十足，当仁不让。周围同学和老师，每每提起宋晔，言语中都满溢着赞赏和喜爱。

我时常与宋晔父母分享他的蜕变和进步。渐渐地，他们也真切体会到了自己之前对孩子的管教方式并非是正确的。宋晔妈妈开始学会了适当放手，宋晔爸爸则学会了鼓励孩子、尊重孩子，跟宋晔的关系自然也缓和了。

每每看到如今努力学习、积极向上的宋晔，我总是会提醒自己：爱不是管控，是尊重、鼓励，要看到孩子真正的需求，才能给予适当的帮助。不能让爱成为火药桶爆炸的导火索，而要成为浇灭导火索的及时雨。

🪴 关键理念·晓莉梳理·读懂并接纳孩子

1. 了解、控制青春期的"愤怒"。

首先，青春期的孩子身体快速发育，激素水平不稳定，情绪本来就容易波动，相比其他时期更容易愤怒。这是生理原因易怒。

其次，他们自我意识正处于迅速发展的阶段，十分渴望独立和自主，但又常常受到现实的限制和约束，认知能力有所提升，但还不够成熟，对一些事情的看法可能比较片面和极端。他们的内心希望被他人理解和尊重，当这种需求未得到满足时，愤怒就发生了。

青春期孩子的情绪还会受外界的影响。面对不良的家庭氛围、学校环境中的冲突、学业压力、社交压力等多种压力源，当感到无法应对或遭遇挫折时，都可能使他们产生愤怒情绪并表现出来。

总之，青春期的愤怒是多种因素相互作用的结果，是这个特殊发展阶段较为常见的一种情绪反应，需要正确引导和处理，以促进青少年的健康成长。

2. 管理情绪，不要和孩子"较劲"。

在孩子大发脾气的时候，不要正面对抗，要先避其锋芒，否则每次输的都是你。

当孩子产生情绪问题时，我们要给孩子机会，让他谈谈到底是什么让他生气。作为家长，在孩子宣泄情绪和不满时，我们只需要保持倾听，不需要发言，更不能评判或试图说服孩子。让孩子有机会说出他的感受，感受没有对错之分，他们只是感受而已。孩子们的观点不一定完全正确，但他们的话语反映他们此刻的想法和感受。只有在了解到孩子真实的想法后，我们才能对症下药，解决根本问题。

青春期是关键的几年，控制愤怒对孩子来说非常重要，他会影响孩子现在和未来的一切行为。

3. 亲子和谐，营造平和的家庭"氛围"。

在孩子成长的过程中，和谐的家庭氛围不仅有利于孩子形成健全的人格、稳定的情绪和良好的心理素质，促进他们的认知发展、社交能力的提升和道德观念的养成，还能增进亲子之间的亲密感和信任度，使父母与孩子之间的沟通更加顺畅，亲子关系更加和谐稳固。

因此，在养育孩子时，父母必须注重家庭环境，这里从家长和家庭互动两个方面来讲。

家长自身要学会控制情绪，尊重每个家庭成员的感受和想法，多换位思考，用平和、理性的方式与孩子和其他家庭成员交流，避免在孩子面前频繁发脾气或争吵。

此外，可以定期组织家庭活动：如一起吃饭、出游、玩游戏等，增进感情。在日常生活中创造轻松的环境，让家庭成员能自由表达自己，当出现分歧或冲突时，及时、妥善处理，不积累矛盾。

关键提醒·策略要点·我们可以这样做

	家庭	学校
第 **1** 步	学习青少年情绪发展规律，增强应对底气	
第 **2** 步	培养孩子不用生气也能够实现意图的能力	
第 步	放弃暴力，平等对话	等孩子把气生完再处理
第 **4** 步	放下焦虑，多帮少批	说"你很难受吧？""我理解你。"
第 **5** 步	偶尔治愈，经常给爱	培养孩子获得掌控感的能力
第 **6** 步	关键时机，管控情绪	进行情绪管理实践操作和训练

第五篇
性发育和性教育

青春期阶段，孩子的生理发育让家长和孩子都措手不及。

与孩子发育提速不相匹配的是我们滞后的青春期教育。好多父母都不知道青春期究竟指的是生理发育时间，还是心理发育时间，更不用说给孩子以科学可行的指导了。

好些家长觉得孩子小，聊性教育太让人尴尬了，难为情、说不出口。我想告诉大家的是，坏人从来不嫌弃我们的孩子小，那些不法分子从来就不担心我们好不好意思。如果我们自己不做好健康、科学、积极的性教育，那么，就会把书写孩子性脚本的权利，拱手相让给无良文学和色情产品。

性无知、性好奇、性冲动、性困惑无处不在，孩子的青春期过得挣扎而艰难。

性的焦虑、性诱导、性侵害，离孩子们真的不太远。在性方面受到伤害的孩子，几乎一辈子都在救赎自己的人生。

面对突如其来的性激素影响和身体变化，家长和孩子们真得有足够的思想准备，才能够迎接美好的未来！

男孩向女生伸来"咸猪手"，怎么办？

两个女孩向老师告状，

说男孩向她们伸来了"咸猪手"，

不止一次！

气得她们在班里大声骂男孩是臭流氓！

家长也着急：我的孩子就这么坏了吗？

长大以后该怎么办啊！

孩子发育了，我们准备好了吗？

关键事件·背景链接·男孩伸来"咸猪手"

女生小 A 和小 B 来找我。

小 A 说："小许故意喝水时抬高胳臂，用胳臂肘碰到了我的胸部。""他有时不经意把手放在我大腿上，还摸到了我的脸！"

小 B 性格内向，声音很小，她吞吞吐吐地说了和小 A 差不多的情况，并补充了一点，说最多一天可以摸十多次，有时还触碰到了屁股。

我很震惊，问小 B："你为什么不和老师汇报？有没有和妈妈说呀？"

小 B 说："我和妈妈说过一次，但妈妈叫我不要生事端。我妈说她和小许妈妈是好朋友，不要因为这点小事损坏两个妈妈的友谊。我妈还说，他肯定不是有意的，叫我避开就是。"

两个女孩曾经先后和小许是同桌，小 A 受不了小许的"咸猪手"，知道小 B 也遭受过同样的"遭遇"，所以拉来小 B 一起向我投诉。

小 A 的家庭氛围平等开放。妈妈和她说，女孩子要学会保护自己，身体的敏感部位不能让别人随意触碰。爸爸很民主，经常会倾听小 A 在学校里发生的事情，并会尊重她的意见。小 A 在这样的家庭里，个性开朗外向，也很勇敢，所以小许一碰到她，她就大叫一声，全班都能听到。

小 B 父亲在外地经商，经常不在家；妈妈是一个全职妇女，有些强势，她觉得女儿"生事端"会影响到自己的交往。父亲的缺位、母亲的强势让小 B 变得很内向，不愿意惹父母不开心，就默默地忍受了多次的"骚扰"。

小许父母听了女同学的投诉后相当震惊。他们眼中的儿子，还是一个不久前光着屁股到处乱跑的男孩，怎么会一下子就这样了呢？

小许父亲首先自我检讨，觉得自己过于严厉。以前是用"棍子"打过孩子的，孩子为了讨好父亲，可能会形成"双面性格"，当着家长和老师，会表现出乖巧听话的一面。

小许妈妈也反思了，说儿子因为父亲太严厉，不怎么和父亲讲话，反倒是和妈妈亲密，小学五年级前还没分床睡。儿子和妈妈关系太亲密了，可能有点"恋母"情结，是不是这个原因导致孩子对女生很好奇？

关键问题·家长需求·我们该怎么办

我孩子心理有问题吗?

这样是不是人品不好?

学校会处分我的孩子吗?

怎样介入,孩子才不会觉得丢脸?

怎样和他们说这个难以启齿的话题呢?

关键支持·晓莉姐说·用爱给孩子导航

◆ **家庭角度:父母可以这样做——**

1. 主动分离,帮助孩子发展独立人格。

孩子和父母一生有三次分离。第一次是生理分离,大约一岁时,孩子断乳后,和母亲在生理上发生了分离;第二次是心理分离,孩子进入青春期(12岁左右)自我意识逐渐觉醒,要建立成人感,需要和父母进行心理分离;最后一次分离就是社会关系分离,即孩子成家后,和父母不再是一个户口本,他(她)们有自己的第一关系,即夫妻关系。

很多时候,孩子很想和父母分离,但是往往父母还没有做好分离准备。案例中小许同学的妈妈为了方便管理孩子,和孩子一起睡觉直到六年级才分开,显然不利于孩子独立意识的形成,也造成了孩子对母亲的依赖和眷恋。

学校里没有这种依恋，便借助异性肢体接触，获得自己想要的"温暖"。

小许这种行为，父母要借助孩子分离规律，培养孩子的边界意识。青春期男孩逐渐发育了，对异性会产生强烈的好奇心，所以这一课要提前进行。母亲在孩子小学一年级就帮孩子养成独立睡觉的习惯，这种边界意识更容易形成。

2. 做好示范，主动开展家庭中的性教育。

家长的教育背景、生活环境、育儿观念等各不相同，导致家长对性教育的认识也不一样，性教育理念也完全不一样。

"为时过早"型家长认为孩子还小，不必急着开展性教育，过早教育反而会引起孩子的兴趣；"失之偏颇"型家长认为女生家长要开展性教育，男孩就不必紧张，"反正不吃亏"，这种观念是不对的；"顺其自然"型家长认为性教育不必进行，孩子大了，自然就会懂，我们也没人教啊，不照样过来了吗？"遮遮掩掩"型家长觉得性教育很难为情，"性"是一个很隐私的话题，不好意思给孩子说，孩子遇到问题，他们会支支吾吾，转换话题，看到电视上"接吻、亲热"的画面，连忙转换频道，希望做到"物理隔离"……

其实，性文明法则，家庭是第一教育场所。青春期到了，家长知道孩子内裤要宽松，可是，自身行为习惯却不注意：爸爸赤裸上身在家到处晃，女儿要么容易自卑，要么就对危险疏于防范；妈妈在家穿吊带睡衣随意走动，儿子看也不是，不看也不是；还有些父母在家上厕所，厕所门都不关……这样的环境对孩子影响很坏了。

3. 积极引导，好的关系带来好的教育。

我们都说好关系带来好教育。那么，什么是好关系呢？不是法律上、身份上有关系，就产生了教育。真正的"关系"，是我们给孩子提供支持、和孩子发生了链接，他们感受到我们的存在，才叫"关系"。

我们对小许父母建议，别轻易责备孩子，在下结论之前，先问问孩子为什么那么做。父母通过民主、平和的询问之后才知道，孩子也不是刻意要流氓，他只是好奇：女生和男生的身体有什么不一样呢？他或许想自行"探索"，伸来"咸猪手"，是想用手摸一摸，确认一下。

很多时候，我们不是遇到了"问题孩子"，而是遇到了"孩子成长中的问题"，但是如果我们不重视问题，不帮助孩子们解决问题，孩子们就容易成为"问题孩子"。

我们建议小许父母：把青春期发育的书放在孩子的桌前，让孩子自己去研究；父母还可以和孩子谈论一些发育内容，解答孩子的困惑；爸爸要主动走近孩子，和孩子聊聊自己的成长故事，借老爸以往的"糗事"给孩子做正确引导。

一段时间后，孩子自己说："我好奇，但不能够侵犯人家的安全领地。"三观绝对正确！

◆ 学校角度：我们可以这样做——

1. 弄清事实，分类做好双方安抚。

法律界有句名言："法律的光芒不仅仅照耀在好人身上，也照耀在坏人身上。"对学校老师来说，被"骚扰"的孩子，和犯错的孩子，都是我们的孩子，都需要正确的教育和引导。只有双方都被"教育的光芒"温暖，事件才算是得到了真正的处理。

首先，客观了解事实。我先安抚好两个女孩的情绪，让她们先冷静一下，我会马上调查并处理此事。我请两个女孩不说情绪，只说事实，写好投诉事件的具体时间、次数、行为及她们回应的语言等。我们表态："我们一定会保护你们的合法权益不被侵害，遭遇骚扰绝不迁就或姑息。"

小B补充了一个重要信息——小许曾经问了她一个问题："你们女生的生殖器官结构是怎样的？"有一次午睡时，她一觉醒来，发现小许正在看她的脸。调查中发现，除了小许以外，班级还有其他两三个男生也喜欢说些"黄色"的语言。看来，是"小许们"都需要教育。

事实了解清楚之后，我找到小许同学。还没有拿出"证据"，他就很快承认：手放到过女生的大腿上，也曾经好奇地摸过脸……不承认摸过屁股和胸，"顶多是闪电地碰触了一下"。最后，他忐忑地问："我是不是很坏？学校会处分吗？"

我安抚他："主观上没有故意侵害，客观上造成了女生不愉快，会酌情处理。关键是你要果断改正。"他答应了。

2. 专业研究，团辅和个辅相结合。

这件事也让我们反思：往年为了配合科学学科教学，青春期教育往往和初一下学期科学教学内容——《代代相传的生命》同期安排，孩子们在学习生物生殖系统的同时接受性教育。而孩子的发育期其实早于这个时间，开始发育的阶段没有得到及时指导，好奇心就会驱使孩子用自己的方式"探索"。

于是，我们决定将青春期性教育课程提前到小学六年级。男生和女生由不同的老师进行不同专题的讲解，从身体发育到男女交往……将青春期会遇到的问题讲得更细、更透、更早。这样的安排赢来了家长和孩子们的大力好评，也避免了很多意外的发生。

除了团辅，我们也开展个辅。对几个女生都逐一安抚，进行个别心理辅导，并教给她们应对此类事情的方法。我们表扬了女生A的勇敢行为，邀请了女生B的妈妈来学校，由学校专业心理老师对她进行帮扶和引导。最后，这个"糊涂"妈妈认识到自己关心女儿很不够，她表示要和爸爸汇报这件事情，并说以后一定会保护好女儿。我们对女生提出了建议，以后遇到类似事情不要"沉默"，一定选择大声喊出来并斥责。

3. 去掉标签，帮助孩子重构价值。

事件根源在男生，小许的帮扶更加重要。为避免小许消沉低落，我们在整个事情处理中，尽量回避"咸猪手""变态""小流氓"这样的标签。因为这样的标签背后，往往是孩子遇到了靠自己无法正确解决的问题。

青春期的孩子不是"问题学生"，而是"遇到问题的学生"，是遇到了困惑却缺少引导的孩子。我们应该帮助他们解决问题、解决困惑，从而帮助他们顺利度过迷茫的青春期。小许之所以不断去"探索"女生身体的秘密，是想表现自己在同伴跟前有"见识"。我们告诉他，真正有价值、有意义的"见识"，是在课堂上、在成长上有自己的地位，引导他正面建立同伴价值感，如上课积极回答问题，用成绩进步赢得同伴的尊敬，用运动场上的成功证明自己……

刚开始孩子情绪有些不稳定，我们又找了心理老师给他进行了个辅，同时建议家长多鼓励和陪伴，转移孩子注意力，帮助回答男孩子发育中遇到的困惑。渐渐地，我们明显看到他开朗起来，脸上有了自信的笑容。

关键结果 · 事件落幕 · 遇见最好的自己

在老师和家长的帮助下，小许慢慢走出了阴影。他越来越开朗，在班级成了老师们的小助手，经常帮助同学们；在家和父母话也多了，尤其是爸爸，经常陪伴他锻炼，他在初二上学期参加了学校的运动会，还获得了学校 1500 米第三名；班级的女生也逐渐淡忘了初一发生的尴尬事，她们和小许有说有笑……

关键理念 · 晓莉梳理 · 正面管教养成孩子健全人格

1. 父母是孩子第一保护人。

为什么两个女孩表现截然不同？小 A 父亲是大学教授，妈妈是瑜伽教练，家庭的氛围平等开放。妈妈经常和她说，女孩子要学会保护自己，身体的部位不能让别人随意触碰。爸爸很民主，经常会倾听小 A 在学校里发生的事情，并会尊重她的意见。小 A 生活在这样的家庭里，个性开朗外向，也很勇敢，所以小许一碰到她，她就大叫一声，全班都能听到。

小 B 父亲在温州经商，经常不在家。妈妈是全职妇女，有些强势，朋友也不多，所以小 B 妈妈很珍惜小许妈妈这个朋友，担心女儿"生事端"会影响到自己的交往。父亲的缺位，母亲的强势，让小 B 变得很内向，怕父母不开心，就默默忍受了多次"骚扰"。

2. 父母的教育观念要一致。

小许父母听了女同学的投诉后相当震惊。他们眼中的儿子，在家很听话啊！小许为什么会出现"两面性格"？

小许父亲首先进行了自我检讨，觉得自己过于严厉。以前用"棍子"打过孩子，孩子为了讨好父亲，就会形成"双面性格"，当着家长和老师的面，会表现出乖巧听话的一面。但是在女生那里，却不时肢体触碰，引起女生的反感。

小许妈妈也反思了，小学五年级前还和妈妈一起睡觉，儿子和妈妈关系太亲密了，以至于他觉得，碰触异性身体很正常啊，小 A 怎么就尖声大叫了呢？

父母意识到：家长应该和孩子建立和谐的亲子关系，学会观察和倾听孩子，及时给予孩子更多必要的指导。当孩子进入青春期，面对发育带来的困惑和好奇时，应给他正确的求助途径和通道，防止出现以上错误的行为。

3. 正面管教养成孩子健全人格。

所有问题都是课题。上纲上线和标签化容易使教育走向反方向。怎样使孩子养成健康行为习惯呢?

首先是家庭环境要温暖。智慧、温情、换位思考都能使家校沟通更有效。其次是做父母的要关注孩子的变化，给予一定的帮助。可以买一些书主动放在床边，如《爸爸说给青春期儿子的秘密话》《妈妈送给青春期儿子的枕边书》等等类似书籍。再次是加强亲子沟通，建立和谐的家庭关系，学会去倾听孩子并及时予以指导和帮助。

在一次培训中我讲述了这个故事，最后总结道:"青春期的故事要谨慎对待，千万不要让它发展成了事故!"一个老师给我留言:"徐老师，我很羡慕你们学校，也很羡慕小许同学有这么好的老师们。我班也发生过一个类似的故事，学校学生处的决定是给我们班孩子一个处分，而且一定要家长签字。家长又生气又觉得羞辱，一气之下，一个大巴掌，把孩子打得耳朵的鼓膜穿孔……我在外地培训，不在学校的时候，没能保护好这个孩子……中学三年，那孩子都是一个人坐在教室最后一排，没有一个人愿意和他同桌!我想着都难受。"

老师的留言，让我心痛且无语。孩子是成长中的人，我们要给孩子改错的机会，不当的处理，会让青春期的"故事"变成"事故"啊!

关键提醒 · 策略要点 · 我们可以这样做

 家庭

 学校

	家庭	学校
第 1 步	给孩子提供正确了解性知识、接受性教育的渠道	
第 2 步	利用图书、视频和专需课的机会，让孩子了解青春期发育的真相	
第 3 步	正确、及时做好亲子分离	充分了解学生的变化
第 4 步	父母做好积极的行为示范	在孩子好奇的时候进行性教育
第 5 步	陪伴而不是说教度过青春期	设置系列课程培训家长
第 6 步	父母要细心观察，观念一致	不贴坏标签，合力帮助孩子成长

孩子的脖子上怎么会有"草莓印"？

孩子趁父母不在家，

把女友约到了家中，

他们做出了亲密行为——

男孩脖子上留下了鲜红的"草莓印"……

天呐，现在的孩子怎么这么早熟，

到底他们还发生了什么？

老师、家长要怎样才能够科学应对？

关键事件·背景链接·脖子上的"草莓印"

小洁，某重点中学初二学生。父母离异，她和妈妈生活在一起，学习成绩在年级中等偏下，性格安静温顺。

小寒，初二上学期从北京转学到小洁的班级，成绩不错，高大帅气。安静温顺的小洁让他觉得温暖，下课总喜欢找小洁聊天。

小洁在和小寒的交往中，感受了被需要，也喜欢被关心的感觉。他们的感情迅速升温，而且越陷越深……

这中间，班主任小李老师曾发现他们的"特别"。有一天，班主任小李老师去教室里拿东西，大家都去上体育课了，只有他俩在教室里。两个人挨得很近，女孩似乎是坐在男孩的腿上……

小李老师 26 岁，男班主任，大学才刚刚毕业，还没有谈过恋爱呢！看到这个画面，他脸一红，担心孩子们尴尬，慌忙先退出了教室。思考再三，他还是决定把这件事向两位家长通报，提醒家长们各自管好自己的娃。

尽管现在的信息很多，但是家长们还真不知道怎么"管"好自己的娃。他们的方式比较单一，就是"物理隔离"，各自接送自己的孩子，尽可能避免两个孩子校外单独接触。

可是，他们依然没有办法断绝两个青春期孩子渴望在一起的心。这天，小寒趁妈妈出差，悄悄地把小洁约到家中。在外出差的妈妈总觉得不踏实，一种不好的预感，让她提前回家了。回来后，发现孩子很奇怪，原来的低领衣服换成了高领，而且还躲躲闪闪的。她一把把孩子拽过来，天啦，她清晰地看到小寒的脖子上有鲜红的"草莓印"——吻痕！

儿子在家到底做了什么？！又气又恨的妈妈一顿咆哮，孩子支支吾吾说不清。气急败坏的她又在儿子书包里搜出了避孕套！小寒妈妈只觉一阵天旋地转，情急之下，联系上了小洁妈妈。谁知道两人没有说几句，就吵起来了，各自埋怨对方没有管教好自己的孩子。

最终，这事儿闹到了学校。

关键问题·家长需求·我们该怎么办

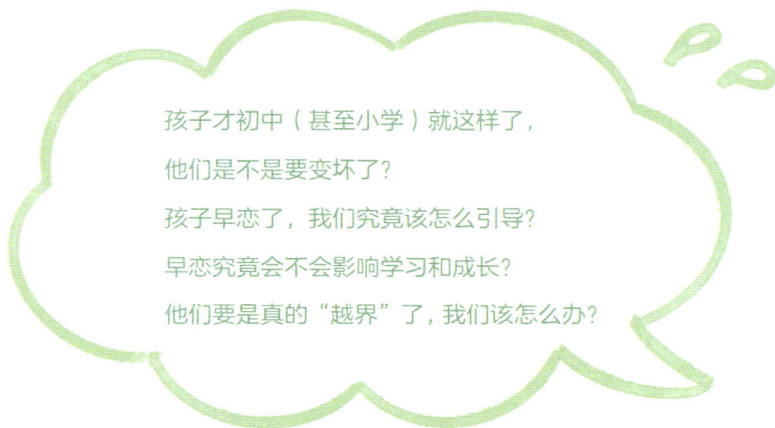

> 孩子才初中（甚至小学）就这样了，
> 他们是不是要变坏了？
> 孩子早恋了，我们究竟该怎么引导？
> 早恋究竟会不会影响学习和成长？
> 他们要是真的"越界"了，我们该怎么办？

关键支持·晓莉姐说·用爱给孩子导航

◆ 家庭角度：父母可以这样做——

早恋是绝对不提倡的行为，但孩子的情感不是开关，说关上就关上了。面对已经发生早恋现象的孩子，家长要稳住情绪，站在更长远的视角引导孩子。

1. 理解孩子的交往。

理解孩子是教育的第一步，也是关键的一步。离开了理解，我们很难和青春期的孩子有深入的沟通和交流，教育也就成了空话。

怎么理解呢？

首先，设身处地思考。随着性意识的觉醒，青春期孩子对异性产生好感是正常的。这两个孩子走到一起也是现实驱动。男孩父母两地分居，妈妈带着孩子还要出差，爸爸异地工作，平时家人陪伴很少。女孩父母离异，妈妈开美容院，主要精力在店里。两个缺少家庭陪伴的孩子，彼此取暖，惺惺相惜也很正常。毕竟归属感是普遍需要的一种心理需求。

其次，共情孩子情绪。男孩转学来到一个新学校，需要同伴接纳；女孩成绩不好，妈妈的期待是上职高就行，女孩自己很乖也不惹事，性格安静，在班级里属于"不显眼"的人，很少有人欣赏和关注。"换作我们自己，也会互相靠近。"这样对孩子说，孩子会觉得被理解。

再次，分享成长经历。"我像你这么大的时候，也曾对某个同学有好感，这是成长的一部分。"讲述自己同年龄段类似的情感经历，让孩子明白他们不是怪物。

最后，理解并指出价值。不要把孩子说得一无是处，那样容易造成对立。"喜欢一个人的感觉是很美好的，说明你有一颗充满爱的心。"这样的话语会让孩子感受到被理解。

青春期的教育，我们需要"赢得"孩子，而不是"赢了"孩子，没有这样的理解，孩子就会"破罐子破摔"，甚至更加逆反。

2."物理隔离"不可取。

心理学上有"罗密欧"现象，家长越反对，孩子越要在一起。各自接送自己的娃，表面上是"看住"了，实际上呢？两位妈妈都说，经常接不到孩子。放学在校门口左等右等接不到孩子的现象时有发生，有时候孩子会故意提前离校了，或者从其他校门走了。

"物理隔离"一是不可取，二是做不到。只要孩子想，他们有很多机会在一起：上补习班、班级活动课等等，都是可以找到机会的。再说，校园里那么大，有许多竹林、小山坡……老师不可能时时看管。

3. 重视其中的风险。

两方家长都要重视，并不是女孩妈妈才需要担心女儿"受欺负"那么简单，男孩家长一样要重视其中的风险。

首先，有法律风险。我国对于未成年人发生性关系制定了一系列条款，未成年人发生性关系就等于在犯罪边缘游走。

其次，有道德担心。孩子交往过密，会被同伴纷纷议论，逐渐丧失同伴价值感。一旦两个人吵架或分手，对另一方就可能造成较大伤害。万一发生了性行为，心理上可能有较多的道德愧疚感，对将来的生活会造成较大的阴影，甚至影响以后的正常学习和生活。

最后，担心伤害身体。不管是男女双方，过早出现性行为，对还未发育完全的身体都将造成伤害。尤其是女生，如果怀孕了，结果就是身体和心灵的双重伤害。

4. 用爱来陪伴孩子。

首先是无条件地接纳孩子。孩子们只是交往过密，是遇到了青春期的"问题"，他们不是"问题孩子"，我们不能用异样的眼光看待他们。孩子们需要我们的帮助和指导，而不是一顿劈头盖脸的责骂，更不是处分。

其次，肯定孩子做得好的地方。这个案例中，孩子至少有三个值得肯定的地方：一是知道要使用避孕套，这个保护意识值得肯定。二是准备了避孕套，这个行为值得肯定。三是最终他们没有跨出最后那一步，理智战胜了冲动，自律和克制更值得肯定。这三点都说明孩子是有责任感的，有敬畏心。

最后，真诚地和孩子敞开心扉。向孩子表达爱，也要检讨大人们做得不够好的地方，在孩子孤独的时候我们关注、陪伴不够，向他们承诺今后爸爸妈妈会给他们更多的支持，一起为未来努力。

5. 让孩子看见未来。

告诉孩子，因为缺少陪伴、缺少关注，因为孤独而爱上一个人，这种爱是匮乏性需求，不会长久，也不能够给人带来自信。好的爱情应该是成长性需求，让人自信，目标感强，能够让两个人都变得更美好。用提问来促进思考："哪种爱更具有长远意义？"孩子自己会想清楚。

告诉孩子，好的爱情，是两个人都想变得更好。真心相爱，就要为对方考虑未来，而不是自私地满足当下的快乐。小寒成绩很好，他希望自己可以考上一所重点高中；女孩喜欢艺术，她希望自己可以读幼儿师范，将来可以成为一名幼儿园老师。我们就要为实现孩子的梦想提供支持，提供规划，让他们看见自己美好的未来。

有目标、有追求的孩子不会轻易沉溺于男女之情，对孩子越没有要求，孩子越容易早恋。家长带孩子去看一看他们未来理想的学校；对标目标，做一些规划，哪些学科需要补差，哪些才艺需要准备。让两个孩子充实忙碌起来，一起为理想奋斗，也为孩子们建立更多的同伴价值感，他们在一起的念头就会逐渐转移了。

◆ 学校角度：我们可以这样做——

1. 以生为本帮助和指导。

不少学校认为，发现学生早恋应该严肃处理，我觉得欠妥。孩子需要的是指导和帮助，而不是处分。孩子感觉好，他们会变得更好。我们要以爱导航，帮助孩子学习成长的经验。

孩子是成长中的人，家长与教师是引导教育孩子成长的人。家长与教师如何指导孩子的成长，尤其是出现问题的孩子，需要智慧与艺术。不给孩子机会，一次次撕破孩子的脸皮，不留一点尊严，这样做往往会出现灾难性的后果。

2. 教会孩子们自我保护。

我班经常组织班会课，教给孩子掌握异性交往中的"度"。如果孩子一开始就知道这些"度"，很多问题，很多忧患，就能遏制在萌芽之中。我常常利用班会课教给孩子们利用"三道防线"来保护自己。

异性交往的三道防线

第一道防线：学会交往。

男女生当然可以正常交往。学会交往要注意的就是：要公开交往，不单独交往；要群体交往，不个体交往。让大家都在一起玩，不要单独一对一接触，交往时不穿一些暴露的服装，不讲性话题。

第二道防线：学会拒绝。

首先，怎么拒绝？比如说男生问：明天到我家玩好不好？我爸爸妈妈都不在家，你到我家来一起写作业吧。女生怎么办？我和学生们训练了很多种温暖而坚定的拒绝方式方法，如可以说："不好意思，你妈妈不在家，我妈妈在家。"或者说："到你家玩可以，我可以带上……吗？"（一定要多带上一个人）

这个要训练。因为拒绝是很难的，怕别人伤心，怕别人失望……女生天性善良，有时拒绝到最后，变得没有力量，就软下来了。所以要学会拒绝，坚信自己这个拒绝行为是正确的，并且坚持它。

其次，拒绝越早越好。比如说对方可能一开始只是邀请去家里玩，如果不在这时候拒绝，接下来第二步，对方有可能说我们来做一点亲密无间的事。这时拒绝就更难，甚至被强迫都有可能。不想做的事情，越早拒绝越不会伤害人。

再次，拒绝的过程要坚定且有智慧。不让对方觉得尴尬，而且自己又很有道理。我们可以带领孩子多做一些这种拒绝的训练。

当异性这样对你说——	我们可以这样回答——
1. 我无法控制我自己……	1. 我可以控制我自己，我可不想这么做。
2. 我有很多优点，帅气热情，慷慨善良，难道你不喜欢吗？	2. 喜欢啊，正因为如此，我不能够做伤害你美德的事。
3. 很多人都这样做，我的朋友也这样做，我们为什么不可以？	3. 我相信你是一个更有主见的人，我们比他们更特别。

学会拒绝很重要，尤其是当爱情冲昏头脑时，这个拒绝"三原则"，可以帮助到大家：①相信自己拒绝是正确的；②选用合适的拒绝方式；③拒绝时尽早且坚决。

第三道防线：学会止损。

如果真的发生了越界行为，我们要将伤害降到最小。首要是采取措施，紧急避孕。然后要告诉父母，不要自己心存侥幸。比起被父母骂一顿，重要的是及时止损。

对于更严重的后果，一切都要在父母知情的情况下，到正规医院处理。绝不能轻信无良广告的宣传，最终对自己的身体造成无法挽回的伤害。

适时给孩子严肃科普相关知识，让他们意识到后果的严重性。孩子们一定要有保护自己的意识，但最根本的是守住交往的第一道防线——学会交往。

3. 多方交往建立更多价值感。

在学校的帮助下，班主任李老师不动声色地做了以下工作：让小寒做他的课代表，让他每天忙碌起来；鼓励小寒经常帮助同学答疑，提升他的同伴价值感；邀请他成为班级篮球赛主力，多方体验成功……小洁呢？则成为老师个别帮扶的对象，经常去办公室面批面订作业提升她的成绩；她的笑容多了，也更加自信了。两个孩子在班级都有了更多的好朋友，不再像以前一样经常黏在一起了。

🌺 关键结果 · 事件落幕 · 遇见最好的自己

小洁很庆幸，他们最终没有做到那一步。现在的她，很平静很坦然，重拾心情。迎接中考。小寒也很努力地学习，依然会帮助小洁，但他们各自有了更多的好朋友。一起祝福他们，在最美好的时光遇到最美好的自己！

🌿 关键理念 · 晓莉梳理 · 读懂并接纳孩子

1. 尊重情感，理解需求。

哪个少女不怀春？哪个少年不钟情？家长要理解和尊重孩子成长的心理需求，引导他们正确认知青春期的性和感情。给孩子爱，让他们觉得有安全感，让他们的感受和需要被"看见"，他们也就不急着和异性去倾诉和分享。

不要用说教的方式去教育孩子，那样只会造成孩子反感。聆听、分享、尊重是最好的办法。读懂与理解孩子的成长需求，接纳与包容孩子出现的情感问题，孩子们会走得更加自信。

2. 学会接纳，用爱发力。

不管遇到什么情况，首先接纳。接纳孩子在成长过程遇到的问题，也接纳孩子在异性交往中出现的心理和行为特征。不要把孩子看得很坏，这是成长中的孩子遇到了"问题"，而非是"问题孩子"。与他们交流，爱为先，家长必须让孩子感受到关心与爱，然后才能共商异性交往的相关问题。

3. 丰富策略，智慧化解。

家长多关注孩子情绪的变化，通过郊游、打球、共同阅读等亲子活动增进感情，让孩子心中有事情时能放心向家长倾诉。鼓励孩子积极参与班级集体活动，扩大孩子交友范围，不与特定对象交往，恋爱的可能性就小。

另外，还要引导孩子主动与异性交往，建立友谊，帮助孩子安全体面地满足自己内心同伴价值需求。

4.科学授权，引导决策。

在一些不涉及原则的问题上，让孩子自己做决定。如："关于怎么平衡恋爱和成长，你可以自己先想想办法。"在尊重和信任中，孩子慢慢学会自己做决定，家长只做观察，这才是真正的"授人以渔"。

关键提醒·策略要点·我们可以这样做

家庭　　学校

第**1**步	理解、尊重孩子正常的情感需求	
第**2**步	提供恰当的行为支持，杜绝贴"坏孩子"标签	
第**3**步	用心做好孩子情感问题的参谋	组织学生练习异性间的正确交往方式
第**4**步	教给孩子一些自我保护的策略	扩大孩子朋友圈，结交更多的伙伴
第**5**步	坦荡而诚恳地聊爱的正确方式	在班集体中构建孩子的存在感、荣誉感
第**6**步	支持孩子多领域获取成功体验	和孩子一起规划未来

孩子手绘"性知识"画册传播，怎么办？

三个六年级学生，

手绘了一本"性知识"画册，

在全班传播，

老师最后才知道……

关键事件·背景链接·手绘画册引起"地震"

三个六年级学生，手绘了一本"性知识"画册，全班传阅。画册内容大胆露骨，不仅有男女生青春期性特征描绘，还有一些性爱画面！

班主任表达自己的震惊："当小宇家长私下告诉我说，全班同学私底下都传阅了。我感到非常震惊，也很生气，这事儿怎么就发生在我的班上？！"

家长也很紧张："我们的孩子会不会变坏？"

这绝对是班级地震性"事故"，是大事件。我们究竟该怎么处理呢？

关键问题 · 家长需求 · 我们该怎么办

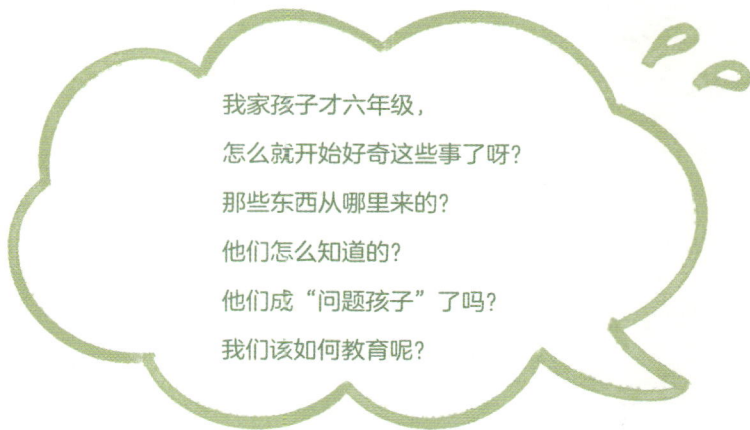

我家孩子才六年级，

怎么就开始好奇这些事了呀？

那些东西从哪里来的？

他们怎么知道的？

他们成"问题孩子"了吗？

我们该如何教育呢？

关键支持 · 晓莉姐说 · 用爱给孩子导航

◆ 家庭角度：父母可以这样做——

1. 主动学习，了解青春期孩子的"密码"。

家长首先要学会"觉察"，做一个智慧的观察者，及时发现孩子的成长需求；其次要学会"聆听"，做一个耐心的倾听者，听到孩子的心声；最后再给予"指导"，做一个民主的引领者。英国哲学家罗素说过："一切无知都是令人遗憾的，但是对性这样的事无知，则是严重的危险。"孩子进入青春期以后，身体的变化会让他们不安、让他们好奇。我们要了解青春期孩子生理和心理特点，掌握青春期孩子的心理密码，及时给孩子帮扶，帮他们形成正确的性思想观念，这样，才能够维护好孩子一辈子的性健康。

2. 营造良好环境，减少成长中的不良刺激。

环境能够影响人。夫妻亲热不关好房门，性用品到处乱放，都会给孩子造成不好的影响……一个初一的孩子有一天带着一大把避孕套在班上散发，源头居然就是家长在家里乱放。孩子不知道哪些属于隐私的事情，只觉得自己拥有这样的东西很酷。减少孩子在性方面的不良诱导，家长要从小细节入手，给孩子形成良好的"清洁"环境，减少不必要的刺激。

3. 提供正面资源，方便孩子学习相关知识。

性教育家长不好意思开口，不等于我们就"不能够作为"。我有一个观点，对于知识性的东西，我们要把资源放在离孩子们最近的地方，这样才方便孩子们学习。

不要以为这些东西我们使劲回避、躲避，甚至坚壁清野，孩子们就不会去探索了。事实证明，这是掩耳盗铃。不少孩子会从小说、漫画、视频、图片中去寻找答案。如果哪一本小说中有较为具体的这方面的描写，那本小说马上就成为孩子们广为流传的读物。

很明显，科学的、文明的、卫生的知识凭借不靠谱的小说去猜想、去获得是不行的。孩子小的时候，家长可以陪伴阅读性教育的绘本，长大一些可以看一些科学的成长读物。聪明的父母要学会把相关的读物不露声色地藏进家庭书架里，让孩子们自己去阅读。孩子们在这方面自学的天赋让我们成年人惊讶，而自学，恰好是一种双赢的方法，让教育润物无声。

4. 性教育和爱教育同步，让孩子学会自爱。

当女孩子出现第二性征，父母喜悦地祝贺"小女生变成小公主了"；在女儿第一次月经来临时，举办派对邀请女儿闺蜜一起庆祝。当孩子发现父母以开心的方式传递性教育，孩子会很正向地看待身体变化。

同时，教会孩子保护自己。刚来例假的女生最常担心月经突然跑来，如果是周末、假日，她们就拍手称庆。在上课中或体育课时，那真是尴尬万千。"为了怕万一，我老早在女儿书包里放两块卫生棉。"这是妈妈应该做的。

性教育还是责任的教育。当孩子出现了第二性征，祝贺的同时乘机给孩子进行责任教育，让他们意识到自己的性行为将具备的、可能的后果。正视它，且做好相关的爱与责任教育，正确的性思想就会在孩子生命中扎根。

◆ 学校角度：我们可以这样做——

1. 及时培训家长，让家长拥有正确的性教育理念。

教育迷茫是每个家庭共同的困惑。很多家长都是第一次做家长，他们也不知道怎么应对孩子突然增长的性教育和爱教育需求。学校可以为他们提供支持。

专家、心理教师、优秀的班主任可以成为家庭教育的指导师，针对不同年级的家长开设适合家长提升性教育水平的课程。课程分为群体指导和个别指导两类。群体指导以开设系列课程来进行，分为体验性、活动性、认知性课程三类。体验性课程重在接纳，活动性课程注重操作指导，而认知性课程则注重真相揭示、原理解读。

以我校为例，小学阶段开展的家长课程如下：

小学	课程主题	讲座内容	课程形式	形式举例
1-2年级	指导孩子了解和保护身体	1. "我从哪里来"：如何和孩子谈"性" 2. 如何指导孩子自我保护 3. 家庭生活中的性教育	体验性指导课程 活动性指导课程	亲子共读、共画绘本，游戏体验、角色扮演等
3-4年级	指导孩子交往和预防性侵害	1. 指导孩子学会交往 2. 预防性侵害	活动性指导课程	教育戏剧等

小学	课程主题	讲座内容	课程形式	形式举例
5~6 年级	了解青春期密码	1. 发育的内容和真相 2. 青春期亲子关系的修正 3. 异性交往的指导	认知性指导课程	讲座、沙龙等

2. 创建班级性教育课程，用科学认知去掉神秘感。

什么样的东西会全班都传阅？当然是他们关心的东西才有这样的魔力。从"全班"这个数据上，我们要看到需求"面积有多大""心情有多迫切"。自制"绘本"之所以有市场，无非是孩子们获得相关知识的资源匮乏、渠道短缺。一旦有更为科学、更为直观、更为严谨、更为形象生动的教材或者资源可用，自制"绘本"还有市场吗？

作为青春期教育工作室领衔人，我成立了以家庭教育为研究方向的工作室，根据每个阶段学生的不同，为学生设计了一系列完善的性教育课程。除每学期必开的三次讲座外，学校还会定期开性教育的主题班会。教师之间同课异构，邀请专家点评，同伴之间取长补短，不断提高课程教学能力。

通过近两年的实践，我们建构了十节学生需求的青春期课程和十节家长需求的课程。当我们将图文并茂的课程资料送到孩子们手中，当学生分性别观看 3D 动画知道受精问题，当孩子们破除神秘感之后，就会知道其他粗糙的读物上的说法是不靠谱的，就不会那么好奇了。

3. 组建互学小组，正面发挥同伴互助作用。

性教育"绘本"不是某一个学校的特产，是不少青春期孩子都曾遇到过的问题。同伴的分享远比大人教给他们的多。在学生"性教育读物"处理上，知名班主任郑学志老师的做法值得借鉴——他交给"肇事者"一个任务：研究出更为"科学、可行"的办法，把正确观念和做法全班普及。郑老师认为：不仅仅要满足孩子的好奇，让他们学会科学的性生理知识，更要教给他们正确的性观念，用责任与爱为一生护航。

把学生组织起来，在老师的引导下，用科学、准确、三观正确的性知识去自我教育，这是必经之路。如果我们不这么做，他们自己会找材料，到时候良莠不齐、三观不对，甚至还是错误的知识，对学生们造成的负面影响更大。

我们可以用布置课题、提供资料，让孩子们建立小课题的方式，研究、探索给同伴科普性教育的课程。不过，在给孩子们布置这个课题之前，我们老师要做好脱敏教育，做到坦荡和诚恳。根据我们的实践表明，很多时候，是老师们没有脱敏，觉得难为情。相反，倒是学生坦然得多。其实，孩子们是"香蕉人"（嘴巴上黄，内心纯洁），有时他们还会装老成地说："放心吧，我们懂。"作为教育者，我们不要被他们假装的样子所蒙蔽，得让他们进一步研究和思考，让他们在知道生理结构基础上，学会怎么保护自己、保护他人。

可以组织孩子们讨论的常见的话题有："小学、初中进入青春期发育了，为什么国家结婚年龄要定在二十多岁？""异性、同性交往，有哪些基本的性道德？""性行为会有哪些风险？""如何科学地保护自己？"……当孩子们知道"保护女孩子就是保护我们的未来""在性问题上没有绝对的公平""唯有自爱才能够支撑起未来幸福"，手绘画册就没有市场。

🌸 关键结果·事件落幕·顺势巧为开展性教育

事件中的三个孩子最后没有被处分，也没有刻意去强化，学校抓住了这次教育的"契机"，做了以下改变：

首先，性教育提前开展。以前都是在七年级开展性教育，后来我们就提前到了六年级，因为孩子们发育提前了。学校层面，我们分别开展了男女生青春期教育专场；班级层面，开设青春期主题班会"迎接青春期""我爱我自己"等，通过家校结合、班级和学校层面结合，孩子们的好奇心得到了满足，也能正确看待身体发育带来的变化，理解了男女有别，需要相互尊重。

其次，同伴教育顺势巧为。我们把同伴互助互学互教作为一种教育方法，在班级开展话题讨论，论题包括："性幻想和自慰为什么对身体有害？""过早地性生活为什么会影响生理发育和记忆？""性和性生活究竟是怎么回事？"做上三四次互助型的性教育之后，孩子们基本上都懂了，也不好奇了。

更重要的是普及科学知识。我们组织孩子讨论第二性征开始的注意事项和结婚生育的最佳年龄，指导学生开展讨论如何做好"养土育种"，指导如何筑好异性交往的三道防线等等。这样，让孩子们不仅懂得性是什么，更懂得怎么客观认识性，学会保护自己。

关键理念 · 晓莉梳理 · 读懂青春期的密码

1. 好奇是孩子成长中的自然现象，不要把好奇当问题。

好奇是人的天性。很小的时候他们就想知道"我是谁？我从哪里来？"稍微大一些他们想知道"我是怎么来的？我和父母有什么关系？"随着性生理的发育，性意识也逐渐增加，他们会对男女生的性特征更感到好奇，甚至会亲自动手"探索"……成年人不明白孩子的真实想法，就会把孩子成长中的问题错误地归因成孩子道德品质败坏，小小年纪不学好。其实，真是冤枉了孩子。当孩子遇到"成长中的问题时"，我们不要把他们当成"问题孩子"。我们要抓住机会，帮助他们获得"知识"。

2. 他们迫切需要得到答案，帮助他们解决困惑。

小学高年级是一个很奇妙的年纪，随着年龄的增长，孩子们的身体会突然发育增快，面对发育过程中第二性征的出现，很多孩子是没有做好思想准备的。女孩子初潮，不少人惊慌失措；男孩子第一次遗精了，会羞愧吓死。

身体上遭遇的新变化带来新问题，他们迫切需要"知道"。好些孩子甚至因此而带来"烦恼"：别人发育了，可我还是个子矮，怎么办？长痘痘了，怎么办？月经来了怎么处理？男孩遗精后会不会对身体有害？……甚至有男生很可爱地来问："老师，女生来例假要休息，男生遗精后也需要休息吗？"这些问题都暴露一个本质——孩子对自身的关注，他们遭遇了身体发展和知识、经验发展不同步，成长给他们带来了困惑甚至恐慌，他们如何能做到不想知道呢？

3. 教育缺失会带来更多问题，因此要及时介入。

我理解老师们的担忧：同伴互教，会不会教坏孩子？您看看，在有些班级里，孩子们不时触"雷"，甚至非常放肆：口中常常挂着含有性器官的骂语，竟然不避老师；课堂上，性联想词语不做掩饰，学生互相挤眉弄眼……很明显，这是主流教育的缺失带来的问题。

在性教育上，中国当下的教师和家庭都缺乏正确的认知，也没有明确的方法，甚至避而不谈。这种"性教育上的无能"导致的直接结果就是孩子们的"性知识匮乏、知识性错误""性道德无知和品位的丧失"。于是，孩子们把"无知"当"酷"，把"低级下流"当"成熟"。

孩子成长的道路上，关键节点教育缺失，老师和家长缺位，就会造成孩子的认知有问题。加上媒体的良莠不齐，他们更容易在性好奇的道路上"误入歧途"。因此，教育介入一定要尽早。

4. 不要把"好奇"和"无知"与孩子品质问题等同。

孩子好奇，知道一些简单的性知识，但是性道德贫乏，我们不要把孩子的"无知"和道德品质问题等同起来，也不要觉得这是什么灾难性问题。这仅仅是青春期孩子成长中遇到的问题，好奇才去求知，求知才会懂得，懂得才有安全感。只是，我们要及时关注，孩子们在懂得一些似是而非的"经验"时，我们要巧妙帮助，及时用正确的性道德观念和情感情操，给他们补上"性道德教育"这一课。

总之，在孩子的性教育上，要想科学、规范地解决问题，我们必须形成良好的家校协同机制，打通校内和校外教育；必须搭建连续的课程让学生持续得到性教育；必须建立健康的平台让孩子接受正常科学的性教育；必须树立正确的理念让孩子受到真正的性教育；必须建立有序机制、探索有效的方法让孩子的性教育得到足够保障……

最重要的是，所有性教育都要指向科学、责任和爱，孩子们的未来才会更美好。

关键提醒·策略要点·我们可以这样做

家庭　　　学校

第1步	不要把"好奇"和"无知"与孩子品质问题等同	
第2步	性教育和爱的教育结合在一起	
第3步	细心观察孩子的变化，掌握其需求	在孩子进入青春期时进行性教育
第4步	遇到问题主动和老师、孩子沟通	研发课程对学生开展多种形式的性教育
第5步	给孩子提供学习的资源和渠道	分类对家长进行科学指导
第6步	坚持用好的亲子关系引领成长	用课题的形式让学生去自我研究、教育

性困惑让孩子慌乱，怎样进行性卫生健康教育呢？

谁的青春不迷茫？

面对身体突如其来的变化，

青春痘、例假、遗精……

孩子真还没有做好思想准备，

浏览黄色网站，

到处乱藏的秘密纸巾团……

面对孩子的这些迷茫，

怎样对他们进行科学的性卫生教育呢？

🔒 关键事件 · 背景链接 · 男孩女孩的"小秘密"

有男孩妈妈加我微信，咨询这样一件事情：

徐老师，冒昧打扰您！我家孩子已经初三了。今年，他脸上长了好多痘痘，他很烦躁，每天对着镜子挤很久。上次给他收拾房间，发现床底下和衣柜角落里藏着好多"秘密纸巾团"。上面的颜色和气味……您知道的……他今年状态很不好，早上起不来，脸色也很不好，学习成绩下降很多，是不是和这有关呢？我不知道怎么和孩子说，就轻描淡写说了一句"这样很伤身体的"，既尴尬，又没用。我该怎么办？

也有女生妈妈发信息"吐槽"女儿——

孩子有点肥胖，小学五年级就来例假了。我让她跑步减肥，她说没有时间，其实是觉得身材不好看，各种理由逃脱。更奇葩的是不管夏天怎么热，都要穿两件校服，一件短袖，外面罩上一件宽大的秋季校服。问她为什么，开始不说，逼急了，她说怕班级男生笑话她……面对这样奇葩的女儿，我该怎么做呢？

关键问题 · 家长需求 · 我们该怎么办

孩子长大了，性发育的话语，怎么和他们说？

他们那么在乎自己的小隐私，很多事情瞒着我们，

怎样才能够知晓孩子的小秘密？

即使知道了，这个话题又好难为情的……

不说，眼睁睁地看着孩子"乱窜"吗？

这些"小秘密"已经影响孩子正常的学习生活了，

据说还有孩子因此抑郁的，怎么办？

关键支持 · 晓莉姐说 · 用爱给孩子导航

◆ 家庭角度：父母可以这样做——

1. 尽早学习，读懂孩子对性的焦虑。

青春期孩子性的焦虑主要是形体焦虑、角色焦虑、意识焦虑、道德焦虑，部分孩子有自慰和性行为焦虑。

首先，他们痛恨青春痘，男孩子希望自己魁梧、高大、帅气，女孩子希望自己苗条漂亮。如果男生身材矮小、瘦弱，他们就会自卑；女孩则会因为肥胖，甚至乳房发育问题而感到苦恼，夏天穿秋天的衣服，就是不想被人看到她胸部发育过大——这都是典型的形体焦虑。

其次是角色焦虑。男孩会担心自己是否具有男子汉气质，女孩会挑剔自己不够温柔、细心，于是就产生了"过度补偿"行为。如男孩子故作深沉，或表现出大胆、粗鲁的行为，甚至打架与冒险等等，目的是使自己更像男子汉；女生则故意细声细气地说话，模仿某些明星们做一些扭捏的动作……

性生理焦虑是普遍性的。尤其是孩子进入青春期之前，家长和学校对他们的"预备教育"还不够，面对突然发生的遗精、例假，孩子们还是会感到恐惧。有女生初次月经惊慌地问老师："我会不会死？"男孩则萌萌地问："男孩遗精也需要像女生例假一样休息吗？"说明他们很关心自己的身体。

此外，还有性好奇、性幻想、自慰和性梦等焦虑。家长要提前学习相关的生理和心理发育知识；在孩子初潮和首次遗精前，给孩子更好的教育。

2. 主动脱敏，做一对敢聊性的父母。

首先，树立正确的性教育理念。性教育最重要的阵地是家庭，性教育时间不仅仅是青春期，内容也不仅仅是生理卫生和防性侵。当前国际上通用的性教育包含了五个维度——健康与卫生、性权利与性安全、性感受、情感与亲密关系、性与社会，既包括生理层面的性，也包括心理、社会层面的性。性是正常而美好的现象，无须过多担忧和害怕。

性教育是贯穿人一生的教育。它的内涵包括身体发育知识、生理及生殖健康知识、健康生活习惯养成、情绪引导以及积极的情绪处理策略培养、健康的人际关系建立和维持、积极的亲子关系和家庭关系建立与维持、婚姻关系及负责任的子女养育、社会规范学习、自我保护及求助技能学习、网络安全等。不仅要让孩子对性建立起积极美好的态度，尊重自己和他人的身体，还要让孩子在性的知识、技能、态度和价值观方面获得成长，守护在自己生命周期内的健康、福祉和尊严。

其次，思想观念上要"脱敏"。所有的尴尬都是自己觉得尴尬，当我们自己不觉得尴尬的时候，别人也就不觉得尴尬。还记得当年读书时大家在宿舍里做性知识讲座的场景吗？无知、混乱但又振振有词，那时候不觉得尴尬，为什么现在孩子遇到问题，我们就觉得尬了呢？内心坦然，我们就能够和孩子坦然聊性。家长觉得难为情不说，孩子向不良网站乱学更让人"不放心"。

最后，坦率真诚地和孩子聊性。如果感觉直接说不好意思，可以采用讲故事的方法，不露痕迹地把相关话题讲透。

不要看到屏幕上的接吻、爱抚镜头就别过头、换频道，或者怒斥可耻、不看。其实这些时候也是教育的一次契机。性教育是"亲子关系的黏合剂"，研究表明，父母和孩子谈论与性有关的话题之后，孩子对家长会更信任，接下来很多话题都会愿意和家长聊。孩子渴望我们把他们当大人。

3. 提供支持，做好孩子性卫生指导。

一是提供思想支持，释放孩子的焦虑。性幻想、性冲动、自慰会让孩子觉得下流、肮脏、见不得人，从而产生羞愧、自责、苦恼甚至厌恶恐惧等情绪。我们要明确告诉孩子：这是性激素和环境刺激的联合作用，很正常，对他人无伤害，就不是不纯洁、不道德或可耻的行为，自己要学会接纳。

家长也要让孩子知道，偶尔的一次自慰或梦遗，对身体影响不大，不要过于害怕。经常手淫才会影响生殖器官发育，对以后性生活可能产生障碍。

手淫可能会出现疲劳、心率失调和记忆力下降等现象，要理性控制，及时止损。

思想支持会让孩子释怀，如女生不听信传言，欣赏和接纳自己的乳房发育。自信阳光的女孩最美丽，接纳自己的美，就不会弓背弯腰，或者用宽大的外衣遮掩了。

二是提供知识支持，帮孩子科学应对。无知会带来恐惧，猜疑会引起恐慌。父母要努力学习与青春期性发育相关的科学知识，给孩子提供知识支持。当孩子明白，一般青春痘只要不感染是无须治疗的，过一段时间会自行消退，他们就不会害怕。当他们知道抠、挤，特别是抠、挤鼻子和嘴巴周围的"危险三角区"痘痘，会引起脑膜炎甚至更严重的感染，他们就会谨慎。知识能给人带来力量，当孩子对各种曾经让自己焦虑的性问题都有了明确认知之后，焦虑程度就会低很多。

三是提供技术支持，教孩子自我保护。建议父母根据孩子的情况，和孩子讨论，或者给孩子开列青春期性卫生保健技术清单，这样，孩子底气更足。如教会孩子用避免刺激法、意识转移法、运动释放法、意志升华法等来引导孩子自我调节手淫问题。当孩子知道宽松内裤可以避免刺激，听音乐可以放松心灵，畅想性以外感兴趣的事可以转移注意力，多锻炼身体、上床后尽快入睡、早上醒来不赖床可以减少手淫冲动，他心里就踏实了。当女孩知道青春痘去医院可以根治、知道经期怎么保护自己，不再因为痛经而困扰，她们就更自信。

4. 打好配合，营造性教育好环境。

第一步：保持镇定不惊慌。理解和接纳孩子，不贴孩子"坏了"或是"毁了"的坏标签。我多次说过：孩子感觉好才想变得更好。家长可以大方告诉孩子：祝贺宝贝，你长大了！

第二步：做好分工不缺席。妈妈教女儿、爸爸教儿子，分别成为女儿的闺蜜、男孩的死党，什么教育都好说了。

第三步：学好知识不乱教。父母要主动学习性卫生健康知识，科学求证，理性思考，不要把错误的东西教给孩子。

第四步：讲究策略不尴尬。怎样和孩子交流性问题不尴尬？一是情景讨论，如看到屏幕中恰好出现了相关内容，很自然地讨论一下，效果不错。二是书信交流，确实说不出口，写一封信是不错的办法。三是提供相关书籍，把它们放在孩子枕边，当孩子需要的时候，那些书会帮到他们。四是问题诊断，用新闻、故事和热点事件讨论的方式，把正确的知识传递给孩子。

◆ 学校角度：我们可以这样做——

1. 开设双课程，家长学生同教育。

学校开设基于学生的"青春期性教育课程"和基于家长的"同步性教育指导课程"，双课程体系实现对青春期孩子正确的引领和指导。

基于学生的性教育课程，主要是以"拥抱青春"为主题的十节精品班会课，从初一到初三，帮助孩子应对青春期可能出现的性教育问题。如初一学生讨论体相烦恼，让孩子学会悦纳自己；初二学生讨论青春期价值感（同性、异性、同伴），让孩子学会处理青春期恋情和做好青春期性保护；初三学生升学压力逐渐增大，性发育更加成熟，艾滋病预防就成为一个重点。

家长同步课程主题则为"守护青春"，侧重于家长怎么正确和孩子交流成长中出现的各种性焦虑。双课程实施，是青春期性教育的双保险。

2. 培育性文明，让学生自信成长。

女生为什么不肯跑步、不敢脱外套？是担心胸部太大，跑起来引起大家的关注甚至是嘲笑。这就是心理学上的"聚光灯效应"，总觉得自己被关注、被评价，过分放大了自己的不足和负面感受。教会孩子穿戴适合的文胸，告诉她们健康才是最美的。

老师要关注学生的成长需求，用班会课、集体活动等方式，培育健康的性文明，让每个孩子自信成长。如组织讨论青春期性道德规范的基本要求，校园采访和调查男女生最讨厌的十大行为，或者做辩论大赛，针对他们存在的性困惑进行辩论……

要让孩子形成这样的性文明：无知是性盲，不是性纯洁。真正性健康的人，不仅生理上发育正常，不染性病，不意外怀孕，远离性侵和暴力，而且心理上悦纳性发育变化，拥有爱与性的自由抉择能力，拥有一套能引导自身做选择的价值观及自尊心，能帮助我们理解性、接纳性，成为更好的自己。

3. 建构好关系，给孩子做好后盾。

好关系可以推动进步和改变，也可以提供信任和支持。青春期孩子面临困难，不敢求助或不知道如何求助的时候，我们要告诉孩子：无论怎样，我们都在！无论怎样，我们都爱你！

我们在学校里设置"特别信箱"，学生需要的时候可以给我写信；利用家校联系册，看见和回应每一个孩子的需求；甚至有孩子上了大学，实习期间面临职场性骚扰时，半夜会给我发短信求助。因为信任和好的关系，我们在孩子最关键的时候可以给他们最好的支持。

下面几个电话我会留给孩子：110，报警电话；12338，妇女维权公益服务热线；12355，青少年心理咨询和法律援助热线；0531-88018785，反家庭暴力维权联盟公益热线；12356，免费心理咨询热线。

关键结果 · 事件落幕 · 遇见最好的自己

功夫花在哪，效果就会体现在哪。对小男生和家长持续一个月的帮扶和引导之后，孩子妈妈告诉我：孩子告别了自慰行为，性格也开朗乐观了，现在父子俩常一起外出锻炼，她觉得很开心。

那个夏天也要穿外套的小女生呢？她妈妈告诉我，孩子学会了游泳，身体变得越来越健美匀称，孩子也越来越自信，中考时她的体育是满分。孩子说，女孩子的美，自己也可以定义。

关键理念 · 晓莉梳理 · 读懂并接纳孩子

1. 有"养土育种"的健康理念。

我们要有"养土育种"的健康理念，从孩子一生的健康幸福出发，构建青春期生殖健康教育体系。

女生承担着将来怀孕的重任。现代好些女性婚后不容易怀孕，或者怀孕后又难以保胎，其实是青春期发育时没有滋养好子宫这片供给未来宝宝生长的厚重大地。保护女生，就要特别注意青春期性生理、心理健康教育，给女孩子一个好身体。

男生也是一样的。我儿子小学6年级选择球队，他放弃足球队而选篮球队，理由是足球队太危险，好几次自己差点被队员踢到裆。他说很痛，不想去足球队，怕影响"生育"。孩子的想法当然有些片面，但顺着这个话题，我们家就在幽默轻松的氛围下开启了如何保护好自己身体的谈话。男孩要保护好睾丸，除了怕被踢，睾丸也怕热。所以不穿紧身牛仔裤，不经常泡温泉，不长时间骑山地车，以免引起睾丸温度过高，导致精子质量降低。

2. 有"预防在先"的教育行动。

我提倡性教育要走在孩子相应发育到来之前，至少在孩子面临困惑的时候，能够给孩子以支持。我前面提到的"预备教育"，就是"预防在先"的教育，预防比善后更好。

家长可用看绘本的方式，在青春期前进行教育。进入青春期后，给孩子买一些相关书籍，放在孩子随手可拿到的地方，如韩似萍老师团队研究的《青春期请家长同行》，还有网络上可以买到的《女孩青春期性教育》《男孩青春期性教育》《与青春期和解》等书，确实都挺好。

学校方面，对家长和孩子一起全面指导，力求和需求"同步"。对于孩子来说，如果不提前开展"适合、适度、适性"的性教育，以后就需要用更多代价和力气来"改错"。

3. 有"增能赋权"的教育效果。

好的教育帮助孩子提高思考能力，增加选择能力，而不是替代孩子做思考和选择。增能、赋权，是真正的爱的教育；反之则是"规训"。青春期性教育，我们要和孩子对话，和孩子一起分析、思考和选择，而非"直接出主意"。遵循赋权型性教育的三个原则：自主、健康、责任。

关键提醒·策略要点·我们可以这样做

	家庭	学校
第1步	预防在先，做"准备性"的性教育	
第2步	尊重支持，做"增权赋能"的性教育	
第3步	保护生殖健康，做好"养土育种"重任	开设青春期"双课程"，同步家长和孩子
第4步	自己先脱敏，自己先学习	好的活动来引导孩子规范"性道德"
第5步	打好"组合拳"	好的关系给孩子安全感

孩子喜欢中性化打扮，有问题吗？

女孩喜欢打扮得像男孩，
男孩行为举止像个女孩，
这正常吗？

关键事件 · 背景链接 · 不爱穿裙子的女孩

亦琛，打小就是个与众不同的女孩。一头干净利落的短发，非常有个性，用她自己的话说，就喜欢这份帅气。别的女孩热衷于摆弄各种漂亮的发卡和发饰，而她对这些丝毫不感兴趣。

在穿着方面，她像个男孩子。衣柜里几乎找不到一条裙子，父母精心挑选的女性化衣服，被她冷落在角落里，从未上过身。平日里，她一身宽松的牛仔裤，搭配简约的 T 恤，脚蹬一双舒适的运动鞋，英气逼人，非得要穿正装，就是西装西裤。

她热爱运动。篮球场上，她运球如风，投篮精准，每一个动作都充满力量和自信；足球场上，她奔跑如飞，与队友默契配合，展现出非凡的团队精神。她身上散发的那种阳光、洒脱的气质，让她在运动场上成为焦点，吸引了众多女生的目光。

然而，亦琛的这份独特，让父母感到既困惑又担忧。他们曾多次试图劝说亦琛改变形象，穿上他们认为女孩子该穿的衣服，可亦琛每次都坚定地拒绝，眼神中透着不容置疑的倔强……

关键问题·家长需求·我们该怎么办

> 是不是我们做错了什么，
> 孩子才这样异性化穿搭？
> 为什么她不像其他女孩一样？
> 这会影响她以后的成长吗？

关键支持·晓莉姐说·用爱给孩子导航

◆ 家庭角度：父母可以这样做——

1. 评判前先理解。

亦琛选择这样的穿搭，作为家长我们首先要理解。与其直接强迫孩子选择其他的穿衣风格，不如分析了解一下亦琛这样穿搭的原因。首先亦琛热爱运动，宽松的 T 恤和裤装，相比于裙装，无疑更方便她进行运动，她养成了这样的穿搭习惯。其次，这样的穿搭给她带来了同伴欣赏的正反馈，让她收获了很多同伴关注的目光，所以，她会自然而然地维持这样的形象，怕形象转变后就失去同伴的欣赏。再次，青春期身体的一些变化可能会让女孩选择宽大的衣服进行遮掩，还有一些女孩会觉得自己身材不好、难为情而不敢穿裙子……

如果家长能够了解孩子穿搭选择的原因，可能就会减少困惑，也更方便就势做一些引导。试着用开放性问题代替评判。别问"你干吗老穿成这样？"，而是换成"为什么这么喜欢这件衣服？"，多多和孩子探讨她的审美。在孩子可以接纳的范围内慢慢鼓励孩子尝试多样的穿搭，并且要真诚地给出赞美，形成正向反馈。记住，青春期孩子最怕被否定，先共情才能建立信任。

2. 反思家庭的性别角色培养环境。

孩子的性别角色形成是一个社会化的进程，是孩子在不断和世界互动、确认的过程中，形成了对自己性别角色的认同。

和亦琛父母深入沟通后发现，亦琛这样，也有她的家庭原因。亦琛小时候由爷爷奶奶带养，他们极其渴望有一个孙子，为了满足自己对孙子的渴望，他们从小就让亦琛女扮男装，生活习惯也照着男生的标准去做。二到五岁是孩子社会性别角色形成的重要时期，爷爷奶奶觉得亦琛帅气，"像个小男子汉"。为让大人高兴，亦琛就努力把自己表现得像男孩。

我经常对家长说，不要跨性别培养孩子，尤其不要对女孩子说"谁说女子不如男，我们家闺女就比男生更坚强"之类的话语。这样就会给孩子输入一种心理暗示，她不应该这样而应该那样，长此以往就容易引起性别困扰。

那该怎么做呢？欣赏和赞美孩子作为本性别的角色之美。表扬也好，批评也好，不要使用"像男孩"类似的话语。如亦琛喜欢打球，我们不要赞美她像某男球星一样，而是赞美她像郑海霞等女球星一样。运动不是男孩的专属，女孩同样也可以拥有自己的飒爽。

3. 注意孩子的心理健康状况。

着装其实更多的是一种个性表达，这种表达会随着年纪、阅历的不断增长而有所改变。更重要的是，家长要关注孩子的心理健康状态和其他行为举止。如果处在发育阶段的女儿出现用绷带裹胸的情况，这可能就超出审美范畴，涉及对自己身体的认识、爱护等深层问题。但家长不要直接质问，那样容易引起孩子的抵触情绪，可以不经意地说："最近身体有没有什么不舒服？要不要妈妈陪你去医院？"有必要时进一步咨询相关专家的建议。

记住：外在只是表象，内心是否阳光健康才是关键。

◆ **学校角度：我们可以这样做——**

1. 利用班会课进行性别教育

利用班会课适时对孩子们进行性别教育，引导孩子们认识男女平等，打破性别刻板印象。例如，可将一些常见的片面化的性别认知列出来，如"男儿有泪不轻弹""男生就该勇敢""女生要穿裙子""女生就该文静""女生不适合学理科"等等，组织学生讨论这些观点的合理性。

还可以结合社会榜样进行引导。比如，可列举优秀的女性运动员谷爱凌、航天员王亚平等案例，说明女性可以在体育、科技等领域取得卓越成就，性别不应该限制个体的发展。

告诉孩子们，"坚强""细心"等品质属于所有人，而非特定性别的标签。

2. 建立健康的同伴关系

社会环境会对孩子的性别认识产生影响，班级就是一个重要的环境。老师要引导孩子们尊重每位同学的性别特质，避免用刻板印象定义他人。

当亦琛因运动能力突出被关注时，不要说亦琛"打球像男孩"，可以表扬她"是我班女篮的头号选手",还可以说"体育锻炼能增强体质,大家都要积极参与"。

对个别同学进行一对一谈话,引导孩子尊重同学的性别身份。女生不要将亦琛当作男孩,投射别样的欣赏;男生也不要和亦琛处成"哥们儿",而是要保持应有的异性边界感。这才是更健康的同伴关系。

3. 和家长及时沟通,缓解焦虑

引导家长完善对性别角色的认知,消除部分偏见和刻板认识。

定期向家长反馈亦琛在校的积极表现,如"运动会上为班级争光""主动承担班级的卫生劳动"等,用事实缓解焦虑,让家长看到亦琛的个人能力与品德,帮助家长欣赏孩子。

如果家长对服装过于纠结,可尝试开导:"青春期的女孩有自己现阶段的审美和穿衣风格。其实,衣服只要整洁大方就行。她自己穿着舒服,才会带着良好的状态投入学习。"

🌸 关键结果 · 事件落幕 · 遇见最好的自己

家庭的温暖陪伴,班级健康清爽的文化生活,赛场上依然活力四射的奔跑,来自同学的真诚赞美,亦琛越来越感受到内心的充实和获得感,每天都觉得棒棒的。

🌿 关键理念 · 晓莉梳理 · 读懂并接纳孩子

1. 倾听与理解孩子。

青春期的孩子角色尚未定型,他们正在尝试融入这个世界,成长中会有很多问题。我们要学会理解和倾听孩子的想法。简单粗暴地要求改变，只会把孩子推向"逆反"对抗的边缘，除了让亲子关系更差外，没有任何好处。我们要知道，孩子愿意向家长表达，是对家长的信任和爱。我们要先理解孩子，倾听孩子的真实想法。如果一些情况实在不知道如何回应，可以向专业人士请教。

2. 不随意乱贴标签。

有些文静、说话轻声细语的男孩会被嘲笑"娘娘腔"，甚至会被贴上"不男不女""变态"等侮辱性词语的标签；还有些同学甚至会编排同性同学的CP——这些都已涉及霸凌，需要老师及时制止和纠正。

教师需引导学生认识到，男女生理差异不妨碍人格平等——女生可以英姿飒爽，男生可以细腻温柔，这都是正常的性格特点。同时，可以通过集体活动让学生展现多元的能力，如让运动能力强的女生当体育委员，让文静的男生领读课文等等，在活动中打破性别偏见。

3. 坚持心灵的熨帖。

每个孩子都是第一次经历青春期，他们一定会有很多困惑，我们要给予密切的关注。其实，孩子比我们更敏感，他们也会发现自己与其他同学的不同，会对自己产生怀疑甚至否定。在任何情况下，我们都要坚持用爱守护孩子，坚持心灵的熨帖。

所有教育行为的终点，不是让孩子"像男孩"或"像女孩"，而是成为一个完整的人——既能在比赛场上顽强拼搏、不轻言放弃，也能正视自己的脆弱、允许自己流泪；既有尊重他人、关爱他人的意识，也懂得在伤害他人的时候真诚地表达歉意——这才是更重要的人生课题。

关键提醒 · 策略要点 · 我们可以这样做

家庭　　　　　　　　学校

	家庭	学校
第1步	理解孩子，倾听孩子	
第2步	不随意乱贴标签	
第3步	不要跨性别培养孩子	借机在班上进行性别教育
第4步	注意孩子的心理健康状况	阻止霸凌行为
第5步	给足孩子需求的爱	建立健康的同伴关系

保护孩子不受性侵害，我们该怎么做？

孩子遭遇"变态男"，不敢独自上学；

女孩被男同学弹开了内衣带，引发一场"战斗"；

孩子上网被人威胁发裸照，

……

孩子像花一样，

我们如何才能永远都不让孩子遭受那可怕的性侵害呢？

关键事件·背景链接·孩子遭遇"性侵害"怎么办

小红是初二的女孩，懂事乖巧，相貌可爱清纯，平时每天都是自己乘坐公交车上下学。这几天，小红无论如何都不肯自己去了，一定要爸爸接送！问原因，她支支吾吾说不出；再逼，她就哭着说："不想去上学！"妈妈等小红安静下来，找了一个没有人的地方，慢慢问，才知道孩子在公交车上遇到一个"变态男"。

这个男人四十多岁，和小红爸爸年纪差不多，戴个眼镜，手上拿个公文包，看起来文质彬彬。早高峰上学上班的人比较多，车上比较拥挤。他总是凑近小红，故意用生殖器官蹭小红的屁股。小红吓坏了，只能一躲再躲。实在躲不过，就用眼睛瞪他。可是男人根本就不在乎，还面露笑容，假装看其他地方。上次手还装作无意一样，摸到了小红身上。

小红害怕极了，她想喊，又担心没有证据，下车后被报复。最后，只好提前下车。谁知道回头一看，这个男人居然也下车了。小红一路狂奔！到了学校，腿都吓软了。想着电视上"变态男"把女孩拖到草丛或公园隐蔽地欺负，她越想越害怕，整天都恍恍惚惚。放学后，她想拉好友一起坐车回来，可她们不同路啊！想来想去，她只有求爸爸接送。

妈妈听了小红的哭诉，感到十分后怕，幸亏孩子和妈妈说了。问题是有些家长没有小红妈妈敏感，面对孩子的求助，直接忽略过去了。

15岁那年，晓慧忍不住试探性地问妈妈："如果一个男人摸一个女孩的身体，脱了衣服和她抱在一起，这是正常的吗？"晓慧妈妈想都没多想，当即批评女儿："你满脑子在想什么啊，好好学习！小小年纪想什么男男女女的问题？！"晓慧不敢再说。晓慧自杀后，妈妈才在晓慧遗书中得知她再婚丈夫长期侵犯自己的女儿，孩子羞辱、无助，最后以自杀来结束这场多年性侵犯……

关键问题·家长需求·我们该怎么办

性侵害真有新闻里说的那么厉害吗？

我们为什么不知道？

怎样识别性骚扰和性侵害呢？

怎样才能够让孩子避免被性侵害？

如果孩子遭受性侵害该怎么办？

关键支持·晓莉姐说·用爱给孩子护航

◆ 家庭角度：父母可以这样做——

1. 提高对"性保护"的认知。

好些家长对性侵害没有足够的重视，还纠缠骚扰是不是性侵害。这里"敲黑板"——性骚扰、猥亵、强奸、露阴、窥阴等都属于性侵害。性侵害十分普遍，据联合国的不完全统计，35% 的女性会在一生中受到性侵害。我们不要装"马大哈"，毫无认知。

首先，父母要意识到，很多伤害来自身边的熟人。"女童保护"统计发现，2018 年 317 起案例中，熟人作案 210 起，占比 66.25%；陌生人作案 87 起，占比 27.44%；没有表明关系的有 20 起，占比 6.31%。从"女童保护"近几年来发布的报告看，熟人作案比例一直居高，最高比例达 87.87%。熟人可能是邻居、同学家人、朋友，甚至还可能是亲戚或家人！父母要意识到危险的存在，不要怕碍于面子，给了坏人可乘之机。

其次，父母要认识到，性侵害是违法行为，要知法、懂法、守法、用法。我国《未成年人保护法》和《刑法》均明确将性侵害未成年人列为重点打击对象，2020 年修订的《未成年人保护法》更增设了强制报告制度，要求全社会共筑保护屏障。作为监护人，父母既要主动学习这类条款，也要通过教育让孩子明白：遭遇侵害时有权呼救、反抗、寻求司法援助。这种法律意识的培养，能够帮孩子建立面对侵害时果断说"不"的底气。

最后，家长要知道，男孩一样要做好性保护。据"女童保护"统计，2018 年公开报道性侵儿童案例的 750 名受害人中，女童遭遇性侵人数为 718 人，占比为 95.74%；男童遭遇性侵人数为 32 人，占比为 4.26%。媒体公开报道男童被性侵的案例少，并不能说明男童面临的风险低。2022 年 1 月 7 日，成都市某知名男教师性侵 7 名中学男学生，被成华区法院判处有期徒刑 8 年。"女童保护"多次强调，男童被性侵现状同样不可忽视，也更具有隐蔽性；同时相关法律也存在缺失情况，维护权益面临更大的困难。因此"女童保护"儿童防性侵课程为男女同堂，男生女生都需要保护。

2. 善于识别孩子的求助。

仅四成家长能从孩子言行中判断其是否受到性侵害。"女童保护"调查的 16152 位家长中，42.05% 的人能从孩子言行中判断其是否受到性侵害，50.05% 的人不确定能不能，7.90% 的人不能。很多时候孩子遭遇了伤害，不敢直接表达，他们或许试探性地问，或是在聊天中故意说是别人的事情，父母要善于"识别"隐藏的求助信号。

在《房思琪的初恋乐园》这本书中，作者遭遇到了性侵害，一共有两次求助，但妈妈都没有发现。第一次是妈妈在做饭的时候，她突然问妈妈："妈妈，我们家什么教育都有，为什么没有性教育啊？"妈妈愣了一下，说："为什么要性教育呢？我们家又不需要！"孩子就不再说话了。第二次，孩子试探性地说："妈妈，班级有个女生在和老师谈恋爱耶！他们好上了……"妈妈说："她怎么这么骚，你不要和她玩！"就没有然后了。看过这本书的人都知道，其实孩子两次都在试探妈妈，她遇到了性侵害，但是她不敢直接表达。

以下是家长识别孩子遭受性侵犯的一些方法：身体上，孩子生殖器区域出现受伤、疼痛、出血或异常分泌物；行走或坐立姿势怪异，好像下体不舒服。行为上，孩子可能会突然出现睡眠障碍，比如频繁做噩梦、失眠；对与性有关的话题异常敏感或恐惧；还有可能会出现退行行为，如吸吮手指、过度依赖家长等。情绪上，孩子可能会变得焦虑、抑郁、易哭、易怒，情绪波动比以往大很多。社交上，孩子可能会回避某些特定的人，或者不愿参加原本喜欢的活动……如果孩子突然出现这些情况，家长要提高警惕，及时和孩子沟通，观察是否有遭受性侵犯的可能。

3. 注重日常的引导和教育。

第一，父母自己要做好示范。父母要注意自己的言行，不说粗话、脏话，不在孩子面前说荤段子；在家穿着要得体；有条件的话要给孩子一个独立的卧室，进房间要敲门；无论关系怎么亲密，隐私区域禁止碰触。边界感、安全感的建立需要从家庭开始。父母要让孩子明白，被人尊重是很重要的，这种感觉家长要从小就给到孩子。

第二，教会孩子识别和预防"性骚扰"。告诉孩子应对性骚扰的"六大招"：

第一招，不做沉默的羔羊；

第二招，离开、躲避；

第三招，直接大声、坚决地语言拒绝；

第四招，制止、拒绝的动作果断坚决，配合语言表达；

第五招，积极寻求帮助（父母、信任的同辈、老师等）；

第六招，直接报警，把侵害者送进去，绝不妥协。

第三，家长要注重日常陪伴。构建良好的亲子关系，给孩子有爱、安全、民主的家庭氛围；有效陪伴，多和孩子交流，善于观察和倾听孩子；对孩子的求助要积极回应；平时多注意安全教育，如夜晚不独自外出，留守儿童教育要跟上；多和老师建立联系，平时多了解孩子的情况。最后告诉孩子，遇到危险，生命安全永远是第一位的。

◆ 学校角度：老师可以这样做——

1. 以案说法，普及法治教育。

我们在班会课上，利用案例教会学生"识别"和"拒绝"性骚扰。

有一天，一位妈妈接到了学校老师的电话："您女儿打了另外一个同学，请您务必到学校来处理一下，事情真的非常严重。"妈妈匆匆忙忙赶到学校。在校长的办公室里，她看到了女儿，年级的教导主任，校长，男数学老师，还有一个鼻子周围都是鲜血、满脸通红的男生和他的父母。校长把事情的来龙去脉跟妈妈说了一遍：这个男生坐在女生后面，上课时因为好玩，弹了她女儿的内衣，然后女儿就朝男生脸上打了两拳，把男生打伤了……这位妈妈反问道："所以你们叫我过来，是想要知道我是否要以性骚扰罪起诉这个男同学，并以管理失当的原因起诉学校吗？"

当这位妈妈提到性骚扰的时候，其他人都觉得惶恐不安。

男孩爸爸妈妈问："这也算性骚扰？"

孩子们围绕这个案例，进行了充分讨论和争辩：

（1）如何界定学生之间的"玩笑"和性骚扰？

（2）性骚扰这个话题对于"初中生或是更小的孩子"合适不，这个标签可以"贴"吗？

（3）如何指导孩子去识别到底是不是发生了性骚扰呢？

法治副校长权威解读：这就是性骚扰！那些让人感觉不舒服的、与性有关的接触，包括身体接触、言语接触、非言语行为，都叫性骚扰。性骚扰和孩子年龄大小没有更多关系。很多家长认为孩子年幼无知，单纯觉得好玩，不可能是性骚扰。可是孩子玩的不是头发，不是文具，不是椅子，而是"内衣带子"，这是敏感部位的触碰，这就是性骚扰！

通过案例分析，孩子们懂得了敬畏，懂得了尊重，懂得了什么叫边界。

2. 技术训练，提升保护能力。

首先，是"识别"的技术。如何识别性骚扰呢？心理教研员陈琦老师曾经给大家上了很好的公开课，陈老师就下面八个场景，请大家判断是否属于性骚扰：

（1）我在公园里散步，一些人在我身边大声地讲黄色笑话，对我挤眉弄眼。

（2）几个男同学一起扒一个男生裤子。

（3）有女同学身材比较丰满，每次上体育课，几个男生都会对她的敏感部位指指点点，有时候还会带着污言秽语。

（4）有一天午睡，醒来后发现，坐在旁边的异性同学与我的头紧紧靠在一起。

（5）等公交车时，一个男性一直反复注视她的敏感部位。

（6）培训班中，助教老师热情地给我讲题，讲着讲着脸就贴在一起了。

（7）李叔叔从小就喜欢捏捏我的脸，现在也是这样，还拍着我的屁股夸我越长越漂亮了，可我觉得很不舒服。

结论：以上都是性骚扰。性骚扰判定的标准就是自己的感受、双方的关系、对方的动机。其中，自己的感受是最核心的条件，一定要相信自己的直觉，遇到不舒服的感觉时，不要怀疑，要相信自己。性骚扰与身份、地位、金钱、学识等均没有关系，它只与行为有关。

其次，是拒绝的技术。如何拒绝呢？我们班级常常开展角色扮演活动，帮助学生学习"拒绝性骚扰"的技术。我们邀请同学组成 6 人小组，从以下三个场景中任选一个，以小组为单位选择合适人员，将这个场景下的应对措施表演出来——重点在如何应对。要求认真演绎，拒绝玩笑，声音响亮，表演到位。

（1）某女职员（打工妹）与公司经理（老板）在单独的办公室，遇到性骚扰。

（2）某校一学生与一异性教师在单独的办公室，遇到性骚扰。（或一长辈、邻居）

（3）某女孩在公共汽车上，遇到一男子故意用身体蹭她。

通过活动，孩子们总结：公共场所性骚扰一般有三类人——偷鸡摸狗型、浑水摸鱼型、胆大妄为型。前两种人内心并不强大，当有人干扰或是当众揭穿，他们往往会停止其行为或逃走，但是如果不敢声张，他们会变本加厉；对于胆大妄为型，则需要智慧应对。

如何帮助同伴避免性骚扰呢？建议行动之前在静音状态下偷偷拍个照片或视频，必要时作为证据提供；运用一些技巧，如大声说钱包不见了，吸引别人的眼光；或是假装要下车，大声说"借过"，请别人让一让，趁机走到被骚扰者身边，交换位置或主动搭讪；也可以借助眼神暗示旁边的人，用众人的力量一起制止其行为；还可以直接报警……总之，不管是躲避骚扰还是帮助别人躲避骚扰，我们都要谨慎智慧，尽可能让自己在人多的地方。记住，每个人的人身安全永远是第一位的。

最后，是安全上网的技术。让孩子们了解一些案例，懂得网络社交风险。在 2018 年媒体报道的 317 起案例中，网友作案 39 起，是该年度案例施害人受害人关系统计中排在第二的作案群体。这39起网友作案的案例中，有16起是利用网络聊天平台、社交视频平台诱骗儿童发送裸照、裸体视频、裸聊和做猥亵动作等。注意，利用网络"隔空猥亵"也是犯罪行为。

3. 积极跟进，做好家长指导。

很多家长没有这个意识，我们不能等到孩子出事了，才联系家长。我们要指导家长保护好自己的孩子。如调查外面补习班的资质和环境，教导孩子对危险要有必要的防范意识；不让未成年孩子在外面随意留宿，也不留宿孩子的未成年同学等；不要单独把孩子留在家里；重视孩子的异常表现，有异常要提高警惕。学校通过系列的智慧家长课程要让理念入心、策略成型，最终培养家长成为合格的"教育合伙人"。

4. 协调环境，提供安全保障。

学校调研了相关情况之后，马上协调了驻地派出所干警，请他们在孩子上下学高峰段加强警力巡查；派出所也立即行动，对周边环境进行整治；学校还组织家长志愿者，穿着红马甲在公交车上陪坐。

关键结果·事件落幕·遇见最好的自己

小红经过学校专职心理老师的疗愈和爸妈陪坐一段时间之后，对乘坐公交车又恢复了信心。家里还特意送小红上了跆拳道训练班，增强孩子自己应对风险的能力。

小红学习动力很强，她爱上了这项运动，两年后，她还获得了跆拳道国家二级运动员证书。身体强，内心也坚定。小红现在的志向是成为一名女警，她想报考中国公安大学。她说："我觉得自己有力量保护弱小，我想做正义的事情！"

关键理念·晓莉梳理·"护蕾"行动人人有责

1. 加强法制教育，警惕青少年性犯罪。

远离色情刺激，引导和控制性冲动，预防青少年性犯罪。2024年11月4日，江西14岁男孩电梯内捂嘴抱走7岁女童的监控视频引发广泛关注。当天中午，警方发布警情通报，称涉事男孩刘某某的行为构成猥亵他人，已被行政拘留。

亲子关系不好，父母教养缺失，随意浏览不健康视频，同伴交往不良……加上正好遇到青春期性发育，青少年性犯罪案例增多了。家长要加强法制教育，不要以为孩子还小，就不用承担什么责任，帮孩子扣好第一粒扣子，永远是家长的责任。

2. 三位一体，建立健全学校相关机制。

一是建立专门机构，专人负责。不要只写在墙上，而是要落实到责任人身上。二是提供支持，学校教育要作预防性教育，给孩子设计系列"性保护和性教育"的课程，给孩子提供支持和专业的训练。三是要做好家庭、学校、社会三位一体的联动机制，尤其是要在农村以及经济发展落后地区的学校加强性保护课程的建设。四是机制运转良好，学校心理健康机构和德育管理机构要做好孩子性保护的相关预案，在第一时间启动保护机制。

我们要明白，不只是强奸，其他的性骚扰、猥亵、校园暴力或是侵害都可能发生在每个人身上。制度的推进，法律的改革，离不开勇敢发声的人！

3. 多方合作，帮被害者回归正常生活。

心理励志畅销书《生命的重建》作者路易斯·海自幼父母离异，5岁遭酒鬼邻居性侵，从童年到青少年时代，多次遭受过精神暴力、肢体暴力和性暴力，饱受凌辱和虐待。15 岁时，她因无法继续忍受性暴力从家里逃了出来。一次偶然的机会，她接触到心理康复课程，开始如饥似渴地学习，终于成了一名合格的心理咨询员。她说："被性侵之后，最大的障碍就是很难回归正常的生活。"要不是心理疗愈告诉她："我们是受害者，我们并没有过错，该羞耻的人是犯罪的人。""遭受性侵害并不能毁掉一个人的大好前程，更不可能毁掉一个人的美好人生。只要我们自己愿意学习成长，愿意对自己负责，愿意对未来怀有希望，愿意努力奋斗，我们就一定可以拥有更美好的未来。"她不知道怎么活下去。

帮助被性侵害者回归正常生活是一个长期且需要耐心的过程。

首先是心理层面无条件的支持与接纳。让他们知道这不是他们的错，给予充分的时间和空间让他们表达情绪，无论是愤怒、恐惧还是羞耻等，都可以。专业的心理咨询很关键，心理咨询师能够通过专业的知识和技巧，帮助他们处理创伤后的心理问题，如采用认知行为疗法纠正他们可能出现的自责等错误认知等。

家人要保持冷静，避免过度反应增加孩子的压力。重建信任关系很重要，让孩子感受到家庭的温暖和安全。可以增加陪伴孩子的时间，一起参与一些轻松的活动，如看电影、做手工、养宠物、鼓励孩子写日记等。

老师和同学要避免歧视或孤立受侵害的青少年。提供心理辅导服务，安排合适的支持小组，让他们在和同龄人交流互动的过程中，慢慢恢复自信和社交能力。同时调整学习计划，适当减轻他们的学业压力，让他们在相对轻松的环境下恢复。

🔖 **关键提醒·策略要点·我们可以这样做**

家庭　　　　学校

第 1 步　梳理出基本操作要点，从小就要教会孩子如何保护自己

第 2 步　作预防性教育，预防在前，教给孩子识别和预防性侵害的办法

第 3 步　家长要知法、懂法、用法、知边界　　开展各种课程，指导学生学会性保护

第 4 步　善于识别孩子隐蔽的求助　　培训和演练识别性骚扰、拒绝性骚扰的方法

第 5 步　做好日常预防的示范和指导　　指导学生安全使用网络

第 6 步　教给孩子必要的技术，如防身术、求助技术等　　指导家长科学做好性教育和性保护

后 记

  《青春期关键事件：30个家校共育策略》这本书，历时一年半，终于在2024年11月底完稿。这本书的缘起，还得从2023年2月开始的《大鱼家长会》节目说起。杭州电台FM89频道有一个栏目叫《大鱼家长会》，这是一个教育类栏目，主持人大鱼约我每周四（现在改为每周日）中午12点到1点，一个小时的时间，一起聊聊家长比较关心的话题。

  聊什么呢？就从我比较熟悉，家长也比较关心的话题开始吧！我们第一次选择的话题是"孩子发育了，家长该怎么办？"，节目播出后，家长们反响热烈。这样就有了第二次邀约，我们谈论了"亲子关系如何修正"的话题，同样也收获了很多好评。大鱼很用心地把节目录制了视频，回放给有需要的家长朋友和教师们看。工作室小伙伴们很给力，也多方转发给他们自己的家长群。很多家长在视频下面留言，希望我们多谈论这样的好话题。就这样，从2023年2月到6月，我频频出现在杭州电台《大鱼家长会》栏目，相继做了十余次直播，话题几乎都是青春期孩子们的困惑和对家长们的建议。

  班主任导师许丹红老师也在她的朋友圈里转发了我的直播视频。视频被长江文艺出版社的陈欣然编辑看到了，她很认可我在视频中的观点和建议，希望我可以出这样一本书。欣然是一位年轻、有活力又很有思想的编辑，她非常看重这本书的价值。她说，孩子进入青春期，家长们都很焦虑，老师们也很艰难，尤其面对青春期孩子们遇到的一些状况，大家都感到缺少好的方法，而殊不知，这些状况正是辅导孩子青春期健康成长的关键事件。于是，在大鱼老师的赞扬声中、在欣然编辑的鼓励之下，我逐渐"迷失"自己，就一口答应下来，要把它写成书。

我在这方面是有底气的。当了27年中学班主任，教过的全是青春期的孩子们，手中的案例太多了。我还是中国陶行知研究会青春期教育专业委员会首批"工作室领衔人"，我有青春期教育专家、德育特级教师韩似萍老师做"后盾"，她是中国陶行知研究会青春期教育专业委员会的常务副理事长、秘书长，是我的引路人和恩师。我身后还有团队很多优秀的小伙伴，有问题可以一起研究，完成这本书应该没有什么问题。更何况，我的第一部专著《做一个得力的班主任》已经出版，反响很好。

于是，我开始做选题调研。

哪些事件是青春期孩子的关键事件？不管怎么处理，都会对孩子成长产生关键影响，甚至能够成为孩子人生拐点的事件，这是"关键性"。同时，话题还要有"普遍性"，是"真实事件"，这样才更有话语权。于是，我带领工作室小伙伴开始研讨，并邀请到中国陶行知研究会青春期教育专业委员会副理事长、青春期教育的资深专家殷余忠老师来我校指导，他和我们一起梳理了这30个话题。我们把它们分成五个篇章：亲子关系和代际冲突、学习和学业管理、同伴关系和人际交往、情感和情绪管理、性发育和性教育。每个篇章有6个话题，每个话题尽可能涵盖不同的关键"点"。例如在"学习和学业管理"这章中，6个关键事件分别包括焦虑的"学霸"、逆袭的"学渣"、智力超群的学生、学习力欠缺的学生、想躺平的学生、被家长裹挟的学生，每个事件对应不同的关键点，每个关键点都是一类问题的代表，毫不重复。

怎么和大家聊呢？全国知名班主任、校长郑学志建议："您以前怎么应对和处理这类问题的，就怎么写！按照问题解决的思维和逻辑写，这样既能够真实还原事件的解决过程，又能够给家长和老师以实在的引导，这思路好！"于是，我就形成了这样一个关键六环节的叙述体例：

> "关键事件·背景链接"，讲述典型案例；
>
> "关键问题·家长需求"，聚焦家长需求，我们该怎么办？
>
> "关键支持·晓莉姐说"，从家庭和学校两个角度分别指导如何解决；
>
> "关键结果·事件落幕"，描述事件后续；
>
> "关键理念·晓莉梳理"，梳理关键原理，提供专业支持；
>
> 最后是"关键提醒·策略要点"，给家长和老师提供工具清单，帮大家去实践。

体例得到了出版社和一些同道的高度认可，于是，写作开始。为确保科学、严谨，前后五次易稿，最终在 2024 年 11 月底完成。

第一稿，甄选素材。我也算个有心人，我一直有意识地在梳理自己的教育故事，陆陆续续准备了好几十万字。从这几十万字里挑选 30 多个青春期孩子的教育案例，成为我的"第一稿"。

第二稿，还原情景。好些问题当时处理得非常成功，孩子和家长皆大欢喜。要把素材按照当时的工作思路写出来，就需要两步走——先成形，再完善，尽可能地还原当时的情景和过程。

第三稿，扩充完善。为让这些观点和做法更有可操作性，我阅读了大量的文献资料，尽可能让自己更加专业。修改中我梳理和形成了很多工具和流程，目的是让文章更具有价值。

第四稿，细磨慢研。这一稿非常辛苦，需要前后文反复阅读对比，既防止观点、做法重复，又避免出现关键性知识遗漏，还要更具有科学指导性。郑学志老师给了我很多建议和支持，他在自主教育公众号还试发了我的一篇文章，测试读者反馈情况。文章先后被转发 240 次，有读者这样留言："说起来一把辛酸泪，从小到大我都是被孤立的人，以前总觉得是自己不够完美。读了徐老师的文章，我羡慕得要死，这样的文章就应该被更多家长和老师看见，这样孩子才有更好的生活和发展空间。"

第五稿，集体找错。我工作室小伙伴集体阅读，每个人负责一章，一个字、一个标点符号或是阅读中感觉的任何"不适感"，都要找出来。在小伙伴的"火眼金睛"帮助下，我们找到了不少错误并改正。我要真诚感谢我能干的小伙伴们，她们是沈世平、顾行之、童艺、俞玉丹、余燕梅、明宏欣，我身边有趣又可爱、聪明又热情的好朋友。

全书写得并不顺利，甚至磕磕绊绊。在 2023 年 9 月到 12 月，我恰好评选正高级职称，所以书稿一度停工。再度继续，恰逢我带毕业班，还帮忙代其他老师的课。巨大压力下，我一度焦虑到全身湿疹，吃药、抹药两个月不见好。直到稿子完工上交，出版社编辑说 "OK"，我身上的痘痘才逐渐消退。神奇不？

我的两位导师——许丹红和韩似萍老师非常看好我这本书。韩老师说："这本书每个人都应该读一读，特别是班主任和青春期家长！"丹红老师是正高、德育特级，家里也有一个青春期男孩，她阅读后这样评价："案例＋策略＋理论＋提炼，非常专业！"

我是一名"资深"母亲，儿子今年 25 岁，我陪伴他度过了他的青春期，也经历了亲子关系从破裂到修补的历程。我要感谢儿子，他给我写这本专著提供了很多好素材。在教育儿子的过程中，我觉醒较早，明白"改变别人是神经病，改变自己才是圣人"。所以我主动分离，向内反省，努力学习，把注意力放在自己的成长上，对儿子学会了示弱。看见孩子，也明白了"让孩子感觉好，孩子才会想变好"的底层逻辑。

我深知自己水平有限，虽然做了 27 年班主任，也侥幸评上了德育正高级职称；但我明白自己不是心理学专业出身，在研究青春期孩子的过程中，还不够专业。如果大家发现书中有不当之处，请务必指出来，我非常感谢并一定改正。

再次感谢所有帮助和支持我的人，爱你们！祝大家幸福。

徐晓莉

2024 年 12 月于杭州

图书在版编目（CIP）数据

青春期关键事件 ： 30 个家校共育策略 / 徐晓莉著.
武汉 ： 长江文艺出版社，2025. 6. -- （大教育书系）.
ISBN 978-7-5702-4004-3

Ⅰ. G636

中国国家版本馆 CIP 数据核字第 2025GY6561 号

青春期关键事件 ： 30 个家校共育策略
QINGCHUNQI GUANJIAN SHIJIAN ： 30 GE JIAXIAO GONGYU CELUE

责任编辑：陈欣然　　　　　　　　责任校对：程华清
封面设计：天行健　　　　　　　　责任印制： 邱　莉　王光兴

出版：长江出版传媒　长江文艺出版社
地址：武汉市雄楚大街 268 号　　　　邮编：430070
发行：长江文艺出版社
http://www.cjlap.com
印刷：湖北新华印务有限公司

开本：720 毫米×970 毫米　　1/16　　　印张：20.5
版次：2025 年 6 月第 1 版　　　　　　2025 年 6 月第 1 次印刷
字数：268 千字

定价：59.80 元

版权所有，盗版必究（举报电话：027—87679308　　87679310）
（图书出现印装问题，本社负责调换）